古代氏族の研究⑱

鴨氏・服部氏

少彦名神の後裔諸族

宝賀寿男

青垣出版

目次

資料編

装幀／松田　晴夫（クリエイティブ・コンセプト）
見返し写真／弓弦羽神社（神戸市）

序説

はじめに――本書の目的

これまでに古代氏族シリーズとして合計十七冊を出してきて、最後に残った主な氏族が、本書の少彦名神後裔の鴨氏とその同族諸氏である。これに関連する拙著では、『天皇氏族』『息長氏』や『葛城氏』が既に刊行されており、これら著作でカモ氏（カモは多様に記されるが、「鴨」が本来的で代表的な表記か）などを関連する限りで若干触れてきた。しかし、少彦名神後裔の諸氏は実に種々雑多で広範囲・広域にあり、神祇や繊維・衣服、玉類、鳥取などで、それら諸氏の管掌する範囲も極めて広い。そのうえ、総じて言えば、これら諸氏は大和朝廷のなかでは中小氏族が殆どであり、古代大和王権を支える重要な役割を果たしながらも、中心的・代表的な氏族がなく、統括的で政治的に優位な大氏族もなかった。それでも、地方豪族では伊豆国造や知々夫国造、鴨県主・三嶋県主などの諸雄族もある。

上古からの長い歳月のなかで、それぞれの系統の遠祖神の名前自体も、各々の氏にあっては異なる名の形で伝えたことが多く、その他の活動を含めても、全体として同族氏族としてのまとまりが殆ど見られない。だから、少彦名神後裔の出自からして、本来は天孫族の流れなのに、平安前期に成立の『新撰姓氏録』では神別の「天孫」ではなく、同じ神別でも「天神」という扱いを受けてきた。それら諸氏の祖系でも、長い歳月のなか系譜を伝えるうち系譜原型を変えたとみられるものがあるから、この辺にも難しいものがある。

少彦名神後裔の多様な流れのなかには、織田信長の斎部宿祢姓とか徳川家康の出た松平氏に鴨県主の同族説とか、あるいは坂東八平氏と称された千葉氏や畠山氏などを出したかとみられる知々夫国造一族もある。だから、古代ばかりではなく、中世・近世の有力武家の研究にあっても、この系統は無視できず、しかも系譜はなかなか複雑で厄介である。

この氏族の難解さについてまず触れたが、それでも、出雲から消えた少彦名神のその後の行方を追いかけ、後裔の諸氏族を整理して適切に把握・記述しないと、日本の古代氏族を主なところを全て取り上げたことにならない。本書を読まれれば、これら一族の多岐多様さがわかると思われるが、その辺を総括して的確に記述するのが難儀だということを十分認識しつつも、本書でなんとか整理したいと鋭意、努めてみた次第である。

天孫族の概要

鴨族は天孫族の一大系統であり、これまでに天孫族の諸氏の由来や変遷について、『天皇氏族』『息長氏』などで考え記述してきた。多少ともの重複はあるが、その遠祖からの概略をまず簡単に触れておくのが、本書の読み方にとって便宜だと思われる。

わが国の「天孫族」という種族は、東アジアの東夷に属するツングース系種族の流れであり、中国上古の殷族とも広い意味で同族とみられる。中国・遼寧省の遼西地方（遼河流域）に発し、紀元前二、一世紀には、韓地南部の伽耶（加羅）で高霊の地などに部族国家を建てていたが、紀元一世紀代の前半頃に南下し渡海して、九州北部の松浦郡唐津あたりに上陸した。そこから、唐津川に沿って南下し山間地に分け入り、佐賀平野に出てから今度は東行し、筑後の高良山北麓に「高天原」（「高の国」の義で、高羅、高良。『魏志倭人伝』に言う邪馬台国）という国を興した。北九州にあっては、天孫族の系統は肥前・筑紫などの各地にいくつか分かれたろうが、後裔に栄枯盛衰があってか、上古の日本列島では、北九州の筑前沿岸部から東遷して原大和王権を建てた神武天皇一族の系統のほかでは、天若日子の子の天目一箇神・少彦名神兄弟の後裔という出雲経由の二系統しか残らなかった。

平安前期の『姓氏録』では、「天孫」に分類されるのは、なかでもごく限定的で、出雲氏族、凡河内国造・三上祝の同族や隼人族、及び尾張氏族（天孫で火明命後裔と称するが、これは系譜仮冒であることに留意）くらいである。物部氏族や少彦名神後裔氏族は、実際には「天孫族」の出でも、同書の「天神」のほうに分類されたことに留意される。

これら天孫族の系統の概略をあげると次のとおり。

韓地から倭地に渡来してきたのが、始祖神・五十猛神（素盞嗚神、角凝魂命）のときであり、その子の高魂命（高皇産霊尊）が筑後に遷り「高天原」を建て、その子の生玉命（生国魂神、天活玉命、天底立命。記紀神話の天照大神にあたる神だが、原態は「男神」に注意）の長子の天忍穂耳尊の流れが大和王権の初期王家（神武天皇～仲哀天皇とその同族）につながる。この本宗家の嫡統は、天孫族支流の応神天皇の大王位簒奪により、四世紀後葉に断絶した。

天忍穂耳尊の弟・**天稚彦**（天若日子。天津彦根命、天背男命、活津彦根命、天押立《おしたて》命、神櫛玉命と異名が

きわめて多い）を祖とする流れには二系統あって、長子の天目一箇神（天夷鳥命、天御影命）の流れが鉄鍛冶に優れ、軍事部族としておおいに展開した。古代氏族では、出雲国造・武蔵国造（ともに天穂日命後裔と称）、穂積臣・物部連（饒速日命の後裔）、三上祝・凡河内国造・山背国造（天津彦根命の後裔と称）など政治的に有力な大氏族を輩出した。

その弟・少彦名神の流れが、本書で主に取り上げる氏族系統であって、神祇を管掌して生活関連諸物資の製造や文化的な諸技能をもつ特色ある古代氏族諸氏をを輩出した。そのせいか、宇佐国造家から分かれ出た息長氏族を除くと、総じて中小氏族が多い。これらの諸氏の先祖神や系譜については、少彦名神（及びその近親神）を祖神だと必ずしも伝えず、所伝が多種多様で、遠祖神や歴代の神々にも同神異名のケースが種々あって、そのため、同族意識が消えた事情があったのかもしれない。上記のように、この系統は『姓氏録』では「天孫」に分類されない。ここに記載の少彦名神の系譜上の位置づけは、各種の系譜・所伝を総合的に考えた結果であって、その詳細は関係各氏のところで記述する。

天稚彦後裔の二系統では、ともに北九州から出て出雲にまず入り、そこから畿内方面などに遷って大きく展開した経緯がある。神武の大和侵攻の際には、これに降ったものと、抵抗して服従を拒み東国方面に逃れたもの、との二様の対処策がとられた。

少彦名神とは何者か

本書の副テーマに掲げた「少彦名神」は、風土記や記・紀などに登場するが、そこではオオナムチ神の国造りに協力する神として行動する。出雲での国造りの任務を果たしたのち、淡嶋（粟島。

鳥取県米子市域の島か）に行き、登った粟の茎に弾かれて常世郷《とこよのくに》に渡ったと伝える。この茎に弾かれた話は、『書紀』一書の異伝や『伯耆国風土記』逸文に見える。この神は、いわゆる「出雲神話」で大穴持命とともに重要な役割を果たすが、一般に把握されている概略を、予め記しておく。これが、本書の最後まで読み進まれたときに、この神の像がどのように変化するかという問題であり、それを徐々に提示していく。

少彦名神は、小人の神とされ、医薬・温泉の神、禁厭（まじない）、穀物など農業神、知識・酒造、石や鳥の神などきわめて多種多様な性質を持つ。この神を祀る神社は全国各地に多いが、紀伊北部の淡嶋神社（和歌山県和歌山市）などアワシマ（粟島とも表記）神社が著名なほかは、諸国の温泉関係神社（栃木・福島・宮城の各県に鎮座）や常陸・大洗海岸の大洗磯前神社・酒列磯前《さかつらいそさき》神社、能登の宿那彦神像石《すくなひこかみかたいし》神社を除くと、大きな神社や古社、式内社があまり多くない。全国各地には少彦名神社の同名社が十五社ほど（大阪市中央区道修町や愛媛県大洲市など）知られるが、これらに古社はない。その子や後裔氏族についても、古い史料にはあまり明確にされず、鳥取部などの関係神とされるくらいである。

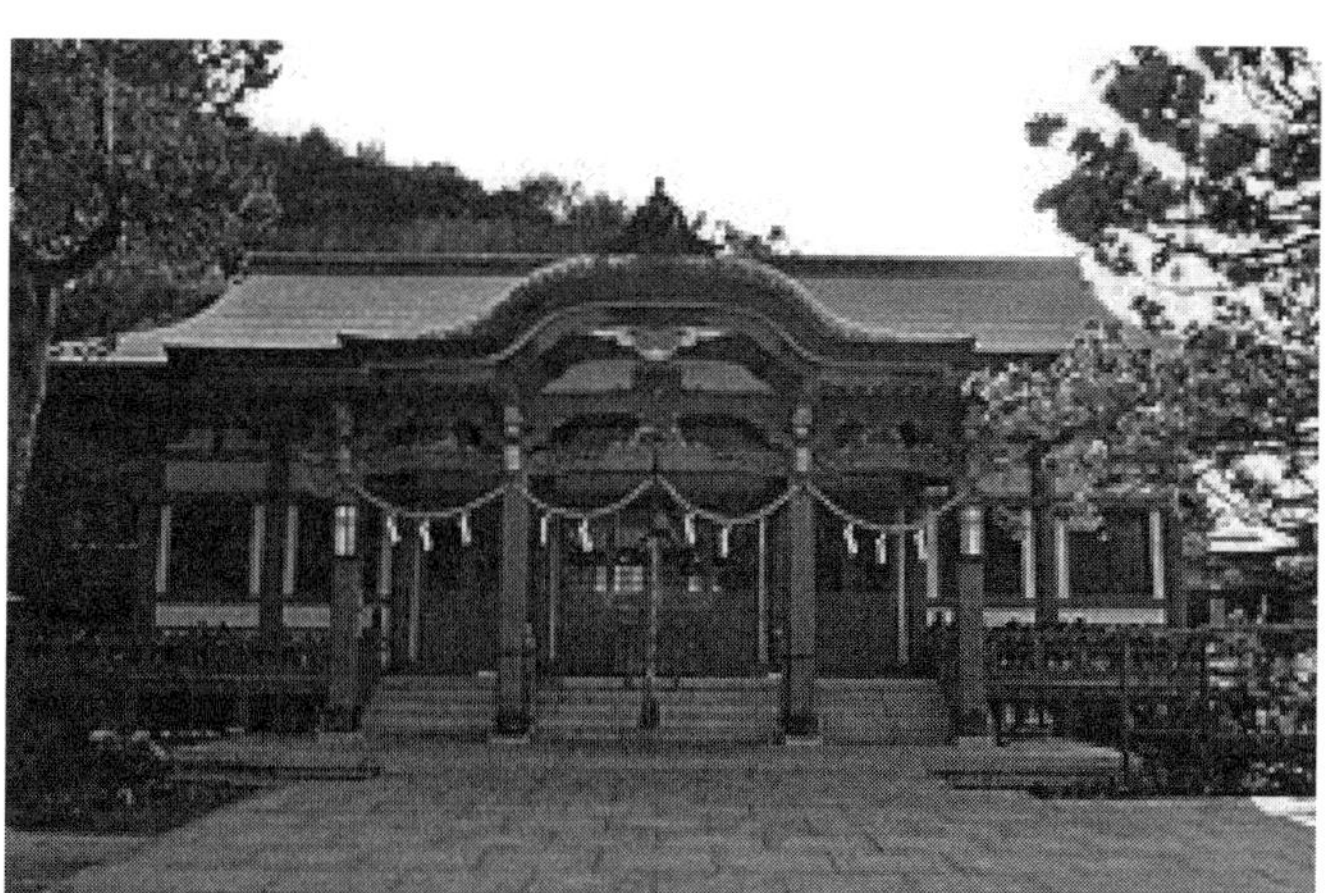

淡島神社（和歌山市加太）

ところが、スクナヒコナ自体の表記がきわめて多いほか（少彦名命、宿奈毘古那命、須久那美迦微、須久奈比古、少日子根命、小比古尼命、小彦命、小日子命、小名牟遅神、少名彦命、少彦根命などが記紀や風土記などに見える）、実は、まったく異なる別の名を多くもち、その後裔氏族も全国各地にきわめて多く分布する。この辺の事情は、記紀にほとんど記されず、『姓氏録』には少彦名神の名さえ見えないが、実は異名のほうで多く登場しており、これが同一神だと認識されがたいから、この神の重要性はあまり認識されない。

『古事記』によれば、スクナヒコナは、大国主の国造りに際して登場する。天乃羅摩船（アメノカガミノフネ＝ガガイモの実とされる）に乗り、鵝（ヒムシ＝ガとされる）の皮の着物を着て海の彼方より出雲に到来し、父神・神産巣日神の命により義兄弟の関係となって、その国造りに参加・協力した。『書紀』にもこれとほぼ同様の記述があるが、鳥のミソサザイの皮の着物を着る。スクナヒコナが登場するのは、『記』・『紀』以外では、『播磨国風土記』や『伊予国風土記』（逸文）、山陰や四国、北陸などの地方伝承くらいである。

スクナヒコナは大国主神と同様、多くの山や丘の造物者であり、命名神である。その一方で、悪童的な性格をもつとの記述もある（『書紀』八段一書六）。この神は後に常世国へと渡り去るが、「常世国」の解釈も幾つかあって、その経緯も諸伝あり、草の茎に弾かれて常世へ渡ったとか、川で溺れて神去りしたなど、様々な説話がある。この辺を後裔諸氏の所伝から考えると、同神の一族が畿内方面に移遷した喩えかとみられる。そのせいか、出雲には少彦名神を祀る神社や後裔氏族は、伝承上では多くない。

少彦名神に関連しそうな諸氏・諸神について、遠祖神の分類によるグループ（系統）分けをとりあえずしてみると、概ね次のようになる（あまり整理しないままのもので、問題提起の意味で記した。本書では、問題解明につとめる）。これら遠祖神の名は、少彦名神ばかりではなく、その祖先や近親・後裔などの関係神も含むものであって、必ずしも同一神ではないことに留意されたい（下記の後裔諸氏もかなり重複があり、鈴木真年の著『苗字尽略解』にあっても、これら神々の名の重複をうまく整理できていない）。

①**鴨健角身命**……少彦名神の別名とみられる。この神の後裔で神武創業時の道案内人たる八咫烏、こと生玉兄日子命（祖神の名を踏襲）の流れが、山城の鴨県主の系統となる。生玉兄日子命の兄弟・剣根《つるぎね》命の流れが大和の葛城国造で、兄弟ともに大和の先住民であり、神武天皇の大和平定の際に様々に協力し、その創業時の功績が顕著であった。

なお、鴨県主や祝部の祖神とされる**大山咋《おおやまくい》命**（松尾明神・日吉明神）は適宜、触れていく。

②**天日鷲翔矢《かけるや》命**……阿波忌部等の祖。天背男命の子とされるが、この神は少彦名神の別名とみられる。天日鷲命とも表記され、『姓氏録』にはかなり多くの氏が祖先神としてあげる。その後裔の由布津主命が阿波・安房の忌部の祖とされる。

③**天羽槌雄命**……天日鷲命の子で、大和の葛城地方に初めて来たと伝え、葛城国造や三野県主・長幡部・倭文連などの祖とされる。

④**天湯川桁《ゆかわたな》命**……鳥取部や三島県主の祖神。この神の位置づけは難解だが、少彦名神の父神の名と伝え、天羽槌雄命の直系で結ばれる先祖神（その祖父神くらい）とみられる。

⑤**天御桙命**……後裔は「服部氏族」として一括される。祖の天御桙命は、天日鷲命の子と称する天白羽鳥命（長白羽神）と同神かとみられ、神麻績連などの諸氏の祖でもある。天白羽鳥命の子とされる天物知命が伊勢・右京などに居た神麻績連の祖とされる。この神から出た国造家は伊豆国造のみだが、東国の知々夫国造・阿智祝も同族とみられる。

服部連の遠祖神として、熯之速日命《ひのはやひ》や天御中主神をあげるもの（摂津・河内の同族）があるが、これは母系の山祇系氏族を通じる遠祖か（ないしは、後世に附会された系譜架上か）。

⑥**三島溝咋耳命**の後裔の**建日穂命**……三島溝咋耳は三嶋県主の祖神らしい名で見える。駿河国安倍郡の建穂神社が服織村の建穂に鎮座する事情から見て、服部連の祖にもあたりそうで、天白羽鳥命と同神か。建日穂命は建日別命の又名とされ、三島県主の祖という。

⑦**八意思兼命**の後裔の**天表春命**……後裔を「阿智氏族」として一括する。天神系では珍しい八意思兼命の後裔と称する氏族であるが、この系統は信濃南部の伊那郡及び武蔵西北部の秩父郡という東国の片隅に長く存続して、知々夫国造を出した。この氏族には発生段階で中臣氏族と同族と称する系譜が伊豆国造家にあるため、鈴木真年は中臣氏族に一括して記すが、実際には発生段階で伊豆と関係が深く、むしろ伊豆国造と同族の流れか。

⑧斎主神・**経津主神**（布都努志乃命）……少彦名神（斎主命）後裔の神武朝の由布津主命の名にも「フツヌシ」が関連し、常陸の香取連の祖神とされる。『書紀』国譲りの段での武甕槌神と共にする行動は疑問でも、香取の神が経津主神ともされ、東国・陸奥の開発に際して奉じられた。その神名は

神剣の人格化であるものの、『姓氏録』の記事関係では、物部経津主神とは別神で、少彦名神（斎主命）一族に関連させるほうがよいか。

⑨武茅渟《ちぬ》祇《つみ》（陶津耳命）……少彦名神の別名であり、上古和泉の茅渟地方に勢力があったことに因る。「陶」は茅渟の土器製造に関係する名称か。茅渟最大の古代雄族たる茅渟県主の系統は、後に女系相続を通じて磯城県主一族、毛野氏族へとつながるか。

⑩**天明玉命**……その実体は天津彦根命、天稚彦と同人か。その子という「天湯津彦命」の後は「玉祖氏族」として一括され、玉作部・玉祖連で代表される。忌部首の祖・天太玉命との関係が紛らわしく、実体は同神か。

⑪**天太玉命**……後裔は「忌部氏族」として一括される。中臣氏族と並ぶ神祇関係氏族の祖で、名は太御幣なる太玉串を捧げたことに因み、意味は香取神宮に祀る斎主神に通じる。

⑫**天三降《みくだり》命**……神武東征を迎えた菟狭津彦命の後裔が「宇佐氏族」とされる。宇佐国造一族は、現在の所伝では系譜上は孤立した存在だが、天三降命には別の神名があるか。

⑬**天諸神命**……『姓氏録』では、大和神別の御手代首などの祖とされる。この神も記紀に見えず、位置づけが不明な神だが、天御中主命に遡る系譜をもつ事情からみて、服部氏族と関係が深そうである。天諸神命は少彦名神あるいは天御梓命と同人ないし近親か。

主な少彦名神後裔の諸氏族の概観

この系統の流れを汲む古代氏族は総じて中小の諸氏が多いため、すべてを概観することは無理であり、とりあえず代表的な鴨県主氏や忌部氏などについて簡単に見ておく。

鴨県主氏は、神武の大和侵攻の道案内をした八咫烏こと鴨健角身命（鴨建津身命）の後裔と称し、成務朝以降、山城国の葛野県主を世襲した。葛野郡及び東隣の愛宕郡も勢力圏で、その賀茂郷（京都市北区上賀茂・左京区下鴨一帯）を中心に、同族の居住が多い。律令期には主殿寮の殿部や主水司の水部をつとめる負名氏（名負いの氏）であった。

奈良時代以降、長く神祇の官職を担い、上賀茂社・下鴨社の両社（各々、賀茂別雷神社・賀茂御祖神社という）とその関連諸社の祠官家を一族が続けて近代に及び、賀茂氏神官は十六流といわれる。この氏族は、全国の鴨神社・賀茂神社や、三島神社とも縁が深い。その上社・下社は平安遷都により王城鎮護の社として崇敬され、嵯峨天皇による斎院の設置は伊勢の斎宮に準ずるものとされ、両社は『延喜式』ではともに名神大社で、山城国の一の宮であった。平安末期には荘園・御厨が全国に広く及んだが、これも戦国期には次第に有名無実化する。その後に神領を若干回復し、幕末に及ぶ。江戸時代では官位が三位に達する者も一族から出たが、古代から大きな政治影響力をもつ者は出ていない。

なお、海神族の三輪君の一派に鴨君（後裔が陰陽道の賀茂朝臣）が出たが、この別族の氏は、拙著『三輪氏』で取り上げており、本書では関連するところを若干記載した。

忌部氏は、高魂命の子の天太玉命の後裔と称し、中臣氏族と並ぶ神祇関係の氏族であり、「忌」は斎戒を意味するとされる。持統天皇の即位にあたり、神璽の鏡・剣を奉じた。八世紀初頭来、中臣氏とともに伊勢奉幣使に任じたが、次第にこの職務から排除され、中臣氏専任になった。姓はもとの首から連、天武朝の八色之姓で宿祢と変わり、イムベの表記も延暦末期に「斎部」と変わった。

平安前期にかなり家勢が衰え、これを嘆いた斎部宿祢広成が『古語拾遺』を著した。平安後期には更に勢力が弱まり、鎌倉末期くらいでこの氏人の中央での活動が殆ど見えなくなる。

服部氏は、機織りを管掌する服部の伴造氏族である。古代史料には殆ど現れず、『播磨国風土記』に仁徳朝の服部弥蘇連が見え、その子の麻羅足尼が允恭朝に織部司を管掌したとされる。六国史では、奈良時代に服部氏の氏上・助の任命があるくらいで、畿内では大和や摂津に服部連が『姓氏録』に記載される。この服部連のほか、長幡部、倭文連、神麻績連など繊維・衣服に関係する諸氏を同族から出した。中世の伊賀忍者を出した服部氏が名高いが、古代に遡る祖系は知られず、殿服部造や神服部連も同族ではなさそうである。

鳥取部氏は、大化前では、鳥類の捕獲・献上や飼育・養育に従事した品部を管掌した。鳥養部・鳥飼部・鳥甘部とも書く部とほぼ同義か。金属精錬・鍛冶と鳥取部との深い関係をみる説もある。その祖先が幼少のホムチワケ（本牟智和気王、誉津別皇子）の唖に絡む説話で、各地に白鳥追跡が見えるが、記紀にはその後の活動は見えず、用明天皇朝の物部守屋滅亡事件に関して、捕鳥部万《ととりべのよろず》の奮戦が見えるくらいである。鳥取部は、史料では和泉や武蔵・美濃・出雲・備中などの地に見え、鳥養部は大和等に見える。

少彦名神後裔諸族の系図史料

主な系図史料をあげておくが、とくに中世関係では網羅的な掲載がなしえない。少彦名神後裔諸氏の多くに関係する系譜については、本著述の最終段階に気づいたが、中田憲信編著の『神別系譜』（東京国立博物館所蔵）がある（たいへん有益な史料だが、編者の整理に疑問な諸点も混じることにご留意）。

諸氏では、まず**鴨氏関係**で、鎌倉末期頃に成立の『賀茂社家総系図』があり、これが『賀茂祢宜神主系図』として賀茂県同族会で原蔵される。古系図は鎌倉時代の書写で、天長二年（八二五）卒去の男床以下、在樹までは事項的に記し、在実以下は横系図。ほぼ十三世紀中葉の文永年間以前までだが、室町初期頃まで書継ぎがある。「鴨御祖社系図」の記載がある。

上賀茂社所蔵の『鴨県主系図本源』、内閣文庫所蔵の『賀茂御祖皇太神宮祢宜河合神職鴨県主系図』。『日吉社司祝部系図』（鈴木真年校訂静嘉堂文庫、東大史料編纂所蔵）、『賀茂社祢宜神主系図』及び『祝部宿祢系図 諸井本』（ともに筑波大図書館蔵）、日吉社祢宜祝部希烈蔵の『鴨県主系図』。『賀茂祝系図』（内題は賀茂社祢宜祝系図。尊経閣文庫蔵）。無窮会文庫蔵の『祠官系図』。『随欧家系』（泉亭俊正原蔵。東大史料編纂所蔵）。『賀茂社家総系図』（鳥居大路惣平原蔵。東大史料編纂所蔵）。

鈴木真年編著の『百家系図』巻五九の「葛野県主」、『百家系図稿』巻一の「祝部宿祢」、巻五の「鴨県主」、『諸氏家牒』に所収の「江戸山王神主樹下家系図」（東大史料編纂所蔵）。『続群書類従』（系図部。第七輯）に「賀茂神官鴨氏系図」「河合神職鴨県主系図」。

葛城国造関係では、中田憲信編の『各家系譜』第九冊所収の「中島氏家系」（田使首、難波氏の系図）及び『諸系譜』第十一冊「難波田使首系図」（清水宗治の孫世代まで記載）、鈴木真年編著の『百家系図』巻四七の「難波　田使首姓」があり、戦国末期までの系図が記載。

忌部氏関係では、安房の忌部氏一族に伝えられる「斎部宿祢本系帳」がまずあげられる。洲宮神社祠官の小野義久家の系図が著名で、国立公文書館（内閣文庫）や筑波大図書館（鈴木真年筆写本）

の所蔵が知られる（『姓氏家系大辞典』インベ条にも記載されるが、良本を基にしたものではなく、多くの誤記が見られるから、使用に当たっては要注意）。一族の安房諸祠官家には、ほぼ同種の系図が伝わり、安房国安房郡滝口村の松原神社神主高山義行家で明治初期に小杉榲邨が見出した『安房国忌部家系』もある。『安房忌部家系』（安房神社祠官岡嶋氏蔵）もある（『安房国神社志料』に掲載され、『房総叢書』第一巻に所収）。『金丸家系』もあるようだ。安房忌部の後裔、安西氏に関し、鈴木真年の『百家系図稿』巻一の「安西」系図及び『真香雑記』、『安西氏系図』（東大史料編纂所蔵。真年蔵本の写）など。

鈴木真年編著の『百家系図』巻三の「和泉穴師神主」系図、『百家系図稿』巻一に「千勝」系図（安房忌部支流）、巻六に「麻殖」系図（阿波忌部）。中田憲信編の「織田右大臣信長公ノ系統及履歴」（『好古類纂』第七集所収。忌部氏からつながるもの）、『諸系譜』第四冊に所収の「津田」系図（犬山城主信清の流れの織田氏系図だが、斎部広成から記す）。

徳島県の村雲清見（美馬郡貞光村）原蔵の『麻殖氏系譜并家領記』（一八八六年採録）もある。神産霊神に始まるもので、上記『百家系図稿』巻六の「麻殖」系図に通じる。

三島県主・鳥取部氏関係では、鈴木真年編著の『百家系図』巻三七の「三嶋」系図、関連して『尊卑分脈』の紀氏系図。鳥取部氏関係では、古代関係では歴代の系図は殆ど伝わらず、中世関係では史料が少し残るくらいである。

服部氏・伊豆国造関係では、東大史料編纂所蔵の『矢田部文書』（三嶋大社宮司矢田部家）に所収の「伊豆国造伊豆宿祢系譜」（『静岡県史編纂資料』にも所収）や鈴木真年の『百家系図稿』巻一に「伊豆宿祢系図」（『姓氏家系大辞典』イヅにも記載があるが、転記誤りが若干ある）・「西東系図」及び「伊豆国三嶋神主系図」（筑波大学図書館蔵）、『真香雑記』に所収の「肥田系図」（早稲田大学図書館蔵）。中世の服部氏関係は、田畑吉正編『幕府諸家系譜』六に掲載の「服部系図」（東大史料編纂所蔵）のみあげておき、あとは省略する。

香取氏関係では、東大史料編纂所蔵の『香取系図』（旧題が「香取大宮司本系」で、塙忠韶原蔵）。ほぼ同様な内容が『続群書類従』第七輯下に「香取大宮司系図」「香取大祢宜系図」として所収される。

弓削氏関係では、鈴木真年の『百家系図稿』巻二「弓削宿祢」、中田憲信の『諸系譜』第十五冊所収の「弓削宿祢」系図（鈴木真年の『百家系図稿』巻二にも同様系図が所載）。

玉作部関係では、『阿岐国造家系写』（宮内庁書陵部蔵）。この系図は疑問が大きく、中田憲信編『神別系譜』所載の玉作部一族のほうが信頼性が高い。

鏡作氏関係では、中田憲信の『諸系譜』第十四冊所収の「鏡作連」系図。

阿智氏関係では、鈴木真年の『百家系図稿』巻一に「小町谷系図」、巻十六に「美杜信濃国伊那郡赤須社旧記」、桐原健氏の「阿智祝部私考」（『伊那』七二二号所収。一九八八年）。

宇佐氏関係では、中田憲信編の『各家系譜』第六冊に「宇佐宿祢」、『諸系譜』第十二冊に「宇佐公、宇佐大宮司」、同第二冊に「宇佐　到津」があり、鈴木真年編の『百家系図』巻卅二に「宮成家系譜」、『百家系図稿』巻五に「宇佐宿祢」がある。東大史料編纂所蔵に『到津家譜』『宮成家譜』や『薦社宇佐氏系図』があり、「御薦社司系図」「総検校益永家系図」「菟佐氏系図」など諸祠官家の系図とともに『大分県史料』にも所収される。

荒木田氏関係では、「荒木田氏系図」（『系図綜覧』所収。三重県桑名町竹内文平氏所蔵、鈴木真年旧蔵で

東大史料編纂所所蔵、神宮文庫蔵、西尾市岩瀬文庫などあるが、基本的には前半部分はほぼ同じ）。田中卓氏の「荒木田氏古系図の出現」（『皇學館大学紀要』第二一輯所収、一九八三年。後に『田中卓著作集』十にも所収）。

少彦名神後裔諸族についての主な研究

各地の神社・祭祀に関係するところが多いため、『式内社調査報告』や、志賀剛氏の『式内社の研究』、『日本の神々』のシリーズ、『神道大辞典』などの各種辞典が検討の基礎にあり、その他各神社・各氏族にそれぞれの関係個所が参考となる。考古学関係も重要だが、多数にのぼるため石野博信編『全国古墳編年集成』だけあげて、あとは割愛する。

各氏族系統毎に、管見に入ったところで主なものをあげると、次の通りである。関係する諸分野・諸氏族が多く、多数を網羅的にあげるのは困難であり、御宥恕いただきたい。

○鴨氏　研究・著作が多分野で極めて多いので、主な一部のみの掲載となる。

井上光貞氏の「カモ県主の研究」（『日本古代国家の研究』所収。一九六五年）、佐伯有清氏の「鴨県主氏の系図」（『古代氏族の系図』所収。一九七五年）や「ヤタガラス伝説と鴨氏」（『新撰姓氏録の研究』研究編所収）などが著名。藤木文雄氏の『賀茂縣主系図について』（二〇〇五年刊）や「賀茂県主の原像」（『みたらしのうたかた』二所収。二〇〇二年）など、西田長男氏の「『日吉社司祝部氏系図』の新出古写本」（『日本神道史研究』第九巻所収。一九七八年）、福田秀一氏の「祝部系図について」（『國學院雑誌』六六巻一号所収。一九六五年）。鴨脚清氏の『古代史と鴨族』（一九八六年刊）、面坪紀久氏の「島根県飯石郡飯南町赤名地域の丹塗箭伝説」（『尾道市立大学日本文学論叢』十一所収。二〇一五年）、加藤明氏の「賀茂説話について」（『日本神話研究三　出雲神話・日向神話』所収。一九七五年）、肥後和男氏の「賀茂傳説考」（『日本神話研究』所収。一九四二年）、新野直吉氏の「県主の職掌の所謂内廷的性格について」（『史林』五一号所収。一九六八年）、座田司氏《さいだもりうじ》氏の『賀茂社祭神考』（一九七二年刊）など、田中卓氏の「葛木のカモと山城のカモ」（『神道史研究』四七巻一号所収。一九八九年）、建内光儀氏の『上賀茂神社』（二〇〇三年刊）、岡野弘彦氏の『賀茂社』（二〇〇四年刊）、江頭務氏の「日吉大社　山王三聖の形成」（『イワクラ（磐座）学会会報』二八号所収。二〇一三年）、日枝神社社務所の『日枝神社史』（一九七九年刊）、中村修也氏の『秦氏とカモ氏―平安京以前の京都』（一九九四年刊）、西村さとみ氏の「賀茂別雷神の誕生」（『寧楽史苑』第五八号所収。二〇一三年）、岸俊男氏の「山城国愛宕郡考」（『日本古代文物の研究』所収。一九八八年刊）、中村修氏の『乙訓の原像』『乙訓の原像・続編』（各々二〇〇四年、二〇一二年刊）、吉川敏子氏の「六人部是香と「六人部連本系帳」」（『ヒストリア』二一六号所収。二〇〇九年）。賀茂県主同族会の各種刊行物など。

『日本の神々』シリーズの第五巻「山城・近江」（大和岩雄・木村至宏氏などの記述）、賀茂御祖神社編『賀茂御祖神社』（二〇一五年刊）。

久我国造関係については、杉山博氏の「山城国久我庄の研究」（『庄園解体過程の研究』所収。一九五九年）。三野前国造や伯耆国造・倭文氏については、論考が殆どないが、井上辰雄氏の「倭文神の祭祀と信仰」（『東アジアの古代文化』九四号所収。一九九八年）、平林章仁氏の「倭文氏の神話」（『竜谷史壇』一〇七号所収。一九九七年）。

○**忌部氏・玉作氏**　緒方惟精氏の「日本神話と斎部氏・中臣氏」（『日本神話と氏族』所収。一九七七年）、井上辰雄氏の「忌部の研究」（『古代王権と宗教的部民』所収。一九八〇年）、上田正昭氏の「忌部の職能」

(『日本古代国家論考』所収。一九六八年)、佐伯有清氏の「「家牒」についての一考察」(『北海道大学人文科学論集』十九所収。一九八三年)、瀧音能之氏の「忌部氏」(『古代豪族のルーツと末裔たち』所収。新人物文庫一八〇。二〇一一年)。

林博章氏の『日本の建国と阿波忌部』(二〇〇七年刊)や『倭国創世と阿波忌部』(二〇一〇年刊)、『天皇即位と大嘗祭—徳島阿波忌部の歴史考』(二〇一八年刊)、石川修道氏の「宗祖生国の先住者—安房に移住した阿波忌部族の動向について」(日蓮宗現代宗教研究所)。池上徳平氏の『国幣中社忌部神社正蹟考』(一九四二年刊。二〇〇八年に木村悟編で復刻)、松原弘宣氏の「「板野郡田上郷戸籍」にみえる氏族」(『古代の地方豪族』所収。一九八八年)、福家清司氏の「阿波国一宮社と「国造」伝承—「粟国造粟飯原氏系図」を素材として」(『四国中世史研究』第七号所収。二〇〇三年八月)、長谷川賢二氏の「神・天皇・地域—阿波忌部をめぐる歴史認識の展開」(『郷土史と近代日本』所収。二〇一〇年刊)。

川尻秋生氏の「古代安房国の特質」(『古代東国史の基礎的研究』所収。二〇〇三年)、『千葉県の歴史 通史編 古代2』や『千葉大百科事典』(千葉日報社。一九八二年刊)。安房社由緒書、安房国神社志料、洲崎神社由緒書、下立松原祠官蔵安房忌部家系などが、『東京市史稿』港湾篇第1に所収。『日本の神々』シリーズの第十一巻「関東」(君塚文雄氏などの記述)や菱沼勇氏の『房総の古社』(一九七四年刊)及び『武蔵の古社』(一九七五年刊)なども参考になることが多く、同じ関東の知々夫国造関係の祭祀にも通じる。

関川尚功氏の論考「大和の玉作り」や勝部衛氏の同「出雲における玉作り」を含む『古代王権と玉の謎』(森浩一氏編。一九九一年刊)、実盛良彦氏の「斜縁神獣鏡の変遷と系譜」(『広島大学考古学研究室紀要』第一号所収。二〇〇九年)。

○三島県主と鳥取氏や同族諸氏

志田諄一氏の「鳥取造」(『古代氏族の性格と伝承』所収。一九七一年)、山本昭氏の『謎の古代氏族鳥取氏』(一九八七年刊)、拙著「越中の白鳥伝承」(『越と出雲の夜明け』所収。二〇〇九年)。谷川健一氏の『白鳥伝説』(一九八八年刊)及び『四天王寺の鷹』(二〇〇六年刊)、前田晴人氏の『古代王権と難波・河内の豪族』(三野県主関係。二〇〇〇年刊)。

弓削氏・矢作氏や多米連など天日鷲神系の諸氏については、横田健一氏の『道鏡』(人物叢書。一九五九年刊)など道鏡関係や、井上辰雄氏の「古代語部考」(『古代王権と宗教的部民』所収。一九八〇年刊)、「天語連と神魂命系氏族」(『アジアの古代文化』七二号所収。一九九二年)等、上田正昭氏の「語部の機能と実態」(『日本古代国家論究』所収。一九六八年)。

○服部氏・伊豆国造と香取連など同族諸氏

『三嶋大社〈略史〉』(三嶋大社。改訂版が二〇〇一年刊)、『静岡県史 通史編1』(一九九四年刊)、『伊古奈比咩命神社』(伊古奈比咩命神社社務所編。一九四三年刊)、『静岡縣神社志』(静岡県郷土研究協会編。一九四一年刊)、『田方神社誌』(静岡県神社庁。一九八五年刊)

篠川賢氏の「伊豆国造小考」(『日本古代中世の政治と文化』所収。一九九七年)、「伊豆国造再論」(『日本常民文化紀要』二〇輯所収、一九九九年。後に「小考・再論」ともに『古代国造制と地域社会の研究』二〇一九年に所収)、仁藤敦史氏の「伊豆国造と伊豆国の成立」(『古代国家と東国社会』所収。一九九四年)。香取氏関係では、『新修香取神宮小史』(香取神宮社務所編。一九九五年刊)、川尻秋生氏の「香取大中臣氏と鹿嶋中臣氏 - 古代末期の香取神宮神主職をめぐって - 」(『佐原の歴史』創刊号所収。二〇〇一年)。

古代服部氏の研究は殆ど管見になく、武田光弘編『服部一族』（一九八四年刊）があるくらいか。麻績氏関係では、野本三吉氏の「天白論ノート」や今井野菊氏の「諏訪の大天白神」（ともに古部族研究会編『古諏訪の祭祀と氏族』一九七五年刊・二〇一七年に校訂再刊に所収）、梶裕史氏の「麻績王伝承考」（『芸文研究』七七号所収。一九九九年）。

阿智氏関係では、櫻澤重利氏の『実在した「神代の文字」』（一九九五年刊）、伴崎史郎氏の『神代文字で書かれた大御食神社社伝記に学ぶ』（二〇一六年刊）。

○宇佐氏などその他　中野幡能氏に多くの宇佐関係著作があり、『八幡信仰史の研究』『宇佐宮』『八幡信仰』など。宇佐公康氏の『宇佐家伝承　古伝が語る古代史』（一九八七年刊）。『大分県史料』には多くの系図や関係文書が所収。大和岩雄氏の「鏡作伊多神社―石凝姥と鏡作神社」（『神社と古代民間祭祀』所収。一九八九年）

少彦名神後裔諸族の主な問題点

少彦名神の系統の流れを汲むとみられる古代氏族諸氏は多く、長幡部、倭文連、服部連、神麻績連ら繊維・衣服関係氏族や、中央の宮部造、弓削連、多米連、鳥取連、天語連、大椋置始連など、地方の三野前国造、伯耆国造、伊豆国造、三島県主、河内三野県主、阿波忌部・安房忌部などの諸氏を代表としておく。これらを見るだけで、同族の活動範囲の広さが分かる。神祇・祭祀や繊維・衣服などの産業・技術に関与する諸氏が多いので、関係諸分野での発達・展開の歴史過程の検討が欠かせない。

これら諸氏は、『姓氏録』でも天神の部にバラバラにあげられるが、その実態解明は極めて難しい。その先祖神や系譜・歴代について、所伝が多く、同人（同神）で異名のケースが種々あって、その辺に同族意識が消えた事情があったのかもしれない。これら祖系（系譜の原型）と分岐過程の解明が先ず必要である。そのためにも、祖先神の同神異名をできるだけ解明することにつとめ、この一族があちこちで分岐・移遷しながら長く続くが、祭祀・習俗を踏まえて遷住の痕跡を具体的に探っていく。それぞれの氏族の本源地がどこに遡り、どこを主な居地、本拠としたのかの追求をし、氏族の移遷があった場合には、何時、どのような契機・事情でそうなったのかの検討も必要となる。

また、**系譜仮冒の問題**があり、伊勢の荒木田神主などのように本来の系譜を変更し、出自を中臣連氏一族に架け系譜仮冒をする氏も、同族にいくつかありそうなことに留意される。伊豆国造なども、天御中主神（妙見信仰につながる）を遠祖神とするなど、中臣氏族と同族とする系譜ももつ。大和国葛上郡の長柄首なども、そうした類例か。吉備の三野国造や笠国造については、本来は神別の鴨族出自であったのが、祖先の系譜を皇別と称した吉備臣一族に架上・附合したとみられる。こうした各種の系譜仮冒が、少彦名神後裔の諸氏にはかなり見られるので、この辺を的確に把握することが必要となる。

そのほか、大和国や列島各地に鴨族とその同族諸氏がどのように分布し、上古以来、各地でどのような活動をして、歴史的役割を果たしたのかが、本書の課題となる。鴨族が古族だけあって、その広範囲な活動とも相まって、思いがけないものも出てくる。

第一部

鴨氏とその同族

一　上賀茂・下鴨両社の祭祀

鴨族の遠祖と大和葛城への遷住

カモ氏とは、カモ（鴨、賀茂、加茂、加毛、可茂などと表記）を氏の名とする氏族であり、少彦名神後裔の諸氏族の本宗的な存在であるので、まず取り上げる。本来の表記は「鴨」とみられるが、八世紀中葉頃以降は「賀茂」と多く表記され、この二種が代表的だが、表記が極めて多い。

鴨族は往古から続く山城国北部、葛野県の雄族で、賀茂神社（上・下の両社、賀茂上下二社）を長く奉斎してきた。その下社、すなわち下鴨社のほうは、明治まで「賀茂御祖皇太神宮」と呼ばれ、伊勢神宮と並んで「皇太神宮」を称し、平安初期以降は斎王制度をもった。現在まで永く続く祠官家・鴨県主一族の系譜は、『姓氏録』（逸文など）に「神魂命の孫、武津之身命の後裔」とされ、葛野県に居た先祖の大伊乃伎命の男、

下鴨神社（賀茂御祖神社＝京都市左京区下鴨泉川町）

大屋奈世が成務朝に鴨県主に定められたと記される。その領域とされる葛野県は、上古では山城北部の葛野・愛宕両郡を含む広域であった。

遠祖の活動については、『山城国風土記』逸文の賀茂社（可茂社）の項に見える記事が著名である。そこには、「日向の曽の峯に天降りした神、賀茂健角身《たけつのみ》命が、神倭石余比古《いわれひこ》の御前に立ちまして、大倭の葛木山の峯に宿り、そこより漸に遷りて、山代の国の岡田の賀茂などを経て、山代川に沿って下り、葛野川（桂川）・賀茂川（鴨川）の合流点あたりから、賀茂川を石川の清川と気に入り、それを溯上して久我の国の北山の基に定まった。この時より賀茂という」という趣旨がまず記される。このように、山城国葛野県へは、遠く九州から大和葛城を経て長い旅路により到来したと伝える。

この記事では、「賀茂健角身命」という神が、九州の「日向」（実態は筑前国沿岸部）に降りてから畿内山城の「久我の国の北山の基」（山城国の葛野・愛宕郡の西賀茂の大宮森と一般に解されるが、これでよいのかは問題。後述）まで、一代のうちに長い距離を移遷したように見えるが、この神の先祖で北九州に天降りした者から、その子孫で山城北部に定住した者までのおそらく七、八代ほどの長期間（凡そ二百年ほどか）における鴨族（及びその族長）の移動・行動を一人の「遠祖神の名」のもとに記したものである。

「日向の曽の峯」は、いわゆる「天孫降臨」の地とされるが、この降臨の際に鴨族の遠祖が天孫に随行したとの記事は、記紀など他の史料に見られず、天孫たちと同様に高天原から降ったという意味なのであろう。ただ、物部氏の祖・饒速日命が天降りをしたときには、「天櫛玉命　鴨県主等の祖」とか「天神魂命　亦云三統彦　葛野鴨県主等の祖」が随行したと『旧事本紀』の「天神本紀」に伝える。

同書には、このほか鴨族遠祖に関連する神々では、「天太玉命　忌部首等の祖」「天神玉命　三嶋県主等の祖」「天明玉命　玉作連等の祖」「天神立命　山背久我直等の祖」「天世乎命　久我直等の祖」「天背男命　尾張中嶋海部直等の祖」「天玉櫛彦命　間人連等の祖」「天湯津彦命　安芸国造等の祖」「天三降命　豊国宇佐国造等の祖」「乳速日命　広湍神麻続連等の祖」「八坂彦命　伊勢神麻続連等の祖」「伊佐布魂命　倭文連等の祖」「少彦根命　鳥取連等の祖」「八意思兼神の児、表春命　信乃阿智祝部等の祖」「同じく下春命　武蔵秩父国造等の祖」なども、物部祖神の天降りに随行したと見えるから、同書の当該記事には相当な混乱・重複がある。ここにあげたのは鴨族遠祖かその近親神・縁族神とみられるが、実は殆どすべてが数人の神に集約できよう（同一系統か同神異名という関係）。

葛木山（金剛山）

大倭の「葛木山の峯」とは、現在の奈良県の金剛山の峯の葛木山を指すが、もちろん、この峯に先祖の神々が天から降ってきたわけではない。その真東の当該山の麓、葛城里（『和名抄』の高宮郷）の一帯地域に鴨族の遠祖が遷居してきたと示唆する。その中心の「葛城五処里」とは、御所市全域と葛城市南半分（旧・新庄町）ほどとみられ、この地域の古社には「葛木」を冠するものがいくつかある。この葛城五処里を本拠としたのが、子孫の葛城国造家で、この地に先祖代々居住したが、上古代の葛城国の領域はもっと広大であって、明治期の南・北葛城両郡ほどの広域ではなかったろうか。すなわち、領域の西側は、金剛山から北に向かって現・葛城山、岩橋山、二上山という金剛葛城山系から明神山あたりとまで伸びるラインであって、東側のほうは、大和川の支流の葛城川ないし曽我川くらいで、大和川への合流点あたりまでのラインであったのであろう。この地域において、鴨・葛城の同族諸氏は、その初期段階で大和での活動を長らく行った。

鴨族の本宗というべき一族は早くに大和を去ったものの、大和には葛城国造をはじめとしてその同族諸氏もまだ残り、辺地の宇陀県主や吉野首なども同族かとみられる。

鴨族の東遷過程における出雲

祖先の賀茂健角身命は、その日神祭祀といい（「八咫烏＝金鵄」とみられる事情がある）、高皇産霊尊あるいは天照大神により、行軍に難儀する神武天皇への援助で大和に遣わされたと伝える事情からも、その遠祖・淵源の地が北九州の「高天原」（筑後川下流域南岸で、高良山北麓あたり）とすることについて、その実態があれば、とくに問題はない。

鴨族は「高天原」から発して、まず筑前の夜須郡あたりへ行き、さらに遠賀川中・下流域を経て、海路で出雲へ行き、ここでしばらく留まった後に、次に大和など畿内方面に至ったとみられる。この辺の路程・経緯は、上記の風土記逸文には記載がないが、山城に定住した頃には、遠祖が出雲などを経由・居住した記憶が既に失われていたのだろう。「賀茂健角身命」とは、出雲の国造りにあたり大国主神（大穴持命）に協力した少彦名命の異称であるが（この辺は後述）、この神は、出雲国に海路でやってきて三穂崎の海岸（五十田狭とか伊那佐の小浜とか伝える）に上陸したと言われる。

カモの痕跡地は、北九州の筑前・筑後あたりにはなく、出雲では東部・西部にカモゆかりの地がいくつかあるから、「カモ族」としての発生地は出雲としてよかろう（北九州では、筑後国浮羽郡に賀茂神社〔福岡県うきは市浮羽町山北〕があるが、中世の勧請で、古社ではない）。

出雲西部には、銅鐸等の出土で著名な加茂岩倉遺跡があり、大原郡加茂町加茂中には加茂神社（現在の祭神は事代主神だが、転訛か）がある。近隣の石見国、島根県東部の邑智郡の邑南町（もと石見町）中野及び羽須美村に賀茂神社（後者は羽尾山賀茂神社という）がある。

出雲東部でも、能義郡賀茂郷（加茂神戸郷）が『和名抄』に見える（安来市大塚町の東部あたりが比定地）。旧・能義郡域の安来市安来町に賀茂神社（現在の祭神は別雷神）があり、近隣の同市利弘町にも同名社がある。大塚村の四社明神（いま安来市大塚町の八幡宮に合祀）が、江戸時代中期（一七一七年成立）の『雲陽誌』の安来の箇所には、「加茂大明神　別雷命を勧請す」と記載がある。沖合の隠岐の島には賀茂那備神社（島根県隠岐郡隠岐の島町加茂）もある。これらカモ関係地は、すべてが上古鴨族ゆかりのものとは言えないとしても、上古の痕跡を示唆するものなのであろう。

出雲では、少彦名神は大国主神による国造りに協力したが、突然、「常世の国」に帰ると言って、出雲を去ったと伝える（そのときに畿内方面に遷ったことも考えられる）。そのためか、出雲で少彦名神や関係神を祀る神社は多いとは言えない。それでも、例えば、次のような神社が少彦名神を祀る神社と言われる。

出雲市域では、

①山辺神社……祭神は大国主命・天照大神・少彦名命及び山辺赤人。

②佐香《さか》神社……同、久斯《くす》神・大山咋命。郷社、式内社で、出雲国風土記にも「佐加社」と所載。楯縫郡佐香郷（現・出雲市小境町）に鎮座し、別名が松尾神社。酒造の神として酒造業者からの信仰を集める。久斯神とは酒の神の意とされる。

雲南市域では、

③多根神社……同、大己貴命・少彦名命。飯石郡式内社の多倍神社といわれ、雲南市掛合町多根に鎮座。両神がこの地に来た際、稲種を落としたという。

④加多神社……同、少彦名命。郷社、大原郡式内社で出雲国風土記に所載。雲南市大東町大東に鎮座。社殿後方に、霊水が湧き出た「護符井戸」がある。

鴨氏が高天原の天孫族に出たということは、『姓氏録』には見えず、同書では「天神」の部類に入れられる。先祖の武津之身命が「神魂命の孫」だとする伝えが同書（山城神別の賀茂県主条・鴨県主条や逸文の鴨県主本系）に見られるが、これは、神魂命が天神玉命（＝天照大神）に由来する可能性があるも、神魂命が高魂命と混用されたこともあろう。遠祖の角凝魂命の父神を神魂命と伝える系譜もある（山城神別・税部条）。「神魂命」は、抽象神であったり、列島古来の遠祖神とされたり、意味するものが多様だが、誤伝とか転訛も、まま見られる。

少彦名命の系譜についても、記紀に混同があって、その親が『古事記』に神皇産霊神、『書紀』には高皇産霊神だと見える。高皇産霊神の手の間から漏れ落ちたと伝えるので、「手間《てま》天神」とも言われる（後に天満天神にも転訛）。この辺は、後ろで詳しく述べる。

剣根命や八咫烏の活動

鴨族が大和葛城に在住のときの先祖一族に関連して言うと、紀元二世紀後葉に、天孫族のイハレヒコ（神武天皇）が筑前海岸部から畿内に侵攻してきた。奈良盆地の南部を押さえようとしたとき、抵抗勢力として葛城地方にあったのは、葛城の高尾張邑に居た赤銅の八十梟帥《たける》や膊見《ほぞみ》の長柄丘岬《おかざき》に居た猪祝《いのはふり》という土蜘蛛があげられる。これらは皆、討伐されて、神武創業の功により葛城国造に任じられたのが剣根命《つるぎね》だとされる。その当時、大和朝廷に「国造」という職制（地方官制）があったかには疑問があるので、奈良盆地のなかに葛城・倭という「国造」が神武朝に初めて設けられたというのなら、当時の実態は後の「県《あがた》」くらいの規模で、その長たる「県造」級に定められたということか。

この剣根を出した氏族は天押立命《おしたて》（神櫛玉命）の後裔と称したが、同神の実体は、天孫族の天背男命《せのお》（天津彦根命、活津彦根命など多数の神名。天照大神の子）である。この一派は、北九州から出雲経由で来ており、その子の少彦名神（鴨健角身命、三島溝咋耳命）のときに畿内方面の和泉や摂津・河内などへ遷住し、次いで、同神の子神が大和の葛城地方を中心に居住した。ともあれ、神武東征に先立ち畿内に入っており（これは、同族の物部氏族と同様）、大和の先住民としての色彩が強く、天孫本紀にも「葛木土神劒根命」と表現される。

この一族は、奈良盆地東側の三輪山麓を拠点とした大物主神一族（磯城県主一族で、海神族の流れ）と通婚を重ねたが、これは出雲での縁由の継続とみられる。大物主神一族の祖には「賀茂（迦毛）大神、高賀茂大神」ともされる味鉏《あじすき》高彦根命がいるが、この神と天押立命（天津彦根命、「天若日子」にもあたり、妻は前者の妹）や大山咋命とは、先祖神としての混同が著しく、葛城国造や鴨氏族が三輪氏族の分岐ではないかと解されそうな面もある。

しかし、山城・カモ氏は、男系としては大和・カモ氏とは截然と区分される（女系としては、山城・カモ氏の娘が三輪氏族と通婚し生んだのが大和・カモ氏の祖となる）。『姓氏録』や『令義解』では、「地祇の大和葛城の鴨」（海神族で大己貴神後裔の鴨君・賀茂朝臣）と区別して、「天神の山城の鴨」と位置づけられるから、これを截然と把握する必要がある。

神武創業で大和平定の際、これに協力した功績が顕著なため、剣根命は「葛城国造」に定められたのだろうが、国造任命の記事まで、剣根命の名や活動は史料にまったく見えない。一方、神武の大和入りの道案内者、先導役として「八咫烏《やたがらす》」が見えており、これが山城の鴨県主（葛野主殿《とのも》県主）の祖とされる。ところが、この者の功績顕彰が記紀等に端的には見えず（神武紀に見える「葛野主殿県主」の設置が神武朝ではなく、鴨族の山城移遷時期もそれほど早くはないから、神武創業当時の顕彰としては疑問が大きい）、神武朝の「八咫烏」に当たるとみられる生玉兄日子《いくたまえひこ》命が剣根命の兄弟とされる（この生玉兄日子が鴨族の祖として祝部氏等の系図に見える）。葛城氏族と鴨氏族の分岐過程が必ずしも明確ではないが（生玉兄日子命と剣根命とが同人の可能性すらないでもないが）、所伝に従い兄弟としておく。

先に畿内に入って現地の地理事情に明るい葛城・鴨族の祖が、神武の大和侵攻に際して、宇陀など奈良盆地主要部への先導役や、敵対者へ降伏を勧める使者の役割を務めたことは、自然である。『続日本紀』には慶雲二年（七〇五）九月条に八咫烏社を大倭国宇太《うだ》郡に置きこれを祭ると見えて、それが式内社・八咫烏神社とされ、宇陀市榛原高塚に鎮座する。後醍醐天皇が信仰されたという同社は、芳野川の西岸丘陵に鎮座しており、東正面に伊那佐山が望まれるから、大和中心部への侵攻道筋として肯ける位置をしめる。この地の宇陀県主（姓氏は菟田首）が長く奉祀したものとみられる。

同郡式内社の高角《たかつの》神社（同市大宇陀上守道の高倉山頂に鎮座）も同祭神で、同名の論社が吉野郡東吉野村平野にある（高見山頂にあり、国見岩・揺岩・笛吹岩がある）。これら諸社は、八咫烏の行動範囲を示唆する。宇陀県主と同族の宇陀水取（菟田主水部）の祖は、神武侵攻を受けた弟猾（弟宇迦斯）だと『書紀』に見える。その奉斎社が宇陀郡の式内社、宇太水分神社（論社が宇陀市菟田野上芳野の惣社水分神社や宇陀水分神社〔同市大宇陀古市場に上宮、同市榛原下井足に下宮〕とされる）であった。

神武行軍先導の「大きな烏（カラス）」（『姓氏録』山城神別の鴨県主条）や鷲・鷹・白鳥などの**鳥トーテミズム**は、天孫族系統の祖神・人々や氏族の伝承にしばしば現れる。だから、それが怪異や神怪に見えるから信頼できない伝承だと切り捨ててはならない。天孫族の流れを汲む系譜（具体的な系譜の推察は、拙著『蘇我氏』『天皇氏族』などを参照）をもつのは、天皇家ばかりではなかった。天孫族の遙かな末流となる蘇我氏にあっても、「鳥にまつわる呪的信仰（鳥霊信仰）に強い関心や知識をもち、

㊤八咫烏神社境内にある３本足のヤタガラス像
㊦八咫烏神社（宇陀市榛原区高塚）

伝えられるような宗教的儀礼（筆者注：雁やフクロウの産卵など鳥の祥瑞に関わる儀礼や殯宮儀礼）を行っていたことは、ほぼ確か」だと平林章仁氏は考えている（『蘇我氏の実像と葛城氏』）。

宇陀郡は鴨族と所縁の強い地域で、先祖が「ヤタカラス」に変身して神武天皇を導き、大和国中心部への侵攻拠点となり、所縁の八咫烏神社が鎮座する。宇陀郡には主水部がおり、宇陀県主の一族とされる。これも同じ職掌をもつ鴨同族であろう。神武侵攻の際には、宇陀の土豪、兄猾《えうかし》（兄宇迦斯）は、これに従わず滅ぼされたが、神武創業の恩賞の際に、弟猾のほうは猛田邑を与えられて、猛田（宇陀）県主となった。この者は、『古事記』では宇陀の水取《もいとり》の祖、『書紀』に菟田主水部の遠祖と伝える。雄略紀には「兎田《うだ》御戸部」と見えるが、これは菟田主水部の意味とみられる。

中世になるが、大和の中世武士をあげる『和州十五郡衆徒国民郷士記』に「宇陀郡葛野才一郎」が見え、八咫烏の孫・葛野氏なりとされ、併せて同族らしき高塚刑部も記す。宇陀郡（現在の宇陀市菟田野付近）に八咫烏後裔が残ったと知られ、宇陀刀工の**宇多国光**（古入道国光）にも留意される。国光が鎌倉末期に越中に移り住んで、越中刀工の祖といわれ、居住した「越中吉岡庄」（旧砺波郡域で、富山県高岡市赤丸付近）の地には、京都の下鴨神社を勧請した下加茂社が鎮座し、その神域の鍛冶屋町島に工房を構えたと伝える。この「下加茂社」は現在、赤丸の「舞谷八幡宮」に合祀される（跡地は加茂宮という。この旧地に隣接して「馬場」という地名も残り、上加茂社もあってその近くの鳥倉八幡宮に合祀される）。当該宇多派は越中刀工の中でも江戸時代迄続き、最も多くの刀剣が作刀された。その中には、大名の刀剣とされたものや現在でも重要文化財に指定されているものも多い。

このほか、大和国吉野郡の吉野首・吉野連の一族は、白雲別命・加弥比加尼（井光）の後と伝えるが、意外なことにこれも鴨族の一派ないし関係族かとみられる。先祖の笠水彦命がその名の「笠」

と、その父が神櫛玉命と伝える事情等から、少彦名神と同神ないし近親神かとみられ、宇陀県主と近い同族であった。

狭義の鴨族は、葛城国造族から北方近隣に分かれたという。葛城国造の祖で葛城に到来の神は玉依彦命とされるが、この神に相当する天羽槌雄命《はつちお》が葛城の猪石岡《いいしのおか》に降ったと「斎部宿祢本系帳」に伝える。同地で静織《しずはた》を製したとも言う（『日本事物原始』）。

当該「猪石岡」の比定地は、不明であるが、上鴨郷・下鴨郷（鴨は「鳧」とも表記。ともに御所市域）が東麓にあって鴨山ともいう現・葛城山の中腹の高台がそれに当たるか。地名は、土蜘蛛の「猪祝」が居たという長柄丘岬からもあまり遠くない地であった故かもしれない。そうしてみると、現・葛城山の真東の麓・高台にあたる御所市楢原の九品寺から駒形大重神社にかけての地域も候補地の一つと考えられる。天羽槌雄命の後裔から繊維・衣服関係氏族の長幡部連《ながはたべ》・倭文連《しづり》も出たということで、もう少し北で倭文山の地名が残る葛城市寺口の博西神社（祭神は下照姫で、少彦名神の母神）の付近とされる可能性もあろう。同社は、倭文氏が奉斎した葛下郡式内大社の葛木倭文坐天羽雷命神社の論社の一つで、ほかに同市上太

博西神社（葛城市寺口）

田の棚機《たなばた》神社もその論社とされる。

ともあれ、葛上郡には「カモ」に因む上鳧郷・下鳧郷が『和名抄』にあげられており、このあたりが初期段階の鴨族の主要域であった。

鴨族が次項以下に記すように、崇神前代には大和から山城方面に遷住するが、その同族後裔は葛城地方に依然として残った。剣根命の後の葛城国造がその代表であるが、生玉兄日子命の後裔も葛城にいくつかは残ったとみられる。

例えば、『姓氏録』山城神別にあげる神宮部造があり、同書に「葛城猪石岡に天下る神、天破命之後なり。六世孫吉足日《えたらしひ》命、磯城瑞籬宮御宇（謚崇神）天皇の御世、天下に災が有り。そこで、吉足日命を遣して大物主神を祭祀させたところ災が止んだので、宮能売公の賜姓をうけた」と見える。これが庚午年籍のときに神宮部造となったとされるが、吉足日命は葛城国造の系図には見えない（天羽雷雄の孫の意保真津根命の後とする系譜があるも、意保真津根の実体が不明）。「天破命」は、天破槌雄命の略記とみられる。山城国宇治郡関係の天平宝字五年十一月付の家地売券文書には、同郡主政正八位下で神宮部造安比等の名が見える（『大日本古文書』）。ちなみに、神宮部造の同族とみられる宮部造は、同書左京神別に掲載され、「天壁立命の子、天背男命の後」とだけ記される。天背男命は、「天神本紀」に山背の久我直の祖と見え、天稚彦に当たるから、この辺は後述するが、鴨県主の同族だと知られる。

鴨族の山城移遷とその後の動向

先に『山城国風土記』逸文に見たように、鴨族は大和国の葛城地方から山城北部の葛野地方（『和名抄』の葛野・愛宕両郡の地域にあたる）へと、崇神前代頃に移遷した。その経路は、葛城地方から葛城川・高田川を下って、大和川との合流点まで行き、そこから北上して山城南部、木津川沿岸部の岡田鴨（『和名抄』の相楽郡賀茂郷）の地を経て、さらに山代川（木津川）を下り、葛野川（桂川）・賀茂川（鴨川）との合流点（乙訓郡久我あたり）から賀茂川を溯って葛野地方の定住地に落ち着いた。これが逸文の記事であり、地理環境や地名分布からみて、とくに問題がなかろう。

岡田鴨神社（京都府木津川市加茂町）

木津川

その前に滞在の岡田鴨こと相楽郡賀茂郷にも、式内名神大社の岡田鴨神社（京都府木津川市加茂町北字鴨村。賀茂建角身命が祭神）がある。木津川南岸に鎮座し、祭神は当地から京都下鴨神社に行ったという。当地の南西方近隣にある同格の岡田国神社（もと天神社で、同市の加茂町大野。同市の木津大谷に論社）は関係社で、生国魂命（天照大神の実体）を祀る。

地名の葛城も葛野も、「葛（カヅラ）が生える地・野」という意味で（池田末則氏など）、共通しており、葛野郡の桂の地も「葛」から来るものか。葛野・賀茂両川の合流点である乙訓郡には、葛木御歳神社に関連する式内古社の大歳神社及び向《むかひ》神社（現社名は向日《むこう》神社で、向日市向日町北山に鎮座）もある。同郡には、鴨県主の母系祖先たる火雷神を祀る式内社・**乙訓坐火雷神社**もあった（大和の葛木坐火雷神社や上野国佐波郡の火雷神社が同じ祭祀。宮中の「主水司に坐す神一座」に「鳴雷神社」が見え、大和国添上郡の鳴雷神社の遷座かとされる。水・雨を司る神で、火雷神と同類）。同社は現在、旧地近隣の向日神社に合祀される。

向日神社（京都府向日市向日町）

葛野県主一族は、古代山代の北部に蟠踞し、当初はその名のとおり葛野川（桂川）流域にあった。その中心部は、桂川左岸の葛野郡葛野郷（現・京都市右京区西京極葛野町あたり）とみられる。大宝令（七〇一年に制定）の以降、山代国葛野郡は二つに分けられ、その西側が葛野郡であり、もう一方の東側、すなわち鴨川の西岸部からほぼ東方で、東山までの地域が愛宕《おたぎ》郡となる（現在の京都市の北区・左京区の大半）。その愛宕郡では、鴨川の東岸が蓼倉郷、西岸が出雲郷となった。蓼倉郷にあった下鴨社の境内西傍にある摂社、出雲井於《いのへ》神社（比良木社、柊社）は左京区下鴨泉川町にあり、下鴨社の地主神と称される。祭神は建速須佐乃男命で、葛野主殿県主部が祖神として祀った神社という。

上記で見た鴨族の移遷時期が何時かは、なかなか定めがたい。大伊乃伎命の子、大屋奈世が成務朝に山城国で鴨県主に定められたと『姓氏録』逸文の「鴨県主本系」に伝えており（これは、国造県主の地方制度整備の時か）、居住地域の古墳築造状況や三野前国造の分岐過程などの諸事情からみても、成務朝に初めて県主となるとの所伝は信頼してよい。その場合、鴨族の移遷時期は崇神朝の少し前くらいかとみられる。神武創業時の八咫烏が、神武朝当時に直ちに山城に行って葛野県に居住したというわけではない。

戦後の歴史学界では、記紀等の上代記事を否定して、歴史的事件や制度設置の時期を総じて繰り下げて考える傾向が見られ、国造制度の設置も六世紀中葉頃とみる見方が最近は多いようだが、具体的な論拠に乏しい。これに関連して、鴨族移遷の時期についても、雄略朝以降（井上光貞氏）、六世紀前半とか、雄略朝の大族葛城臣氏の衰亡に連動する動きとする見方もあるが、疑問が大きい。山城北部の古墳築造状況から見て時期が遅すぎるし、三輪君同族の鴨君氏の葛城進出（発生）との関連を考えても、鴨族が葛城臣氏に臣従した事情も認められない。これら歴史的事件の時期繰下げの見方は、総じて恣意的である。

山城の鴨氏一族は、律令期には宮廷の主殿《とのも》寮の殿部、主水《もいとり》司の水部に出仕して、葛野主殿県主と呼ばれた。鴨氏一族は、賀茂県主・鴨県主のほか、祝部、矢田部、丈部、西泥土部、白髪部（真髪部）、税部などを出して、山城北部の葛野地方（葛野・愛宕両郡）でおおいに栄え、この地域と連なる乙訓郡や東方近隣の近江南部を含めた一帯で、神官家（京の賀茂・鴨社など「賀茂・鴨」を冠した多くの神社

級官人も出した。

や近江の日吉神宮などで）などとして長く続いた。中世や江戸期には、宮廷に出仕する多くの中・下

山城国の賀茂神の祭祀

山城国愛宕郡には式内社の賀茂両社、上社・下社があり、賀茂社と総称される。この賀茂社の創祀も、時期が不明である。これが神武朝という古い昔ではありえないが、『本朝月令』では、『右宮史記』を引き、「天武天皇六年二月丙丁令山背国營賀茂神宮」と西暦六七七年の創建だと伝えるのも（下鴨社の社伝でも、同年を言うが）、時期が遅すぎる。

賀茂社に関する最も古い記述は、『続日本記』文武二年（六九八）三月廿一日条にあって、「山背国の賀茂祭の日に、多勢の者が集まるため騎射をすることを禁止した」と見える。天平勝宝二年（七五〇）には、朝廷より賀茂御祖大社に御戸代田一町が寄進され、天平神護元年（七六五）には山城・丹波両国に神戸が二十戸置かれ、経済的基礎が築かれた。

平安遷都などの事情もあって、賀茂上下二社は、地方神から国家神へと社格があがり、発展していく。王城鎮護の社として、神階が延暦三年（七八四）十一月に従二位に（『続紀』）、大同二年（八〇七）五月には正一位（『紀略』）になり、賀茂祭が中祀に准ぜられて内蔵使・近衛使による内廷直轄の公祭（勅祭）となった。嵯峨天皇による斎院の設置は、伊勢の斎宮に準じ、初代の有智子内親王（嵯峨皇女）より第三五代礼子内親王まで続いた。承和十五年（八四八）二月には、先例に準じて、下鴨社祢宜外従五位下鴨縣主廣雄等の要請に応じて一町が加増された（『続後紀』）。『延喜式』では、山城国愛宕郡に廿一社ある式内社のうち名神大社で、同国一の宮であった。

それ以降、賀茂祭など同社に関する記述がいくつかあり、奈良時代にすでに賀茂社が大きな勢力を持ち、祭礼には各地から衆が集まり賑わいを見せた。賀茂祭の華麗な様子は、『源氏物語』等にも描かれる。その一方、政府がそれに対して統制を加えた面もある。七世紀末から八世紀前半にかけて、賀茂祭における「会衆騎射」がたびたび禁止され、最終的には天平十年（七三八）四月にそれが解かれた。

この祭りの「騎射」とは、後世の流鏑馬につながるともみられるが（いま祭の前儀として、「流鏑馬神事」「歩射神事」の儀式がなされる）、そのときの勅にある「祭礼之庭、闘乱セシム勿レ」という記述からすると、古代当時はかなりの喧噪を伴ったとみられる。下社のある広大な糺の森からは、古墳時代の馬具も出土した。ただ、「騎馬」よりも「射的」の要素を重視したほうがよさそうでもある。これは、鴨祖神が大山咋神（山末之大主神）であって、葛野の松尾に坐す「鳴鏑神」とも称される（『古事記』）という事情が背景にある。

「秦氏本系帳」の記事に見える『山城国風土記』逸文には、「賀茂の乗馬」についても次のように記される。

賀茂の祭祀の日に乗馬する風習は、志貴島宮御宇の天皇（欽明）の御世、国中が風吹き雨降りが続いて百姓が憂えた時、卜部の伊吉《いき》の若日子（中臣同族という卜占家の出）に勅して卜占をさせたところ、賀茂の神の祟りなりとでた。そこで、四月の吉日を撰んで祀るに際し、馬に鈴を掛け、人は猪の頭をかぶり物をして、馬を駆けさせて、祭祀をなし、能く祀らせた。これにより五穀はみのり、天下が豊かで平安になった。賀茂の乗馬は此に始まった。『松尾社家系図』（上記の伊吉若日子の子孫も、その社家にある）及び『二十二社註式』では、賀茂の乗馬の始まりを欽明廿八年（五六七）のこととする。『書紀』には欽明廿八年条に、国々では大水が出て、人々が飢えたと記されており、これと符合する。

賀茂祭の起源は、六世紀後半の欽明天皇の代まで遡るといわれ、それ以降毎年の行事として執り行なわれた（室町時代の応仁期に中絶し、元禄期に再興した）。神前に葵を献じ、社殿には葵を飾り、奉仕人の全てが葵を着けるので、葵祭ともいう。

賀茂社のうち、賀茂川（西側）と高野川（東側）とが合流する三角州、糺の森に鎮座するのが下鴨社（賀茂御祖神社。左京区下鴨泉川町）であって、その西北近隣で賀茂川のやや上流左岸部にあるのが上賀茂社（賀茂別雷神社。北区上賀茂本山）である。平安時代には、朝廷より伊勢神宮に次ぐ尊崇をうけ、上下両社は祭礼・奉幣・行幸などを同日に行ない、合せて一社の扱いをうける。文献上でも、両社を賀茂社と総称することが多い。

上下両社は本来は一社だったとみられるが、どちらが原型にあったのかはあまり言及が見られない。井上光貞氏は、カモ氏の系図分析等により、奈良時代中葉、天平十八年（七四六）に上社から下社が分立したとみる肥後和男氏の見方に与される（「カモ県主の研究」）。文武朝から奈良時

賀茂祭（葵祭）

上賀茂神社（賀茂別雷神社）＝京都市北区上賀茂本山

代はじめ天平初年までは、カモ社とは上賀茂社のことで、下鴨社は三身社と呼ぶ分社にすぎなかったとするが、この見方は必ずしも決定的ではなく、疑問もある。上社祠官家の系図が現伝のもので妥当かどうかも、疑問な面もある。

私見では、両社の鎮座地や「賀茂、鴨」の表記の古さ、祭神、皇太神宮の名称、斎宮の設置などの諸事情から見て、下社（御祖社）がむしろ原型、格上で、これから上社が分かれたと考えられる。これが、山城南部の岡田鴨社の祭神・所伝とも符合する。

六国史を見ると、『日本後紀』『三代実録』の記事に、「賀茂御祖神別雷神並奉授正一位」（大同二年（八〇七）五月条）とか、「山城国愛宕郡賀茂御祖并別雷二神之祭」（弘仁十年（八一九）条）、「賀茂御祖別雷両社使」（貞観元年（八五九）七月条）と表記され、御祖社が別雷社より先にあがる。下社の旧地が愛宕

賀茂川（上賀茂社近くで）

郡西賀茂の大宮の森（「大宮」こと久我神社が鎮座する北区紫竹あたり）と伝える。その地を起源に、賀茂川を東に渡り、現在の上下両社の鎮座地に遷ったのであろう。鴨族に特徴的な霊泉も、下鴨の御手洗社のほうにあって御手洗祭が行われる。

賀茂別雷神とは何者か

さて、上社で祀られる「賀茂別雷神」について考えてみよう。

下社のほうは賀茂御祖神社の名前とおり、賀茂御祖の賀茂建角身命とその娘の玉依日売命を祭神とする。賀茂別雷神は、玉依日売の生んだ子とされるが、別雷神が鴨氏族によって多く祀られるのに、鴨氏族のなかに別雷神の子孫と伝える氏や者は皆無である。鴨氏族は皆が玉依日売の兄・玉依日子の子孫という系譜をもつ。例えば、「賀茂神宮鴨氏系図」では、鴨建玉依彦命の十一世孫、大伊乃伎命から具体的な系図が始まる。他の古代氏族を通じてみても、祖神ではない傍系神を氏族あげて奉斎する例はないことから、この辺が不思議だとしか言えない。なぜ、この別雷神が鴨氏により祀られるのであろうか。


賀茂別雷神の誕生に関わる「丹塗矢伝承」は、『山城国風土記』逸文の可茂社記事に続けて見える。それに拠ると、次のとおり。

　賀茂建角身命が丹波国神野の神伊可古夜日女を娶って生む子は、名を玉依日子、次を玉依日売という。玉依日売が、石川の瀬見の小川（鴨川）で川遊びをした時、丹塗矢（赤く塗られた矢）が川上から流れてきたので、これを取って床辺に挿し置いたところ、遂に懐妊して男子を生んだ。その子が成人となる時に外祖父の建角身命、八尋屋を造り、八戸の扉を堅め、八腹の酒を醸み、神集いとして七日七夜祝宴したうえで、孫に対して、「汝の父と思はむ人に此の酒を飲ましめよ」と言ったところ、酒坏を挙げて、天に向きて祭ろうとし、屋の甍を突き抜けて天に昇った。そこで、父が天の神だとわかり、外祖父の名に因りて、可茂別雷命と名づけた。上記の丹塗矢は、乙訓郡の神社に坐す火雷神であった。可茂建角身命、伊可古夜日売、玉依日売、という三柱の神は、蓼倉里の三井社（下鴨社の境内摂社三井社。三身社ともいう）に坐す、とある。

この伝承は、各地に類似の話しがあって、山城の鴨族独自のものとは言い難い。同様の話が、『古事記』（三島溝咋の娘、勢夜陀多良比売のところに大物主神が丹塗矢で通って比売多多良伊須気余理比売〔神武皇后〕を生む話）、『書紀』（事代主神が八尋熊鰐になって三嶋の溝樴姫、あるいは玉櫛姫に通って姫蹈鞴五十鈴姫命を生む話）や『秦氏本系帳』（阿礼乎止女〔神の顕現を求める聖少女のこと〕と大山咋神との話）にもあり、『播磨国風土記』（託賀郡賀眉里条。道主日女命が父なくして子を生んだときに、その子に父を指させた話）における伝承とも似通う。『書紀』崇神七年条にも、茅渟県の陶津耳の娘・活玉依媛に大物主命が通って、大田田根子（三輪君中興の祖）の先祖を生んだ話が見え、これとも関連する。出雲、島根県飯石郡飯南町の赤穴八幡宮の創建にかかわる神話でも、ほぼ同様とされる。同社は、宝亀元年（七七〇）創祀の松尾神社が元で、平安後期からは石清水八幡宮赤穴別宮の名となっている。

賀茂建角身命が活動した当時では、鴨族が山城葛野にまだ居住していないから、この鴨族の伝承は、山城起源という実態がなく、各種起源伝承を混ぜ合わせて形成されたものであって、和泉か摂津三嶋の地での出来事というのが原態ではないか、と考えられる。

こういう諸事情があるから、賀茂別雷命の実体もなかなか把握しがたく、その父の名も混乱を極める。賀茂別雷命の実体を三輪氏の祖・奇日方天日方命ではないかとする説もあるが、鴨氏が三輪氏の遠祖を祀るのは、いかにも不自然である。『賀茂之本地』では阿遅鉏高日子根神と同一視するが、この神も山城鴨氏の遠祖ではなく、やはり三輪氏の祖先であって、同様に疑問が大きい。ごく素直に考えれば、賀茂別雷命の実体とは鴨氏族諸氏の祖・玉依彦であって、賀茂建角身命の子とするのが最も妥当そうである（その場合には、丹塗矢の実体が建角身命となる。弓矢製作部族の祖に適しいか）。『山城国風土記』逸文にも、「玉依日子は今の賀茂県主等が遠つ祖なり」と明記される。この別雷神こと玉依彦なる者は、「斎部宿祢本系帳」から見て、天日鷲命の子の天羽雷命と同神とみられる。

上記の可茂社伝承が『秦氏本系帳』に見える話と混同されて、「賀茂別雷命の父は松尾大社の大山咋神である」とする話も流布する。赤穴八幡宮の創祀伝承でも、これに類似しており、玉依姫が丹塗りの矢に変身した大山咋神に触れ、別雷神という子神を生んだとされる。これだと、賀茂別雷命の父は、大山咋神こと賀茂建角身命（少彦名神）となる。大山咋神は、後述するが、日吉社・松尾社で鴨族により奉斎されたから、これが自然である。

以上に見てきた錯綜する諸事情で、推論過程はなかなか複雑だが、結論的に述べておくと、伝承原型の場所は和泉の茅渟であって、陶津耳（賀茂建角身命、三島溝咋耳命、大山咋神）の娘・玉依姫のところに、三輪の大物主神が変身して通い、奇日方天日方命（珍努県主の遠祖）及び姫踏鞴五十鈴姫（神武皇后）を生んだ伝承が原態だと推される。陶津耳自体が「丹塗矢」に変身して別の女性のもとに通い、別雷神を生んだという事情もあるのかもしれない。この二つの伝承が混合して、舞台を山城葛野に移されたことが考えられる。

鴨族や少彦名神後裔氏族には火神・月神の祭祀もかなり見られるから、賀茂建角身命が娶った伊可古夜日売とは、こうした祭祀をもつ山祇族の流れを汲んだ女だったか。愛宕郡に鎮座する愛宕神社が全国の火神（火産霊命、迦遇突智神）の祭祀の中心であり、乙訓郡でも火雷神社が奉斎された事情の基礎に、こうした事実があったものか。愛宕神社の旧地といわれる鷹ヶ峰には、葛野郡式内社の天津石門別稚姫神社がかつて鎮座し（今は廃絶）、巨巌が並立する。この地に岩戸妙見宮（圓成寺）がある。「天津石門別」は、少彦名神の父の天稚彦（天背男命）を指す場合と、山祇族系紀国造の祖・天手力男命を指す場合があるが、後者は天稚彦の外祖父（ないし舅）の可能性も考えられる。

こうして見ると、後に実体不明となるような賀茂別雷命を、鴨族が賀茂社創祀の当時から奉斎したとはとても考えられない。普通には、「御祖社」としての下鴨社の祭祀が先行したとみられ、井上光貞氏の見解とは異なる（一般には、下鴨神社が先に創祀され、後に上賀茂神社が祀られたと伝える、という記事も『月刊京都史跡散策会』第二八号に見える）。鴨と賀茂の表記も、鴨のほうが古い（現存史料では、天平五、六年〔七三三、七三四〕に鴨県主が「正倉院文書」に見える）。賀茂のほうは、地名等を「嘉字」二文字で表記せよとの令（諸国郡郷名著好字令）に従って、和銅六年（七一三）五月以降に賀茂の表記が生じ、天平年間頃から主になっている。平城宮出土木簡でも、和銅・霊亀年間（七一〇）頃から「鴨」の表記がきわめて多く、「賀茂」のほうは八世紀中葉頃からやっと現れるという事情がある。

山城国葛野・愛宕郡での祭祀社

鴨族が祀った神社は愛宕郡に多く、賀茂山口神社（澤田社）、賀茂波爾《はに》神社（土師尾社、赤ノ宮。ハニは朱丹）、久我神社（「氏神社」で、賀茂建角身命を祀る）、貴布祢神社（左京区鞍馬貴船町にあり、祭神は水神罔象女神）、鴨川合坐小社宅《おこそべ》神社（河合社）、鴨岡太《おかもと》神社、三井神社などの式内社が『延喜式』神名帳に見え、これらは賀茂両社の境内・境外摂社とされる。

下鴨社の境内摂社の井上社（御手洗社）は、祭神が水神の瀬織津姫（罔象女神《みずはのめ》）である。賀茂波爾神社は、埴土神の波爾安日子・日女神を祀るが、上賀茂社の境内末社には土師尾社もあり、鴨同族には土器製作を担った西泥部（西泥土部）もあった。河合社は、高野川と賀茂川の合流する地の鎮座に因みそう呼ばれ、只洲社ともいわれる。河合社と書いても「タダスノヤシロ」と読むのが慣例とされ、賀茂別雷神の母、玉依媛命を祭神とする。

愛宕郡の西側に隣接する葛野郡では、松尾神社、天津石門別稚姫神社があげられる。

山城・丹波国境の愛宕山（標高九二四メートル）の山頂に鎮座する愛宕神社（阿多古神社）は、京都市右京区の総本社で火雷神・迦遇槌《かぐつち》命などを祀る。これは、鴨族の母系の遠祖神か。大宝年間（七〇一～四年）に、修験道の祖とされる役小角と白山の開祖として知られる泰澄によって朝日峰に神廟が建立されたのが創建とされる。『延喜式』神名帳には、丹波国桑田郡に阿多古神社の記載があるが、これは亀岡市千歳町の愛宕神社（元愛宕）を指すとみられている。乙訓郡にも火雷神社がある。賀茂御祖神社の境内末社に愛宕社があり、祭神は火産霊神で、古くは賀茂斎院御所の守護神として祀られていた。

「元愛宕」とされる亀岡市千歳町の愛宕神社

鴨氏の系譜と上賀茂・下鴨両社の祭祀

賀茂神社は、賀茂別雷神社（上賀茂社、別雷社）と賀茂御祖神社（下鴨社、御祖社）の総称であり、ともに名神大社・山城国一の宮・京都総鎮護とされたことは先にも述べた。

下鴨社の祭神は賀茂建角身命と玉依媛命であり、各々西本殿、東本殿で祀られる。賀茂建角身命の神武創業における「金鶏八咫烏」としての道案内伝承は先に述べたが、国土開発・殖産興業の神とされる。

祠官家の賀茂県主姓については、奈良時代末期、光仁天皇の宝亀十一年（七八〇）四月に山城国愛宕郡人の正六位上鴨祢宜真髪部津守など十人にこの姓氏の賜姓がなされ、これが正史に現れる始めである（だからといって、それ以前に賀茂県主姓がないとはいえないが）。平安時代初期ごろには、上賀茂社祠官家が賀茂県主姓といい、下鴨社祠官家が鴨県主姓といって、鴨族本宗が両系統に分かれていたことが『姓氏録』の記事から分かる。

系図では、平安初期（延暦・大同頃）の馬蓑・目代兄弟以降に二系統に分かれたと記される（この時、初めての分岐かは不明。天武六年（六七七）の頃の社殿造営の所伝は、二社分離を示唆する事情がある）。この馬蓑・目代は、『類聚国史』大同四年（八〇九）十一月条に、「外従五位下鴨県主真蓑授外従五位上、従八位上鴨県主目代外従五位下、並賀茂二社祢宜也」と見える。このように、当初はみな鴨県主を名乗っており、兄・馬蓑の後が下社鴨県主、弟・目代の後が上社賀茂県主とされるものの、表記には多少の混乱も見られる。以降、両社の祠官家に分かれ、明治に至るまで代々両社・関係社の祢宜などの諸祠官を永く務めた。

寿永三年（一一八四）四月に源頼朝から社領の安堵をうけ、鎌倉将軍頼経の参詣（暦仁元年〔一二三八〕

や室町将軍義満の参詣（応永八年〔一四〇一〕）も受けている。

鎌倉前期の承久の変では、賀茂県主能久や鴨県主祐綱が一族を率い、賀茂大明神・賀茂御祖大明神の旗を先登にして宇治に赴いて、奮戦した。能久の子・氏久は上賀茂社神主で従三位に昇り、『続古今和歌集』以下に三三首入った歌人だが、後鳥羽天皇の子ともいわれる。元弘・建武の戦乱のときも、一族は後醍醐天皇に味方して忠勤に励んだ。

その後、両社の祠官家は次第に数を増して、明治維新時には上社が百九十家ほど、下社が六十家弱もあった。上賀茂社祠官家では、松下を筆頭に岡本・梅辻・鳥居大路・林・森・座田・富野・西池・藤木などが主であり、下鴨社祠官家には泉亭（上記の鴨祐綱の流れ）を筆頭に梨木・広庭・滋岡・下田・南大路や鴨脚《いちょう》などの諸家があった。このうち、鴨脚家は鴨県主姓も称したが、本姓は同族の祝部とされる（後述）。

平安末期には、両賀茂社の荘園・御厨が全国四四ケ所に及んだが、これが戦国期までには次第に有名無実化していき、秀吉の太閤検地でそれが決定的となった。秀吉はカモ社の社領として、上賀茂社に二千百余石、下鴨社に五百四十余石の朱印を奉り、徳川幕府もこれを踏襲した。賀茂六郷（賀茂・小野・錦部・大野の四郷が編成されたもの）を神領として保ち、幕末に及んだ。応仁の乱で中絶した賀茂祭も、元禄七年（一六九四）になって幕府により再興され、現在に至る。賀茂祭再興では、下社の梨木祐之と上社の岡本清茂とが協力しており、これ以後、近世賀茂社の隆盛となって、カモ社祠官で三位に昇る者も輩出した。

中世以降の賀茂社関係者の動向

賀茂両社の関係者で、主な人々を簡単に見ておく。

上賀茂社祠官の賀茂県主は十六流で長く続いたといわれるが、この祖が天徳二年（九五八）に卒した賀茂在実とされる。なかでも嫡流が松下家（久一流）であり、承久のときの当主賀茂能久は、後鳥羽上皇の寵を得て、承久の乱では院方として一族と共に宇治で幕府軍と戦うが敗れ、捕らえられて鎮西に配流になった。子の従三位氏久以下は、後に続く。

鎌倉期では、下鴨社家から出た『方丈記』の作者鴨長明が著名であるが、父・長継が早死し、下鴨の河合社の祢宜に就任する話も同族の惣官鴨祐兼に妨げられて実現せず、失意のなか大原に隠棲し出家している。室町期の応仁文明の乱では、文明二年（一四七〇）に西軍の放つ火で下鴨社が被災した。その復興が本格化したのが江戸前期であった。

江戸中期には、国学四大人の一人、賀茂真淵がおり、上賀茂社家の流れ（顕一流の祖・片岡祢宜師重の後裔）である。遠江国敷智郡浜松庄の西郊外、伊場（伊庭）村の生まれ、賀茂社神主岡部家の出で、衛士と号した。江戸後期の国学者・歌人に賀茂季鷹《すえたか》もおり、山本家の出で右膳、号を生山・雲錦といい、狂歌を得意とし、上賀茂社に奉祀し正四位下安房守に任じた。賀茂規清は江戸末期の神道家で烏伝神道の教祖、上社社家の梅辻家の出。幕府はその挙動を怪しみ、規清は八丈島に配流されたが、将軍家茂の上洛絡みで許されたときの前月に死んでいた。

二　鴨県主と祝部氏

日吉社で奉斎の大山咋命

比叡山連峰の八王子山（牛尾山）の東北麓、近江国志賀郡、現・大津市坂本に鎮座する**日吉大社**（山王総本宮）も鴨族奉祀の古社である。同社は、崇神天皇の御世に創祀されたと伝え、全国三千八百余の「日吉・日枝・山王」という名の神社の総本宮とされる。平安京遷都の後には、この地が都の表鬼門（北東、艮・丑寅＝うしとら）にあたることから、都の魔除・災難除を祈る社として篤い崇敬を受け、伝教大師最澄が比叡山に延暦寺を開いてからは天台宗の護法神としても祀られる。

祭神は大山咋命と鴨玉依姫（妃神ともいう。摂社の樹下宮で祀る）を主体に東本宮で祀るが、西本宮のほうには大己貴命や宇佐宮・白山宮等も祀られる。これは、天智

日吉大社（大津市坂本）

天皇が大津京遷都で即位した時に、強力な地主神に加えて、強力な神々を更に加えたといわれる。この日吉大社を長く奉祀したのが鴨族のなかで祝部であり、後に宿祢姓を賜った（系譜等は後述）。

懸造りの奥宮などがある牛尾山頂の付近には、金大巌（こがねのおおいわ）と呼ばれる大きな磐座もある。日吉大社の東本宮参道の脇にも霊石があり、正面から見た凹凸が、しゃがむ猿の形に似ていて、「猿の霊石」と呼ばれる。日枝山（比叡山）に日吉大社があり、葛野の松尾山に松尾大社があって、ともに大山咋神を祀るが、この共通の祭神を祀る社の存在だけではなく、八王子山と松尾山の両方には、巨大な磐座と古墳群（日吉社東本宮古墳群、松尾山古墳群）もあって、共通点が多い（江頭務氏の「日吉大社　山王三聖の形成」）。

祭神の「大山咋命」という神は、神統譜では不思議な位置を占める。すなわち、『古事記』によると、大歳神（大年神とも書く穀物神。スサノヲ神の子におかれる）が天知迦流美豆比売《ちかるみづひめ》を妻として生まれた御子神とされる（この神統譜は、鴨族奉祀の神から見て、どこかで実態と離れた可能性が大きい）。大山咋命は「奥津日子神。次に奥津比売命」（竈神のカップル）の弟とされ、「亦の名は山末之大主神。此の神は近淡海国の日枝山（比叡山、八王子山）に坐し、また葛野の松尾に坐して、鳴鏑を用つ神ぞ」と伝える（鴨族研究で大山咋命の実体を探って迷い続け、松尾神や酒神としては少彦名神かと思い、猿を使いとする日枝神や金山彦神と性格が通じる場合はその父の天稚彦神にあてるのが、一応妥当か。味鉏高彦根命と同神だとする鈴木真年見解は疑問）。

松尾社奉祀の鴨氏と秦氏との関係

山城北西部、葛野郡の**松尾大社**は、京都嵐山に近い松尾山の麓（京都市右京区嵐山宮前）に鎮座す

松尾大社（京都市右京区）

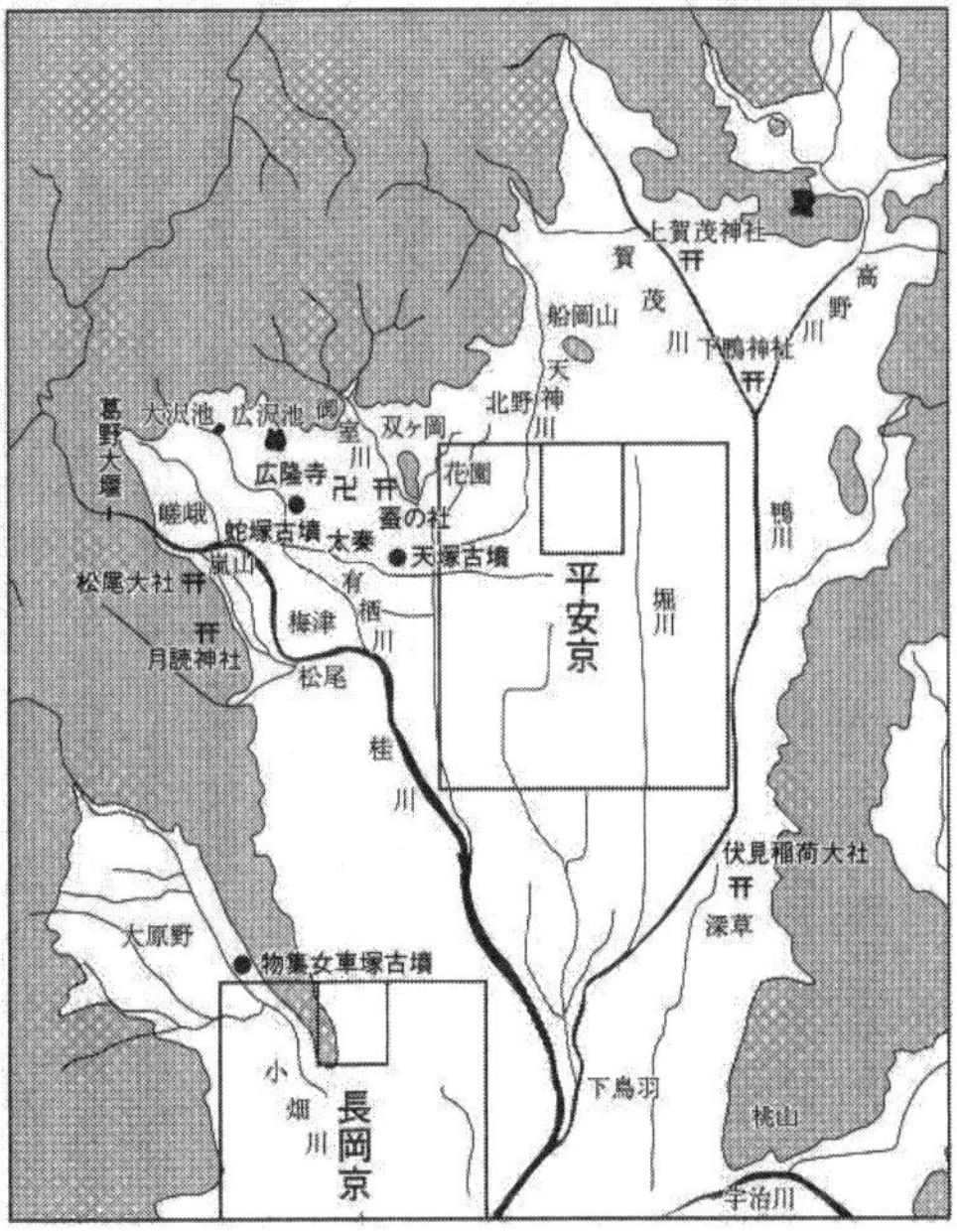

京都の鴨氏・秦氏関係地図
（水谷千秋氏作成）

る旧官幣大社である。祭神は、大山咋命のほかに、市杵嶋姫命（中津嶋姫命。海上交通の神）とされる。

社伝では、文武天皇の大宝元年（七〇一）、秦忌寸都理《とり》が勅命により、古代より葛野一帯で信仰された松尾山頂近く、大杉谷の磐座に宿る神霊（大山咋命）を、秦氏一族の総氏神として勧請して社殿を建て、同族の知満留女《ちまるめ》を斎女として奉仕させたという。これより早い天智天皇七年（六六八）に、筑紫の宗像から嵐山に宗像三女神の市杵嶋姫（中津島姫）を勧請したとの伝えもある。

秦忌寸都理の系譜は、名前通り渡来系の秦氏の血を引くのはもちろんだが、『姓氏録』山城神別の秦忌寸では神別の物部氏族のなかにあげられており、「神饒速日命之後也」と記されて、秦氏を名乗る諸氏のなかで唯一神別として見える。その関係の系図として、継体朝の大連・物部連麁鹿火《あらかい》（荒甲）の弟・押甲連の子、奈西連が鴨祝となり、秦公大津父の妹を娶って二男子を生んだが、長子宇那古が葛野連（録・左京神別）・中臣葛野連（録・山城神別）の祖となり、次子の形名が母姓を冒し秦公となる。この形名の曾孫が秦忌寸都理だ、と見える（『百家系図稿』巻一の秦宿祢系図。秦氏が物部氏に系譜を付けた系譜仮冒もあるかもしれないが、物部系の葛野連一族という。鴨族の葛野県主家を母系などで承け継いだか）。その意味で、松尾大社は、渡来系の秦氏及び列島古来の神別氏族の氏神として篤く信仰され、中世以降は「酒の神」としても祭祀されてきた。

平安京遷都以後では、皇城鎮護の社として「賀茂の厳神、松尾の猛霊」と並び称された。『延喜式』では名神大社に列せられ、貞観元年には正一位の神階に叙せられ、後に勲一等となった。皇城鎮守神の「二十二社」（山城・大和など畿内周辺にあり、『紀略』などに見える）のうち、伊勢、石清水、賀茂と共に上七社の一とされた。

天皇の行幸は、寛弘元年の一条天皇の行幸をはじめとして、以後は屡々なされた。酒の神としても崇敬され、境内に湧き出る霊泉「亀の井」の水は、醸造の際に加えると酒が腐らないといわれ、全国の醸造業者から篤い信仰を受けてきた。同社の宝物館に安置される三躯の神像（老年男神〔大山咋神〕・女神〔市杵嶋姫命〕と壮年男神）は、かつて丹朱が塗られて赤々と輝いていたというから、伝説の丹塗矢を思わせる。これが、日本では現存の最も古い神像とされ、平安初期の一木造りの等身大坐像である。

秦氏にもう少し触れると、韓地から五世紀初頭頃に倭地に来た氏族で、農耕・土木の技術、養蚕や機織の技術をもち酒造にもすぐれたが、同世紀末頃には大和葛城から河内を経て、京都盆地に至っており、その北西部に定住したとされる。当地を流れる桂川に「葛野大堰《おおい》」という堰を築いて、嵯峨野一帯に水利を施し、水田等の開墾につとめ富裕になっていった。これより早い五世紀後葉の雄略天皇朝のころに、秦酒公の活動が知られるが、その頃はまだ山城には未到達ではないかとみられる。推古朝・聖徳太子の時代には、秦河勝が族長としておおいに活動しており、弥勒菩薩で有名な広隆寺も建立した（この辺の諸事情は、当シリーズの『秦氏・東漢氏』をご参照）。秦氏は韓地からの渡来系でも列島到着が比較的早かったので、日本古来の神々を受け入れて、山城南部の伏見では稲荷社を奉祀した。

『姓氏録』によれば、賀茂・鴨氏は山城国神別で、秦氏は山城国諸蕃にあげて、「太秦公宿祢：秦始皇帝の三世の孫、孝武王の後なり」、「秦忌寸：太秦公宿祢と同祖、秦の始皇帝の後なり」、と記される。鴨氏・秦氏、各々の出自は全く異なるが、両氏は近住し密接な関係にあり、姻戚関係も重ねて結ばれた。鴨氏の粗、大伊乃伎命の娘、丹意媛が秦酒公に嫁いで葛野県を秦氏に譲り、愛宕県に遷った

広隆寺（京都市右京区太秦）

とも伝える（鈴木真年の『日本事物原始』）。賀茂氏と秦氏は、共通の丹塗矢伝説をもったが、各々の内容は若干異なっており、秦氏独自の伝承というよりは、鴨族の伝承を取り入れたものであろうが、現存の伝承がどちらが原型に近いかは別であり、あるいは双方とも原型から変形した可能性すらある。

『秦氏本系帳』によれば、葛野川で「秦氏の娘（阿礼乎止女《あれおとめ》＝知麻留女）」が洗濯をするとき流れてきた丹塗矢が松尾大明神で、処女懐胎をして生まれた子が「都駕布《つがふ》」だとして、同様の話を伝える。秦忌寸都駕布は養老二年（七一八）に松尾神社の祝に初めてなり、以降、秦氏が子孫世々奉仕した。ここでは、松尾大明神が丹塗矢に変身したと見える。

「鴨県主家伝」によると「賀茂社の祢宜黒彦の弟の伊侶具・都理が秦の姓を賜り、それぞれ伏見稲荷・松尾大社を作った」と見え、逆に『秦氏本系帳』によると「鴨氏人を秦氏の聟とし、秦氏は愛聟に鴨祭を譲り与う。故に今鴨氏祢宜として祭り奉るのはこの縁なり」と記される。伊侶具・都理は秦氏であり、黒彦は鴨氏だから、これらが皆、実の兄弟とは思われないが、系譜も両氏でいろいろ混淆した。ともあれ、都駕布の子孫は、近世まで代々、松尾社神職を世襲しており、全国における分社の数は約一千三百社といわれる。

松尾大社の神幸祭（四月廿一日）は、「葵祭」と呼ばれた。本殿をはじめ拝殿や楼門、各御旅所の本殿・神輿から供奉神職の冠・烏帽子に至るまで、葵と桂で飾るためである。しかも日吉・賀茂・松尾の三社の例大祭は、いずれも四～五月のほぼ同時期に行なわれた。

葵祭といえば、その始まりは賀茂神社から来たのであろう。松尾大社も賀茂神社と同じく別雷神を祀ったため、同じ縁から葵を付けることになったという。

松尾大社の「桂」は、神仙思想や摂社の月読神社の月神祭祀と深く関係していそうだ。月読神社は顕宗天皇三年（五世紀後葉）、阿閉臣事代が任那に使したとき、月神のお告げを受け、天皇に奏上して山城国葛野郡の荒樔田の地に神領を賜り、そこに社を創建し、壱岐県主の祖先・押見宿祢をして神職で奉仕させた、と『書紀』に見える。この縁で、壱岐氏は朝廷の卜占にも関係して続いた。壱岐氏は、壱岐国壱岐郡を本貫とし、中臣氏族と称した（『姓氏録』右京神別に壱伎直をあげて、中臣氏の雷大臣〔烏賊津使主〕の後とされる）。

松尾大社（月読神社）の象徴である桂（桂は中国・神仙思想において月にあるという想像上の樹。壱岐から勧請されたとする京都で最も古い月読神社と関係していよう。葛野＝嵐山・松尾の地名には月と関係する所が多く存在する。桂川・渡月橋・桂離宮など）と賀茂神社の別雷神の象徴である葵が、賀茂・松尾・日吉の例祭を彩っている。

桂川と渡月橋（京都・嵐山）

猿神と山王信仰

日吉大社の山王祭は、湖国三大祭りの一つに数えられるが、そのなかに四月十四日の「申の神事」

「神輿渡御」もある。

日吉大社では猿を神使とする。猿神は、太陽神の使者とされるサルの化身であるが、中世日本の説話にはサルの妖怪としても登場する。日吉大社と猿との関連性についてはよく分からず、「山末之大主神」が鉱山神という性格で、鉱山探索の山歩きに由来するものか。「鉱脈を求めて歩く鉱山師の一団は猿のように見える」との説もあり、金山彦神に通じる（猿田彦神にも通じるか）。大山咋神の妻の化身が雌猿ともいうが、これは肯き難い。

中山神社（岡山県津山市）

美作国苫東郡の名神大社、中山神社は吉備弓削部などが関与したようだが、同社も猿に所縁がある。『今昔物語』や『宇治拾遺物語』には、「中山の猿神」が登場しており、猿神社は境内の後方五〇メートルの岩の上にある。同社は南宮社とも呼ばれ、美濃国の不破郡の名神大社・南宮大社（仲山金山彦神社。岐阜県不破郡垂井町宮代峯の南宮山の北東麓に鎮座）や恵那郡の中山神社（恵那市串原に鎮座。大和国吉野の金峯神社の分霊を勧請と伝える）とも、祭神が金山彦で同じであったとみられる。

これら諸社で祀られる「金山彦神」と大山咋神（山末之大主神、松尾大明神）は同神か近親のもようであり、鍛冶神の天津麻羅命・天目一箇命（金屋子神）とも近親か（この場合には父神か）、とみられる。『古事記』にはイザナミ女神の吐瀉物から金山彦・金山媛が生まれたというが、これは後世の造作かなにかの転訛であろう。

「猿」といえば、**豊臣秀吉**を想起される方も多い。秀吉が幼名を日吉丸といわれ（後世に造られた名前ともいうが）、猿面冠者とも異称があるのも、日吉神社に関係ありそうだが、その辺が史実かどうかは不明である。すなわち、尾張国愛知郡中村郷（現・名古屋市中村区）の下級階層の生まれとされる秀吉には、清洲町朝日出身の母が清洲の日吉神社（愛知県清須市清洲に鎮座。清洲山王宮）に詣でた時日輪が懐中に入る夢を見て授ったとの誕生エピソードがあり、日吉丸の名の由来もそこにあるという。併せて、素早い身のこなしと彼の顔立ちは、日吉神社の神の使いの猿に似るとのことで、あだ名が「猿」になったともいう。

こうした秀吉伝説には後世の捏造・偽作も多くあるかと思われるが、豊臣家が日吉社を深く崇拝しており、妻の寧々（北政所）もその母とともに日吉神社を深く崇敬したとされる。あるいは、寧々の実家も秀吉の父母関係の生家も、鍛冶関係で共通するものがあったか。鈴木真年は、愛智郡下中村の鍛冶五郎助の姪、「於仲」が秀吉の母だと記す（『史略名称訓義』）。どこまで信頼できる系図かは不明も、於仲の父が愛智郡御器所の関弥五郎兼員で、大和当麻の刀鍛冶天蓋氏や美濃の刀工文殊・関氏の流れを汲むという。この系図も『諸系譜』第二冊に見えており、これでは、下中村の五郎助兼善が於仲の伯父に記載される。

山王信仰とは、比叡山麓の日吉大社より生じた神道の信仰である。日吉神社・日枝神社あるいは山王神社などという社名の神社は、山王信仰に基づいて日吉大社より勧請を受けた神社で、大山咋神と大国主神（あるいは前者だけ）を祀ることが多い。

ちなみに、江戸の日枝神社（東京都千代田区永田町）については、太田道灌が川越喜多院の境内に鎮守として祀られた山王権現（川越日枝神社）を勧請して創建されたと伝え、徳川家康が江戸城内の紅葉山に遷座してその鎮守としたが、秀忠将軍のときに江戸城外の麹町隼町に遷された。その祠官としては、近江日吉大社から樹下氏も来ている。

甲斐国では、山梨郡下小河原（現在地名は甲府市住吉五）の日吉神社は、江戸期までは山王権現と言い、祠官家は加賀美氏で、江戸中期に国学者加賀美光章（従五位下信濃守に任。堯光の養子で、山県大弐の師。私塾「環松亭」をつくる）を出した。同社は現在も加賀美光顕氏が神主であり、勧請由諸が不詳であるが、湯立の神事で知られる旧村社である。

この**甲斐の加賀美氏**は、美濃が故地と伝え

日枝神社（東京都千代田区永田町）

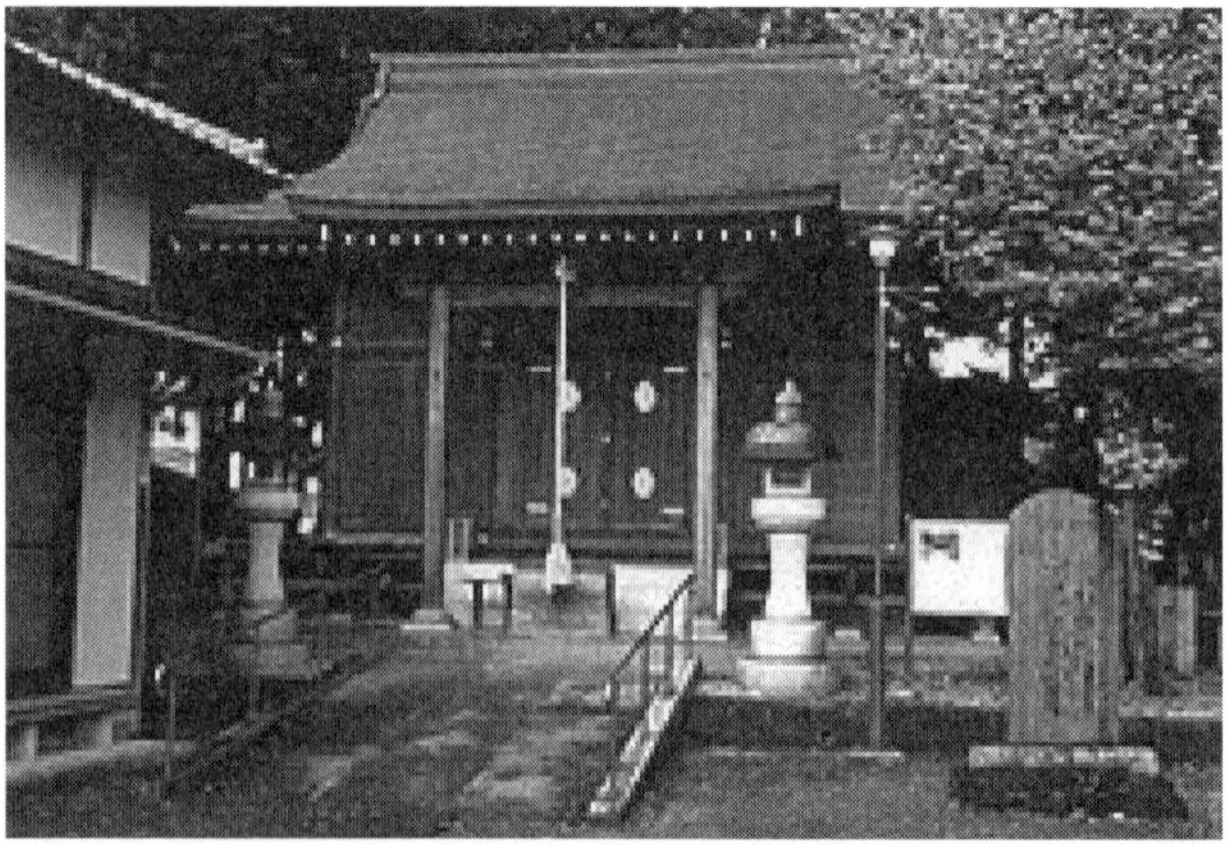

山王権現（川越日枝神社）＝埼玉県川越市小仙波町

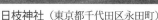

る。すなわち、美濃国各務《かがみ》郡各務郷を本籍とし、各務郡一の名門で大領など郡領を平安期に輩出した**各務勝**流の加賀美氏である。渡来系氏族に多く用いられる「勝姓」のため、『姓氏家系大辞典』では美濃の各務氏も百済系かと考察するが、古族の六人部・鏡作連族裔か国造族裔かであろう（地域的に見て、鴨系か物部系の国造〔三野前国造か三野後国造〕の族裔かと当初みたが、鏡関係諸氏の様々な祭祀・所伝などから、今は鏡作連・六人部連の族裔という見方に傾いている。なお、スグリは「勝」で表記されても、倭地古来の「村主」が本来の場合もあろう〔この辺は、豊前の宇佐氏関係にも通じるか〕）。

これが、後に甲斐国中巨摩郡に移住したため、甲斐に各務や鏡・加賀美という地名が発生したとされる。平安後期に清和源氏武田氏一族の加賀美氏が出現したことで、各務勝流の加賀美氏も清和源氏を称するようになり、上記の加賀美光章も源姓を称した。出身の山梨郡の畔村・下小河原村などが明治に住吉村になるが、畔村の住吉神社社家加賀美氏、西保村の加賀美氏については『甲斐国志』に記述されており、これらは各務勝流か。

関連して言えば、笛吹市石和町の山王神社は地域の産土神で、石和温泉郷の守護神でもある。甲府市上曽根町に日枝大神社もあり、往時は毎年四月の申日に流鏑馬神事が盛大に行われたという。この辺は、温泉神や弓矢神に由来するものか。

日吉社祠官の祝部氏

日吉社に話を戻して、その祠官の祝部氏は、鴨建角身命の後裔で、鴨氏の同族である。『姓氏録』には山城神別に祝部をあげて、「鴨建角身命の後」とのみ記される。もともと東本宮に比叡山の山の神たる大山咋命を祀っていたが（何時から現鎮座地にあるかは不明も、八王子山の山上から山麓へと祭祀の場が移った)、天智天皇朝に宇志(琴御館宇志麿)が出て、西本宮に大己貴神を祀って、祝部姓を賜わり、以降はその子孫が日吉社に奉仕した、と伝える。宇志は、常陸の出で、父祖の櫛麿(祖父か)が常道国新治郡鴨部神戸で鴨大神御子神主玉神社(茨城県桜川市加茂部)に奉祀したという。元慶四年(八八〇)には、大比叡神が正一位、小比叡神が従四位上に神階昇叙がなされた(『三代実録』)。奥宮には金大巌という磐座があり(上述)、樹下宮(祭神玉依姫命)には神座の真下に霊泉の井戸がある。

この祝部氏は、十一世紀前・中葉頃に祝部希遠と弟の成遠の時、「左方」「右方」という二流に分かれ、それぞれ大比叡神(西本宮祭神)、小比叡神(東本宮祭神)の祢宜をつとめる。希遠兄弟は祢宜惣官の安国の子で、長兄には『耀天記』(鎌倉中期に成立の山王神道の書)に見える右遠(祢宜惣官)がいた。鎌倉期頃から、左方は生源寺を号し、右方は樹下を号した。摂社の氏永社の祭神・祝部希遠は、生源寺家の先祖であり、その子の頼永について、「長命寺文書」永保元年(一〇八一)付官宣旨案に日吉社祢宜祝部宿祢頼永と見える。

鎌倉前期の祝部成茂は、日吉社祢宜・丹後守正四位下となり、歌人として著名で、新古今集など勅撰入集が合計四四首もある。『東鑑』承久三年条に記事が見えるほか、『民経記』天福元年(一二三三)七月条に「祢宜従四位上大蔵少輔祝部宿祢成茂」と見える。父の允仲も妹の後鳥羽院下野も、新古今入りの歌人である。祖父の成仲は、詞花和歌集などの勅撰入集が三一首あり、この者のときに樹下の名字が始まるという。樹下系統からは、江戸期には江戸の赤坂山王の神主家も出した。元禄十年(一六九七。一に同十五年)に幕命により樹下資範が江州日吉神社から当社の神主職を継いでいる。

生源寺の系統には、「日吉社中興」の祖と言われる祝部行丸がいる。元亀二年(一五七一)の織田信長の叡山焼き討ちの際、大社の社殿や宝物などを焼かれて壊滅的な打撃を受けた。この時、祝部行丸は、日吉社の総官として大宮（西本宮）にあったが、日吉社の復興を祈願して諸国の神社を巡るなどの活動を行った。信長の死後に行丸の努力は結実していき、大宮の仮御所もでき山王祭も復活した。行丸は、八一歳で没したが、天正十年（一五八二）に著された『日吉社神道秘密記』などを残した。現在の主要な社殿は、行丸・行広親子の努力と秀吉の援助により文禄四年（一五九五）に再建された。江戸期には、生源寺・樹下の両系統で従三位・非参議にまで昇進する者を出した。

祝部一族には賀茂上社の祠官家もおり、『類聚国史』天長元年（八二四）四月条に、祝部枚麻呂を鴨別雷大神の祝に補すと見え、この流れが上社にあったか（これに先立つ弘仁六年十月付東南院文書に祝部茂麿が見える）。

下鴨社のほうにも祝部人主の流れがあり、のちに祠官の鴨脚家となるが、鴨県主姓を称した。十一世紀前葉の御祖祝外従五位下の県主伊信はその先祖であり、寛仁元年（一〇一七）に加階の賞に預かるも、これを舅に譲る裁許などに関して『小右記』に見える。『中右記』の嘉保二年（一〇九五）四月条には、賀茂行幸に関し上・下社司の勧賞叙位が見え、これに預かる賀茂県主・鴨県主一族が多くあげられる（上社九人、下社五人）。そこに下社の鴨県主として見えるのが祢宜惟季・祝伊房・権祝職通・川合祢宜経貞・川合祝惟輔であり、伊房・職通・惟輔の三人が祝部系である。惟輔（伊信の孫）の後裔に出たのが鴨脚家であって、この一族は室町中期頃から『歴名土代』に叙位関係でかなりの数が見える。

久我国造の存否

鴨族の移遷過程を見ると、後の愛宕郡に落ち着く前に賀茂川の下流域、伏見あたりを含む乙訓郡にあって、そこに山城北部で最古級の元稲荷古墳などを築造した。これが、「久我国造」といわれる勢力の実態かもしれない。久我直という姓氏が後に見えるから、「久我国造」があったとして、それがどのような領域か、何時まで存続したかも不明で、鴨（葛野）県主の設置が成務朝だという『姓氏録』逸文から見ると、葛野県主が久我国造と並立したとも考えうる（その場合、葛野・愛宕両郡は久我国の域外となる）。式内社の乙訓郡・久何神社（同市伏見区久我森の宮町。江戸期は森大明神。武内久我神社）は国造一族が奉斎した。愛宕郡の久我神社（京都市北区紫竹下竹殿町）ほうは後の遷座がいわれ、両社とも久我氏の祖神、「興我《こが》萬代継神」（「興我＝久我」。『三代実録』に見える）を祀ったという。

　久我国造という国造は、「国造本紀」にも不記載で、系譜は不明な点が多い。氏族系統も高皇産霊尊の子の天神立命の後が久我直（「神代本紀」）とか、天背男命・天世乎命が久

京都市伏見区の久我神社

京都市北区の久我神社

我直等の祖（「天神本紀」）、と記されるだけで、この国造の実態が分からない。当該系譜は、「天神立命＝天神玉命」（ないし「神玉〔神魂〕―神立〔押立〕」の親子）で、これ（前者が親子の場合は子神のほう）が「天セヲ命（天若日子）」に当たるかとみて、葛野鴨県主と同族とされよう。愛宕郡式内社の久我神社が「氏神社」とも呼ばれ、賀茂建角身命を祀るから、「興我《こが》萬代継神＝賀茂建角身命」なのだろう。

同族の葛野県主が乙訓郡から東北方に向かって進んで愛宕郡に定着したのとは逆に、久我国造一族は、伏見から西方の乙訓郡長岡・山崎あたりを本拠としたとみられる。

五世紀に入ると山城北部、乙訓郡には、大山崎町に境野一号墳（全長約五八メートル。車輪石・石釧や鉄刀が出土。明智光秀の本陣という）、長岡京市では今里車塚（全長約七五メートル。朝顔形埴輪Ⅲ式、冑形・盾形埴輪や方格規矩鏡片、笠形・盾形の木製品を出土。長岡京市東北部の今里）ができる。

次いで、北山城最大の古墳の**恵解山《いげのやま》古墳**（墳丘長約一二八メートルで、周濠を含める全長は約一八〇メートル。長岡京市の勝竜寺城跡の西南近隣に位置し、境野古墳群の北側近隣）が平野部に現れる。同墳は盾形周濠を備え埴輪Ⅲ式を出し、大王家の巨大古墳群に匹敵するほど膨大な量の鉄製武器類（鉄刀一四六点、鉄槍五七点超や鉄剣等や四七〇余もの鉄鏃）を前方部の組合式木棺に埋葬し（主体の後円部の埋葬品は不明）、円筒埴輪・水鳥形埴輪や鉄製農工具も出た。恵解山の築造規格は仁徳陵古墳と相似の平面形で、その四分の

恵解山古墳（京都府長岡京市）

一の規格とされ（一に太田茶臼山・古市墓山等と相似形）、上記出土等の事情から築造が五世紀前葉頃とされる。

　この頃には、鴨県主氏が百年ほど居た向日地域から東北方の葛野・愛宕両郡へ既に移遷していたことを考えると、同族の久我国造が西南側に分岐、並立して、長岡・山崎のほうはその墳墓群とみられる。一方、京都盆地東側の東山には、将軍塚と稲荷山の二個所で鴨県主系の首長墓の系譜がある。稲荷山古墳群からは神獣鏡や方格規矩鏡・捩文鏡などが出て、四世紀後葉頃からの築造ともいうが、群の中の築造順も含め、詳細が不明である。

　これら諸事情から見ると、久我国造が愛宕郡久我から起るとか山背国造と混同する太田亮博士の見方（『姓氏家系大辞典』コガ条）は疑問が大きい。山背国造の北方、乙訓郡を主領域とした地域に久我国造がおかれたものか。崇神朝に日子坐王に討たれたという丹波の玖賀耳《くがみみ》の御笠も、その同族か

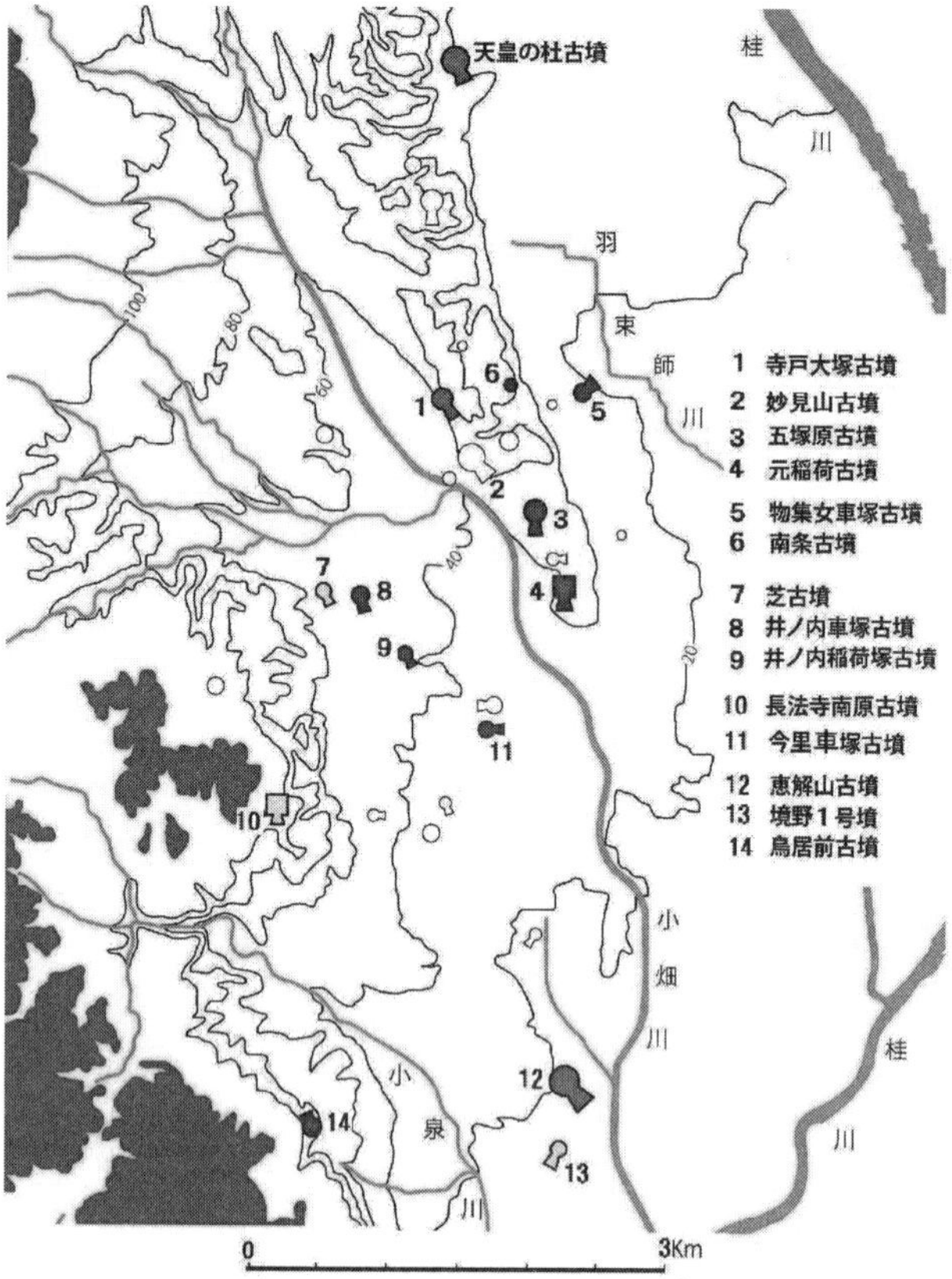

乙訓の古墳群（長岡京市のHP 掲載の「乙訓古墳群の分布」を基礎に作成

（「玖賀耳」はクガの族長の意で、名が御笠か。「丹波」と言っても南部になる）。丹波国の桑田郡は、乙訓・葛野両郡と接して、式内社・祭祀も共通するものがかなりあり（例えば大井、走田、松尾の諸社や月神祭祀）、久我国の勢力圏だったか。

山城国には久我直をはじめ、今木直・粟田直・錦部直など国造同族らしき直姓の氏が史料にかなり見える事情からも、久我国造の存在は否定しがたい。

その族裔には、戦国時代末期に清華の久我家家宰から堂上公家へ格上げされた称清和源氏の竹内氏が考えられる（拙考「堂上公家竹内氏の出自と祖先」、『姓氏と家系』第五号〔二〇一一年〕所収）。上久我荘の預所を代々務め、同じく久我家司の森氏とも同族で、一族には山城国乙訓郡の上久我明神（菱妻社、もと火止津目《ひしづめ》社。伏見区久我石原町）の神主の藤田・淵田氏がおり、境内社粟島社で少彦名命を祀る。

間人連などの同族

鴨県主の初期段階について「祝部宿祢系図」を見ると、久麻己理命（神直祖）という名がある。この者は『書紀』（神功摂政元年条）に忍坂王に味方し先鋒で応神天皇らと戦ったという「葛野城首之祖、熊之凝」にあたる。この「**神直**」は、『姓氏録』には和泉神別にあげて、「生玉兄日子命の後」と記され（これが、この名での『姓氏録』記載の唯一例）、「神」の訓みは「カモ」か。系図には、『姓氏録』逸文に見える大伊乃伎命の弟として見える。山背国の愛宕郡にも神直近志侶がいて神亀三年（七二六）の雲上里の計帳に見え、天平五年（七三三）の山背国らしき計帳には神直枚売も見える。これらの同族かとみられる者に、美濃国の山県郡大神戸戸主神直大庭（天平勝宝二年〔七五〇〕の「美濃国司解」）、大野郡美和郷の郷長神直三田次（神亀三年〔七二六〕十月付の平城宮出土木簡）や、丹波国氷上郡の神直与□なる者（山垣遺跡〔兵庫県丹波市春日町棚原字山垣〕出土の木簡）がいた。氷上郡には、『和名抄』に賀茂郷が記載され、式内社神野神社（丹波市の同名社や鴨神社が論社）があった。

上記の久麻己理命の兄には系図に加比伎命が見え、その四世孫の宇豆古に**間人宿祢祖**と記される。間人氏は、『姓氏録』には左京神別に間人宿祢をあげて、「神魂命の五世孫、玉櫛比古命の後」とされ、鴨族と知られる。間人氏には、同書は左京皇別の間人宿祢、山城皇別に間人造をあげて、ともに仲哀天皇の皇子誉屋別命の後と記すが、この皇別は系譜仮冒で、みな鴨氏同族なのであろう。天平十三年（七四一）六月の「山背国司解」には、「乙訓郡山埼里戸主間人造東人」が見えており（天平勝宝元年〔七四九〕十一月付文書にも同様に見え、奴婢六人を持つ）、この居住地たる山埼里（乙訓郡大山崎町域）が本拠だとしたら、加比伎命の系統は久我国造の流れかも知れない。同じ山背国の愛宕郡には、神亀三年（七二六）の出雲郷雲上里・雲下里の計帳に史生従八位下間人宿祢男君が見える。そうすると、『続紀』神護景雲元年（七六七）三月条に、近衛将曹従六位下勳六等の間人直足人らが賞されたと見え、間人直も同族か。その場合、天平五年頃の「山背国愛宕郡計帳」に見える今木直粳など今木直氏も同様で、今木連（『姓氏録』山城神別。阿麻乃西乎乃命〔天背男命〕の後と記載）とども、鴨族久我国造の一族か。

話しを戻して、「正倉院文書」天平宝字八年（七六四）の「越前国司解」には、「左京六条二坊戸主従七位上間人宿祢鵜養の戸口正八位下間人宿祢鷹養」が見える。間人宿祢はもと連姓で、天武十三年（六八四）に宿祢姓を賜る。間人連のときの族人が『書紀』に見えており、推古紀に間人連塩蓋《しおふた》（任那使人の導者）、斉明紀に間人連御厩（新羅への使）、天智・天武紀に間人連大蓋（新羅征討将軍、小錦中）が活動し、かなりの大族である。この氏が皇別を称したのは、間人穴穂部皇女（涅部穴穂部皇女。用明大后、聖徳太子母）や間人皇女（舒明皇女。孝徳皇后）に係る縁由に因るか。ここで、「間人＝渥部《はつかしべ》、土師部」と知られる。間人連の同族に、山背国らしき計帳に見える葛野大連もあったか。

間人に関連して、乙訓郡久我の南方近隣に羽束郷《はつか》がある。この地に式内大社の羽束師坐高御産日神社（羽束師神社。伏見区羽束師志水町）があって、鴨族を含む天孫族の祖神・高魂命を祀る。地名はいま羽束師というが、意味は土師部（すなわち土工）のことで、この地に起ったのが鴨県主一族・西渥部《にしはつかしべ》（西泥部）である。西渥部は、山城神別に鴨県主同祖として矢田部・丈部・祝部とともにあげられ、道風《みちかぜ》（山城国葛野郡深草の瓦工）、中堀・宮田・蓼倉・厨（鴨社厨職）、榊本（下鴨社駈人）などの苗字が出た。天武紀十二年九月条には、泥部造・羽束造がともに連姓を賜ったことが見え、これら諸氏は鴨県主の同族であろう。

大伊乃伎命の子の阿波伎命の後が祝部氏や尾張の中島県主だと系図にいう。後者は後に連姓を賜り、中世武家で見える中島氏につながる。中島連の後裔は、同郡式内社の尾張大国霊神社（愛知県稲沢市の国衙に隣接して鎮座し、尾張国の総社、国府宮という）の神主家を世襲し、久田、後に野々部といい、天背男命後裔と伝える。本殿に接する位置に、自然石を五個円形に並べた磐境もある。同社家には服部氏も見える。

山城北部の初期古墳から見た鴨族の移遷時期

山城北部の古墳群を見るとき、有力な初期・前期の古墳は、桂川西岸の乙訓地域に集中する。そこでも、前方後方墳型式（全国的に見て、主に垂仁朝頃〜成務朝頃の築造か）をとる古墳が見られるが、それより古い崇神朝頃の古式古墳の有無の問題である。鴨族の山城移遷時期の把握が難しいので、山城の初期古墳をもう少し見直してみる。

従来、山城で最古級古墳の候補とみられたのは、山城南部の椿井大塚山古墳や、山城北部の前方後方墳たる元稲荷古墳（墳丘長約九四㍍。京都府向日市）・長法寺南原《みなみのはら》古墳（同・六二㍍。長岡京市）であり、南部の城陽市の西山一号墳（同・七五㍍）も前方後方墳であげられる。これら諸古墳に見られる特徴、三角縁神獣鏡の出土（椿井・南原）や前方後方墳という型式（元稲荷・南原・西山一号）などでは、崇神朝頃以前となしえない。これら諸古墳は、みな概ね垂仁朝以降で四世紀中葉頃の築造とみられる。椿井大塚山に副葬される甲冑や漁撈具は、吉備・金蔵山、摂津・紫金山、近江・瓢箪山など前期古墳でも比較的新しいほうとされる諸古墳に近似する。前方後方墳という特徴も、大和の同型式墳とほぼ同時期以降の築造とみられ、埴輪編年などを根拠にして山城が大和に先行するとは言えない。

南部の西山一号墳の西南方約五百㍍の近隣（城陽市北部の平川車塚）には、**久津川車塚古墳**があり、復元墳丘長一八〇㍍（現在の実測では一五六㍍）の巨大古墳である。近くには芭蕉塚古墳（墳丘長一一四㍍）という大古墳もある。これら古墳を含む久津川古墳群は木津川（山代川）流域東岸にあり、鴨県主一族の墳墓ではない。木津川沿岸域を領域とした栗隈県主一族か山背国造一族の墳墓とみられ、築造期も五世紀代の中期古墳とされる。

山城北部の乙訓郡の**元稲荷古墳**などの概略をまず言うと、同地域には寺戸大塚古墳・妙見山古墳と続く墳丘長約百㍍級の前方後円墳の系譜がある。元稲荷古墳では、大和の箸墓古墳と同様な特殊埴輪が出土し、そのすぐ北側の北山古墳（消滅）や寺戸大塚からは三角縁神獣鏡が出た。これら諸古墳は、久我国造か葛野鴨県主一族の初期墳墓と推される。鴨県主は、大伊乃伎命の子、大屋奈世が成務朝に定められた（『姓氏録』逸文）と伝える。

従来最古とみられてきた元稲荷古墳から取り上げる。この古墳は前方後方墳で、向日市向日町北山の向日山の山上に鎮座する向日神社の北側に隣接する。向日山には弥生期の集落遺跡、北山遺跡（五基の周溝墓を備えた集落）があり、この地は、北方に連なる向日（西ノ岡）丘陵の南端部で、南方は乙訓盆地や淀川の合流点、摂津国境まで展望する。

元稲荷古墳の副葬品は殆ど散失したが、銅鏃・鉄鏃や鉄製の刀・剣・槍や鉄斧、土師器壺の破片が残り、箸墓古墳と同様な特殊壺形埴輪・特殊円筒形埴輪や布留Ⅰ式の壺の出土例がある。四世紀中葉頃とされる年代推定（『日本古墳大辞典』）は穏当で、バチ形の前方部から見れば、若干早まる可能性もある（垂仁朝期頃の築造で、前方後方墳として最古の形態か）。西殿塚古墳と前方部が相似形（前方部が二・五分の一の規模で、築造技術も類似）との指摘もあり、讃岐産とみられる土器片も出た。三角縁神獣鏡を出土した西求女塚古墳（神戸市灘区）と形も規模もほぼ同じとされる（向日市埋蔵文化財センターの発表）。

この古墳のある丘陵部には、南端から北西にかけて四つのほぼ同規模の前期古墳が並び、「向日丘陵古墳群」と呼ばれる。順に南のほうから、元稲荷古墳・五塚原《いつかはら》古墳・妙見山古墳・寺戸大塚古墳とあげられる。この一帯が鴨県主（及び同族の久我国造）一族の領域とみられる事情から、その墳墓として把握できる。築造順序は、①元稲荷（墳丘長九四メートル）→②五塚原（同、約九一メートル）→③寺戸大塚（同、約九五メートル）→④妙見山（同、約一一四メートルも消滅）、とされることが従来、多かった（『前方後円墳集成』和田晴吾氏、『全国古墳編年集成』平良泰久氏など。なお、平良氏は先の『古墳時代の研究』の記事では

①③②④の順をとり、杉本宏氏もこの説）。

このうち、寺戸大塚からは三角縁神獣鏡・方格規矩四神鏡や石釧・紡錘車形や琴柱形石製品など、妙見山からは三角縁神獣鏡・小札革綴冑・筒形銅器・車輪石や多量の銅鏃・鉄鏃を出土しており、共に前期古墳でも、元稲荷よりは後の景行朝頃の築造とみられる。元稲荷では前方部で行われた祭祀が、寺戸大塚では後円部に移り、前方部とともに埋葬の場となるとの指摘もある。寺戸大塚と同笵鏡の三角縁仏獣鏡を持つのが北方近隣数キロの京都市西京区樫原《かたぎはら》にある百々池《どどいけ》古墳（墳径五〇メートルの円墳）であり、同墳から三角縁神獣鏡三面など鏡合計八面や車輪石・石釧・紡錘車等が出た。この三角縁神獣鏡の同笵鏡は、獣文帯二神二獣鏡が椿井大塚山に、獣文帯三神三獣鏡が福岡県沖ノ島17号遺跡・大阪府紫金山等に、別種の獣文帯三神三獣鏡が佐賀県杢路寺古墳にある。百々池古墳の南方近隣で同じ樫原の一本松塚古墳（墳長約百メートルも消滅）からは尚方作獣帯鏡（同笵鏡が兵庫県吉島古墳から出土）や倭製ダ竜鏡などが出るから、両墳はほぼ同時期の築造か。また、妙見山の組合式石棺は、大阪府松岳山《まつおかやま》古墳の石棺とともに長持形石棺の祖型として重要な位置を占め、四世紀後葉の時代とみられている（ともに平良泰久氏の見方）。妙見山と紫金山古墳との間、紫金山と奈良県新山古墳との間に同笵鏡関係が見られるから、これら諸古墳の築造時期は少し引き上げた四世紀中葉頃かとみられる。

問題は、向日丘陵で唯一完存し、しかも内部未調査の大型墳である**五塚原古墳**（向日市寺戸町芝山）の築造時期である。典型的な初期古墳に見られる「バチ形の前方部」をもち、丘陵のほぼ中央部に位置する事情等からみて、この丘陵で最初に築造の可能性が大きい。元稲荷と五塚原は、箸墓古墳と平面設計企画で見て類似（箸墓古墳の⅓縮尺）とされ、元稲荷から特殊器台形埴輪・壺形埴輪が出たが、五塚原は考古遺物が不明である。

こうした諸事情から、前方後方墳の元稲荷に先立ち、前方後円墳の五塚原が崇神朝頃に最初に築かれたのではないか（その設計を踏まえて、同様に元稲荷も築造か。従って、結論的には②→①→③→④の順が妥当とみる）。これが、京都市埋蔵文化財研究所等の調査により、五塚原が向日丘陵の古墳群では最古で、五塚原→元稲荷→寺戸大塚の順で築造されたとわかった（五塚原・元稲荷を三世紀代の築造とみるのは、年代遡上のし過ぎ。ともに四世紀前・中葉か）。更に最近（平成二六年）には、五塚原の前方部の側面が箸墓と同様にスロープ状（「斜路状平坦面」といわれる構造）であり、箸墓（崇神天皇の陵墓か）の特徴が箸墓以外で確認できる初例とされた。それが、古墳前期末には丘陵の北方に**天皇の杜古墳**（京都市西京区。墳丘長八三㍍）が造られ、乙訓北部を代表する首長墳が向日丘陵からさらに北方に移動する。

以上のように見ると、築造主体の鴨県主一族が崇神朝頃までに大和葛城から山城に移り、そのなかでも移遷したことになる。風土記逸文の「賀茂社」記事に見える「**久我国の北山基**」とは、多くの説と異なり、向日丘陵の向神社・火雷神社の鎮座地（向日市向日町北山）あたりを指したのかもしれない（秋本吉郎氏等の校注では、上賀茂社の西方、下鴨社の旧社地所伝のある「西賀茂の大宮の森」と記すが、愛宕郡まで「久我国」の領域かは疑問もある。泉亭俊春『鳥邑県纂書』には、久我社が、往古は乙訓郡に坐し、桓武遷都時に下鴨へ遷すと見える。中村修氏『乙訓の原像・続編』も、向日山あたりを「北山」と言ったのではないかと言う）。「向神」とは、古事記等に見え、「素戔嗚尊の孫、大年神の子」だとされる（『神道大辞典』では、『古事記伝』の言う「白日神＝向日神」説に立つ）。そうすると、この神の実体は大山咋神とするのが妥当のようであり（御歳神とするのは疑問）、これは鴨族の祖神である。

向神社・火雷神社は近隣にあって、上社・下社とされた。向神社（現・向日神社）の神主家は元は葛野氏（鴨族か）であったが、鎌倉期に焼失した下社が上社に合祀され、下社神主六人部氏が後に向神社神主家となり現在まで続く。火雷神社は乙訓社、角宮《すみのみや》社とも呼ばれて、伝承の「瀬見の小川」に通じ、これは近くの小畑川を指したか。火雷社は承久の乱で焼失し、その二百六十年後の文明年間に現鎮座地（長岡京市井ノ内で、もとは乙訓社の御旅所という。合祀地の西南で、小畑川西岸。旧地は現社地から西方の「井ノ内宮山」という）に角宮神社として再建された。向日社境内には、「増井社」という井戸が神体の小祠もある。

一方、向日丘陵部と小畑川を挟んで西南方の乙訓郡地域には、恵解山古墳などの諸古墳があり、なかで最古級は前方後方墳の**南原古墳**とされる。出土に三角縁神獣鏡四面（同笵関係がいわれるのが、①ヘボソ塚・佐味田宝塚など、②赤塚・椿井大塚山・桜井茶臼山、③原口・紫金山など）や内行花文鏡もあるから、元稲荷古墳よりやや遅れた築造か。これに続いて大山崎町の鳥居前古墳（全長約五一メートル）があり、五世紀代に入り今里車塚、恵解山へと続く。

このように見ると、乙訓郡には二系列の古墳群が四世紀中葉頃からあって、小畑川を挟んで東北側が鴨県主系で、西南側が久我国造系の墳墓か。南原古墳の南方近隣に式内社**走田神社**があり、かつて妙見社と呼ばれ、経津主神を含む春日四神を祀る。天王山の北方に連なる小倉山の麓に式内社小倉神社があり、ここでも斎主神を含む春日四神が祀られ、本殿背後の丘陵頂には鳥居前古墳があって、四世紀後半ないし末頃の築造とみられている。

鴨県主の系図は、垂仁・景行朝頃の伊乃伎命より前は歴代が定めがたく、この世代か或いはもう一つ前の世代の頃に、久我国造族と分岐した可能性が考えられる。

鴨健角身命の実態

この辺まで、鴨健角身命の後裔の鴨族の長い歴史や動向を見てきたが、ここで始祖の鴨健角身命とは何者かを考えてみよう。この者が、茅渟の武茅渟積こと陶津耳と同神であり、摂津三島の三島溝咋耳命とも同神であることは、関係諸氏の系図を考えると、割合、自然に把握される。摂津三島には鴨の地があり、『和名抄』に近隣に服部郷があげられる。式内社として摂津国島下郡に三島鴨神社があり（大阪府高槻市赤大路町に鎮座の鴨神社が、論社ないし比定社）、鴨御祖大神などを祀る（祭神を大山積命とも伝えるのは、大山咋命の誤転訛）。和泉でも、大鳥郡鎮座の式内社に鴨神社がある（現社名を鴨田神社といい、多治速比売神社の境内社として堺市南区宮山台にあり、加茂別雷神を祀る）。

明治の鈴木真年も、この辺は十分認識していて、その著『史略名称訓義』の武津淳身命の解説では次のように記す。

「和泉国茅野邑人、故ニ健茅淳祇命トモ鴨武津之身命トモ云、又摂津国島下郡溝咋邑ニ居ル故三嶋溝咋耳命ト

三島鴨神社（高槻市赤大路町）

モ称シ亦奇日方天日方武茅渟祇命トモ云フ神櫛玉大水神ノ子ナリ、山城国葛野主殿県主祝部宿祢真髪部等祖ナリ」

和泉には、陶邑の大田の森に住む荒田直氏により祀られた式内社・陶荒田神社（大阪府堺市中区上之）があって、陶器大宮と呼ばれる。同社ではいま高魂命・劔根命や八重事代主命が祀られ、式内社の火雷神社も合祀される。荒田直氏は祭神である高魂命の直系の子孫とされており、葛城国造の支流であった。『姓氏録』和泉神別にあげて、「高魂命の五世孫、剣根命の後」と記され、系図には、葛城国造荒田彦足尼の子の保止支古が祖とされ、その子に須恵彦が見える。同社の摂社、山田神社では活玉依姫命が祀られるから、祭神の八重事代主命とは武茅渟積陶津耳の転訛であろう。葛城国造・田使首一族の系図には、陶津耳命について、「和泉国大鳥郡陶荒田神社是也」と端的に記される。

武津渟身命の娘・玉依姫には「神の矢」による神婚伝承が、形を若干異にしつつも残っており、このような伝承は、陶津耳や三島溝咋耳命の娘についても残される。

陶荒田神社（堺市上之）

三　三野前国造などの分岐と活動

四世紀代（その前葉・中葉頃の時期）の大和王権の急拡張時期には、鴨族は、大王権の先兵として、吉備や出雲での討伐活動におおいに働いた。その主体が美濃の分派のようで、まずこの三野前国造とその一族諸氏をとりあげる。

三野前国造の分岐

上古鴨族の活動は意外に気づかれていないが、その痕跡が美濃、吉備や伯耆などにある。これら各地に、鴨族同族の流れとみられるものが後の中世まで長く繁衍し、子孫を残した。残念なことに、これらの鴨族は系譜も含めて実態が不明である。この基となるのが、早くに分かれ山城から美濃西部に行った三**野前国造**とみられる。初代の神骨については、後ろで触れる。

三野前国造は美濃西部の**本巣郡美濃郷**（『和名抄』。現・本巣市

宗慶大塚古墳（岐阜県本巣市宗慶）

見延《みのべ》あたり）に本拠を置き、安八・不破郡にかけての地を中心域とし、「本巣国造」ともいわれる。本拠地域の墳墓では、本巣市にある**宗慶大塚古墳**が祖の神骨の墓と伝え、古くから「王塚」と呼ばれた。開墾により著しく原形を損なう形となるが、昭和六三年（一九八八）の調査では、全長六三メートルとされ、前方部側面には濠の痕跡が認められた。くびれ部周濠より、古式土師器の高坏・底部穿孔壺型土器や大量の弥生土器が出土し、美濃最古級で四世紀前葉頃の築造としておかしくない（三世紀後半との見方もある）。後円部墳丘上には、田辺神社の小さな祠がある。

見延の北方の同市金原には**高坂神社**があって『美濃国内神名帳』に見え、神大根王らを祀るが、その娘の兄比売・弟比売の勧請と伝える。社の傍らに大巌石がある。同市の見延字東市場には神王《こうのう》神社があり、神王大神（＝神大根王、神骨か）を祀るというが、氏子がなく旧来廃祀で、古くから角力の宮とされた（南方近隣の上真桑の諸木神社も角力の宮という）。見延の東北方近隣に前期の宝珠古墳（全長四八メートル）があり、その南側には船来山古墳群があって、船来山二四号墳（円墳）からは三角縁神獣鏡など鏡五面や石釧・管玉、大量の鉄製刀剣等が出た。上記神名帳には、本巣郡の最高位従三位の諸社のなかに楢尾明神（現・奈良尾神社。同市法林寺で、見延の北方）があり、大山咋命などを祀る（同社裏山には後期の法林寺此奥古墳群がある）。

本巣郡には、同郡北方町に加茂の地名があり（見延の東南方近隣）、『美濃国内神名帳』に「正六位下賀茂明神」（現・賀茂神社）が見える。本巣国造の当初の本拠地・見延《みのべ》のすぐ南の早野には**香良洲《からす》神社**がある。同社は稚日女命（天照大神の妹神という）を祭神とするものの、本来は名前通りのヤタガラスを祀った可能性もあり、静岡県三島市加茂川町の賀茂川神社では稚日女命を配祀するから、女神でも鴨族に縁由ある神か。香良洲神社は、伊勢国一志郡に烏洲があり、小烏祠（境内社の小香良洲社）に因むとされるように、現在の三重県津市香良洲町にある同名社が著名である。同社は稚日女命を祭神とするが、「天の服織女」で機織との関係があるという（長幡部関係で見える「綺日女命」か近親関係者か。その分社が、愛知県日進市本郷町の香良須社や三重県鈴鹿市和泉町の川俣神社）。

山城から美濃西部へは、「鴨―笠―治田―開田」地名・氏族名のつながり（笠氏や治田連は、本来は鴨県主同族かとみられる）や関連諸神社の分布などから見ると、鴨族は山城から近江南部の栗太郡、そこから野洲・蒲生・神崎郡を経て、治田峠を越えて伊勢国員弁郡に抜け、次いで美濃国石津郡に入り、そこから北上したのが移遷経路とみられる。

香良洲神社（三重県津市香良洲町）

三野前国造の活動とその祭祀

三野前国造は、主要拠点をほどなく本巣郡から南西で揖斐川西岸の安八・不破郡のほうに遷した。その地域に、墳丘長一五〇メートルの巨大古墳・昼飯大塚古墳（大垣市昼飯町）や、墳丘長百メートルの粉糠山《こぬかやま》古墳（同市青墓町）、同八七メートルの矢道長塚古墳（同市矢道町）、同八五メートル以上の親ケ谷古墳（不破郡垂井町府中）など、前期古墳を多く含む不破古墳群を築造し、南宮大社（不破郡。後述）や宇波刀神社・加毛神社（安八郡）を奉斎した。

宇波刀神社は安八郡式内社で、安八郡神戸町神戸に鎮座し、同郡安八町森部にも論社がある。神戸の同社は明治維新の際に荒廃し、神体は、近隣の県社日吉神社の相殿に祀られる。日吉神社は、平安前期の弘仁年間、当地の郡司・安八太夫安次が勧請したという。

　宇波刀（ウハト）は「上処」の意とみられ、式内のウハト社は、美濃のほか、甲斐に二社（宇波刀、表門）、陸奥に一社（表刀）あげる。いまは各地で社名表示・祭神がバラバラであるが、陸奥国栗原郡の表刀神社（通称が剣の宮。宮城県栗原市築館成田）の所伝のようにもとは天布刀玉命（天太玉命）を同じく祀ったか。祭神は鴨族・忌部族の遠祖神であり、各地のウハト社の鎮座地近隣に、加毛神社（美濃国安八郡）、倭文神社（甲斐国巨摩郡）、弓削神社（甲斐国八代郡）の各式内社があることに留意される。安八郡神戸町神戸は、大垣の北側にあり、大きな農村で、平安後期には平野荘がおかれた。神戸の地名や近隣の古墳群などから見て、神戸あたりから矢道一帯にかけての地が三野前国造の本拠だったか。

昼飯大塚古墳（岐阜県大垣市昼飯町）

　諸古墳についてもう少し言うと、粉糠山《こぬかやま》古墳は、前方後方墳では東海地方で最大規模とされる。昼飯大塚古墳は、岐阜県で最大規模の古墳で、滑石製玉類や鉄剣・刀子などを出し、四世紀末頃（古墳時代の前期末ないし中期初頭）の築造とみられる。**矢道長塚古墳**にも注目され、その東槨棺からは、三角縁神獣鏡三面、鍬形石三、硬玉製勾玉・管玉・ガラス玉など多数の玉類、素環頭太刀や鉄刀・

鉄鏃などが出、西槨棺からは、三角縁神獣鏡二面・内行花文鏡一面、多数の石釧や玉類などが出た。三角縁神獣鏡は合計で五面出ており、うち一面は兵庫・ヘボソ塚と、別の一面は三重・筒野古墳（大分・赤塚と同笵関係の鏡ももつ）と同笵関係にある。矢道長塚古墳の北西五〇㍍の地には、これにやや先行するとみられる矢道高塚古墳（全長五八㍍の前方後方墳で、四世紀中葉頃の築造か。大正年間に消滅）があって、竪穴式石室から斜縁神獣鏡が出土した。近隣には、南宮大神の神威ゆかりの矢剣神社があり（『美濃国内神名帳』に正三位矢剣大明神。大垣市矢道町）、仲哀天皇を主神に、摂社に大山咋命などを祀る（濃尾に多い「八剣神社」と同様なら、元の祭神は素戔嗚尊か）。親ヶ谷古墳からは内行花文鏡片など多くの銅鏡が出土したと伝える。

加毛神社（岐阜県安八郡輪之内町）

これら諸古墳は、四世紀中葉頃から築造され始めたとみられ、三野前国造が本巣郡を本拠とした時期はあまり長くはなかった。ただ、不破郡の大古墳も、遊塚古墳（青墓町にあって鉄製刀剣・鉄車輪石などを出したが、消滅。五世紀初頭ないし前半の築造か）くらいまでのようであり、その後は揖斐郡大野町の野古墳群につながるものか。

安八郡の加毛神社（岐阜県安八郡輪之内町下大榑）は、神大根王またはその子孫がこの地を開墾したさい、祖神・神別雷命を祀った神社と言われる。『美濃国神名帳』には「従五位下加毛明神」と見え、鎌倉時代頃から白髭大明神を祀る神社となっている。

鴨支族は、美濃東部の加茂（加毛）郡にも名を残して、この地でも鴨県主も出し、式内社の大山神社（岐阜県加茂郡富加町大山）は大山祇神（大山咋神の転訛か）を祀り、江戸時代は「賀茂明神」「白山宮」と称していた。鴨県主一族が奉斎の県主神社（美濃加茂市西町）もあり、祭神を彦坐王として、『美濃国神名帳』には「従三位県主大神」と見える。美濃加茂市蜂屋町に鎮座の加茂神社もある。『姓氏録』には摂津皇別に鴨君があげられ、彦坐命の後裔で、日下部宿祢や依羅宿祢の同族と記される。これが、実際には三野前国造支族で、美濃東部から畿内へと分かれている。当該鴨君の畿内における同族には、左京皇別下に掲載される鴨県主があり、『姓氏録』に治田連や軽我孫の同族とされる。治田連は、美濃に近い近江国浅井郡治田郷（現・滋賀県長浜市域）に起るという。

上記の諸事情から三野前国造の系譜を考えると、始祖とされる神骨《かむほね》命は、「国造本紀」には八爪《やつり》命と記され、同書や記紀記載の系譜記事には彦坐王（崇神天皇の弟とされる）の子に記される。これは系譜仮冒であって、神骨が彦坐王の近親女性を妻に迎えた事情から附合されたものか。同国造の系譜の実態は難解ではあるが、同族の長幡部なども併せ考えて、山城の鴨県主から分かれたと推される。三野前国造家初祖の「神骨」は、「神大根王」とも書かれ、「鴨の大根」の意か。成務朝に国造に任ずる前は、「三野県主」であった（鎌倉中期の偽書で、伊勢外宮の度会行忠が撰したという『倭姫命世記』に、美濃県主角鏑が垂仁朝の倭姫巡行のとき見える。この記事になんらかの根拠がある場合、角鏑は神骨の子あたりか。三野後国造の祖とする見方もあるが）。

安房に残る『斎部宿祢本系帳』には、天日鷲翔矢命の子の天羽雷雄命について、大和葛城の猪石岡に降りて、「委文宿祢・長幡部や美努宿祢」等の祖と記すから、これを基礎に系譜を考える必要がある。その場合、天羽雷雄命の後裔から山城の鴨県主が出て、そこから三野前国造が出たとみられる。三野前国造の初期段階に分かれて東国の常陸などへ行ったのが、長幡部である（記事が風土記逸文に見える。美努宿祢は河内の三野県主の後だが、これとも関係か。後述）。

一族の吉備方面への展開もあり、国造支族が吉備に行き三野国造・笠臣を出したが、さらに出雲国造族の討伐で北方の山陰道に向かい、伯耆にも到達した。それが、この地に展開して、伯耆国造（姓氏は伯耆造）や倭文連（委文宿祢）が同族から出たと推される。伯耆の久米郡に大鴨郷・小鴨郷、会見郡に美濃郷・鴨部郷の記載が『和名抄』にあり、河村郡や汗入郡にも加茂邑があった。中世大族の小鴨氏はこの流れか。鳥取県には重要な倭文神社が式内社で二社もあり、そこに祖先の下照姫（天稚彦の妻）や天羽槌雄命が祭られる。

南宮大社の奉祀

不破古墳群の南西方向に美濃一宮の**南宮大社**（岐阜県不破郡垂井町宮代峯）があり、主に三野前国造一族が奉祀した。同社は美濃国不破郡に掲載の式内名神大社の仲山金山彦神社にあたるが、祭神を金山彦命として、見野《みの》命などを配祀する。

社伝によれば、神武天皇即位の後に美濃の地に祀り、八咫烏を配祀して、東山道の要路を鎮めたもので、崇神朝に南宮山山上へお

南宮大社（岐阜県不破郡垂井町）

き、後に北東麓の現在地に遷座したという。創祀が神武朝という時期はまず疑問だが（下記神武東征時の伝承の訛伝か。崇神朝頃の鎮座は考え得る）、八咫烏の配祀が鴨族の出を示唆する。配祀の「見野命」も三野の国造初祖と捉えれば、神骨がその実体か。その二宮・樹下神社は、日吉大社の祠官家樹下氏にも通じよう（大己貴命を祀るというが、この祭神は疑問）。大社の入り口に巨大な磐座があり、境内の石船社にも巨石祭祀が見られる。御田代神社は玉依姫命を祀るといい、これは鴨族の姫か。

祭神の**金山彦**は鉱山の神、産鉄・金属の神で、当社のほか、大和国吉野郡の金峯神社、安房の下立松原神社（合祀。安房忌部が祭祀）、美作国一宮の中山神社（一に鏡作神）などで祀られる。美濃には金山彦神社が数社ある（各務原市各務西町、岐阜市芥見大船、中津川市阿木、可児市矢戸や岐阜市伊奈波神社の摂社）。金山彦の実体は、天稚彦か（鍛冶金属神の天目一箇命の親神）。南宮大社の社伝では、神武東征のおり金鵄を輔けて大いに霊験を顕されたというから、この辺も鴨族・鴨社につながる。

敢国神社（三重県伊賀市）

鉱山民俗学の研究を志向した若尾五雄氏は、『黄金と百足』（一九九四年刊）を著し、そのなかの「鉱物採取と築堤・土木の間の伝承」という章で、加茂社と丹塗矢の問題から「鴨と鉱山」「鴨と土木」を論じている。

伊賀一ノ宮の敢国神社も「南宮」と呼ばれるが、同社には、現在、阿倍氏の祖・大彦命に併せて、少彦名命・金山比咩命が祀られる事情がある（明治より前では、祭神を大彦命とするのは度会延経の『神名帳考証』のみで、他書では少彦名命一座か少彦名命・金山比咩命二座だという）。当社の前方（東南方面）の高峯が南宮山と呼ばれ、金山比咩命の旧社地だが、その前に少彦名命が同山頂付近に祀られたという（敢国神社の祭祀には、伊賀の服部氏も関与した模様）。

美濃国の三野前国造については、三野後国造（物部氏族。その存在を否定する説もあるが疑問）との関係や出自などに、難解な問題がある。三野関連の二国造の「前後」は時代の前後という説もあるが、ふつうに地域の前後とするのが妥当である。三野前は美濃西部（本巣・山県・方県・席田・安八などの諸郡か）、三野後は美濃東部（厚見・各務・可児・土岐などの諸郡）と考えたほうがよい。三野後国造のほうは、美濃各地に多い物部の同族とみられ、物部氏族という三河国造も、三野後国造と同系の流れとみられる。江北浅井郡の浅井も、三野前か三野後の国造の同族か。一族に浅井直、浅井宿祢があり、浅井氏が三河国碧海・加茂・幡豆の諸郡に住み、碧海郡青野の椿大明神神主（称橘姓）にもあった。江北の戦国大名で、藤原姓ないし物部姓と称した戦国大名浅井氏も、実際には族裔か。

三野前国造の族裔

神骨の子女には、景行天皇の后妃となる八坂入媛（成務天皇の生母）・弟媛がいた。この関係での記紀の記事に様々な相違があるが、後世の転訛か造作にすぎない（関係記事に大碓命も絡むのも疑問。すなわち、①三野国造の祖・大根王の娘の兄比売・弟比売、②八坂入彦皇子の娘の八坂入媛・弟媛、③美濃国造の神骨の女の兄遠子・弟遠子、は皆、同じ人々を基にする）。

神骨の子孫には、牟義津《むげつ》国造身毛《むげつ》君、守《もり》君、池田首など、美濃各地の有力な古代氏族が出た。これら諸氏は、八坂入姫の縁由で、後には、皇別で景行天皇の皇子の大碓《おおうす》命の後裔と称したが、系譜仮冒である（大碓命の子孫は列島に残らないとみられる）。景行天皇の皇子という「気入彦命、五十功彦命」などの後裔と称する系譜をもつ諸氏が、美濃や三河に多く見られるが、これらも実際には三野前国造の同族で神骨命の流れかと考えられる。

気入彦命の後裔は、称大碓命後裔の諸氏と同族で三野前国造の族裔とみられる。気入彦命は、一に五十狭城入彦命とも伝えるが、『皇胤志』に景行天皇の皇子でその兄弟に掲げる五十功彦命と同人で、実際には神骨の子か。気入彦命の子で、久々理彦命の兄弟とされる曽乃木命が、三河系統の祖（三河国青海郡の御立史・御使連一族）とみられる。

『皇胤志』では、景行天皇の皇子五十功彦命の子の**久々理《くくり》彦命**が、大野君（美濃国大野郡住）・伊勢ノ刑部君・三河ノ三保君の祖とされるが、五十功彦命が大碓命に対応し、世代的にみて神骨命の子であろう。「ククリ」（久々利、纐纈）は染色の方法で、白山神社祭神の白山比売（菊理姫、久々利姫）に通じる。景行天皇の泳宮《くくりのみや》伝承（美濃行幸と八坂入媛に絡む）が『書紀』に見え、久々利は可児郡の地名に残る。纐纈《はなふさ》は、同族の長幡部一族により常陸国久慈郡へ花房の地名を遷した。美濃国東部の可児郡室原（可児市西部）には猿投神社が鎮座して猿田彦神（実体は後述）を祀るが、その南西二十数キロに位置する三河国猿投山の鷲ヶ峯に鎮座の式内の猿投神社もあって、大碓命を祭神とする（この地は賀茂郡賀茂郷だと『豊田市史』がみる）。その末社で式内の広沢神社は少彦名神を祭神とする。

三野前国造一族は、六国史にはあまり現れず、『続日本紀』神護景雲二年（七六八）六月条に、尚掃従五位上美濃直玉虫ら女官が並んで本国国造（美濃国造）に任じられたと見えるくらいか。御野宿祢では、元慶二年（八七八）三月の越中介外従五位下御野宿祢清庭が「石山寺文書」に、長徳二年（九九六）の大間書に内舎人正六位上御野宿祢実信が見える。これら、神骨命の後裔の系図が知られないのは、惜しまれる。

本巣郡からすこし離れるが、方県郡の地で、大宝二年（七〇二）の「御野国肩県郡肩々里戸籍」（正倉院文書）には、国造の嫡裔とみられる有位の家族（国造大庭と虫奈・小万《おま》の親子など近親一族）と寄人として国造族や生部君・服部などの姓をもつ者が見える。このときの次子「小万」が、後の宝亀元年（七七〇）には、美濃国方県郡少領外従六位下で国造雄万と見えて、私稲二万束を国分寺に献じて外従五位下を授かった。

「片県」という地名は、伊勢国安濃郡の郷名にもあげられる。安濃郡には式内の美濃屋神社があり、同郡の太田は、石見国安濃郡の邑陀郷（いま島根県大田市域）や美濃国大野郡の大田郷、常陸国久慈郡の大田郷（茨城県常陸太田市域で、長幡部神社の鎮座地）につながることも考えられる。伊勢国安濃郡の石田郷は、美濃国大野郡の石太郷（安藤氏の居地という）につながるし、伊勢国安濃郡の長屋郷は、美濃国本巣郡一色村長屋（もと美濃郷域か。現・本巣市長屋）に鎮座の長屋神社（祭神は須佐之男命など）につながるか。『続紀』和銅元年（七〇八）三月条には、美濃国安八郡人の国造千代の妻・如是女が一度に三男子を産んだとして、稲四百束と乳母一人を給せられたと見えるが、国造千代も同族であろう。安八郡には服織郷もあったと『和名抄』に見える。

神骨命の族裔とみられる姓氏では、美濃直、御野宿祢、長幡部連、美県、善根連があげられ、美濃国造一族に栗栖田君、生部君、伊波田支《いわたき》君、工君、土江君、刑部君があった。

刀岐直（刀伎直、砺杵直）とそれが賜姓した滋岳朝臣も、国造同族の可能性が大きく、賜姓をうけた滋岳朝臣川人は従五位上陰陽頭になるなど、一族は陰陽道・暦道の官人として平安前期に多く見える。後裔が濃尾にあり、那倉・毛受・戸松の諸氏が出たから、美濃国土岐郡の出とみられる（但馬の二方国造同族かとみる説もある）。中世の美濃各地に繁衍した大族土岐氏は、同国守護や明智光秀などを出した。清和源氏頼光流という系譜だが、土岐郡古族の刀伎直族裔の匂いもある（男系ないし女系の祖先が古族末裔につながるか）。

村国真墨田神社（岐阜県各務原市）

美濃東部の各務郡の郡領家**各務勝**は、三野後国造の族裔かと当初は考えた。その後裔が甲斐国山梨郡に遷して加賀美氏を名乗り、その地で山王神社に奉祀した事情から考えると、神骨命族裔とする可能性もある。各務郡式内社の伊波乃西神社は、日子坐王を主神にし八瓜入日子（神骨のこと）を配祀する。同郡の大族村国連氏が奉斎した村国神社が村国連男依と石凝老命を祭神とする。同じ各務原市域の式内社・村国真墨田神社も金山彦命などを祀る。各務勝と村国連とは近い同族関係にあったとみるのが自然そうで

伊波乃西神社（岐阜市岩田西）

あり、村国連を三野後国造同族とする所伝もある。

美濃直一族の後裔という中世武家は、端的には知られないが、幕藩大名の仙石氏(利仁流藤原氏と称)や中世美濃の大族で大野・本巣郡に居た安藤氏は族裔か。安藤同族には国枝(紀姓とも称)もある。仙石氏は、本巣郡の軽海(現・本巣市軽海)や十七条(現・瑞穂市域で、見延の南方近隣)に居住し、同郡軽海・生津(現・瑞穂市生津)等の地頭職をもち、妙見四郎能秀(利仁流の後藤内則明の子というが、疑問)に始まると伝える。祖の能秀が妙見を崇敬し蘇合郷に妙見堂を建立し、弟・勝秀(後裔に安藤・国枝氏が出る)が妙見を信じて僧となるなど、一族に妙見信仰が顕著に見えており、東国の知々夫国造(同じ少彦名神の流れ)に通じるものがある。美濃安藤の同族で三河国碧海郡の安藤氏は、松平氏に属して幕藩大名にもなり、信濃の源姓村上氏とか安倍朝臣の流れとする系譜をもつが、これらは疑問が大きい。美濃の安藤氏を陸奥の安倍一族の後と称する系図も、系譜仮冒にすぎない。

美濃西部・不破郡等の長屋、長江、岩手、竹中などの諸氏も、居住地域や祭祀からみて、なんらかの形で三野前国造の族裔の血をひくものか。長屋氏は、見延の北側の長屋の地に起こり、揖斐郡相羽城主の長屋大膳亮景興が天文元年に牛頭天王社(現・長屋神社)を現地に遷座勧請したという。その系譜が相模の鎌倉党長江氏の流れというのは、疑問がある。

長幡部・倭文部の分岐

崇神朝に、長幡部《ながはたべ》の遠祖が「三野より避りて久慈に遷り」、機殿を造り初めて内幡《うつはた》(烏織。全服の意)を織ったと『常陸国風土記』久慈郡条に見える。長幡部の祖という多弖《たて》命が美濃の「引常(引津根)の丘」から常陸久慈へ東遷したのが所伝通り崇神朝のことだとしたら、この者は神骨命の近親一族とするのが妥当か。上述の南宮大社の境内社のなかに、引常明神があり、その鎮座地が「引常の丘」とされる。引常明神（神仙界の霊気を常に引寄せる霊泉の意という）の社前の磐境石と霊泉は、出雲国造族など鴨同族に通じるものがある。多弖命の兄弟・富持命は、不破郡綾野邑（現・不破郡垂井町綾戸あたりで、南宮大社の東北近隣）に残ったという（『神別系譜』）。

長幡部神社（茨城県常陸太田市幡町）

三野前国造一族の長幡部連のほか、伊豆国造支族の服部連なども含め、繊維・衣服関連の諸氏が少彦名神後裔に多く見られる。長幡部神社は、同名の式内社が常陸国久慈郡（茨城県常陸太田市幡町。社地に三島神も祀る）や武蔵国賀美郡（埼玉県児玉郡上里町長浜）にある。『類聚国史』巻五四（『日本後紀』巻廿六逸文）で弘仁八年（八一七）閏四月には、常陸国人長幡部福良女の名が見え、節婦として賞された（少初位上授位、田租の終身免）。

南宮大社境内にある常明神の磐境石
（岐阜県不破市垂井町）

常陸国久慈郡には静《しず》神社（常陸二ノ宮。同郡倭文郷で、現・茨城県那珂市静）・天之志良波神社（祭神が天白羽命。常陸太田市白羽町）や大甕倭文神社（日立市大みか町。神域に宿魂石）もあり、上野国那波郡に倭文神社（群馬県伊勢崎市東上之町）があって、栃木県には倭文・委文の名字が多い（鹿沼市、塩谷郡塩谷町や栃木市など）。系譜的に考えると、長幡部連と倭文連は近い同族で、三野前国造一族から出たものか。茨城県石岡市の鹿の子C遺跡出土の漆紙文書の中に、久慈郡戸籍とみられるものがあり、戸主長幡部の寄口に倭文部が見える。

倭文神武葉槌が東国で悪神香香背男の討伐にあたったと伝える。ところが、この倭文連の系譜がはっきりしないが、天羽雷雄の子に味大多命を置いて祖とするものがある（『神別系譜』）。武葉槌という神は、葛城国造の祖で葛城の猪石岡に降りたという天羽雷命（又名が武羽槌命）と同じで、居住地・奉斎神などから考えて、葛城国造と同族とされる。鈴木真年の著『日本事物原始』の倭文布の説明で、天羽槌雄神が倭文遠祖だと『古語拾遺』に言い、猪石岡で初めて静織を製し、裔孫が常陸国久慈郡で綾を織る機を教え織らしめて、その地に静神社があり、天羽槌雄の苗裔の味大多《うましおおた》命をして全国の委文部に長たらしめ倭文連の姓を賜う、と記される（委文部管掌は垂仁朝の大味宿祢の時で、味大多命はその先祖とする系譜もある）。

この真年の説明だと、常陸の長幡部連と直接の同族となるが、倭文部が伯耆・因幡や出雲に分布が多いことから見て、拙見では、三野前国造から出た一族が吉備から山陰道に行って、その地で伯耆国造や倭文連を出した可能性も考える。出雲や美作（久米郡）・備前（御野郡）には、倭文部・長幡部に関連する神社や人々が多く残る（後でも触れる）。

静神社（茨城県那珂市静）

常陸国那珂郡の名神大社、常陸二ノ宮の静神社は、東国の三守護神として鹿島神宮、香取神宮、静神社として崇拝された。『常陸風土記』久慈郡の項に「郡西十里、静織里、上古之時、未識織綾之機、因名之」という趣旨があり、この地が静織里と呼ばれ、機織の技術を持ったと分かる。この技術をもたらしたのが、静神社の主祭神たる建葉槌命で、同神は文布（倭文）という綾を織って天照大神に仕えたので倭文神（織物の祖神）という、と伝える。相殿には手力雄命・高皇産霊命・思兼命が祀られる。『万葉集』巻二〇には、天平勝宝七年（七五五）二月、防人として九州に赴いた常陸国の倭文部可良麻呂の歌が掲載される。

倭文連の遠祖には、『姓氏録』に「角凝魂命―伊佐布魂命」とあげ、「天神本紀」にも「伊佐布魂命　倭文連祖」とあげて、天孫族の初期段階の神名を伝える事情もある。

三河の松平氏の遠祖

三野前国造一族では、支族が美濃東部の賀茂郡に行って鴨県主を名乗った。支族は畿内に行ったものも『姓氏録』に見えるが（左京皇別の鴨県主や摂津皇別の鴨君）、故地の賀茂郡から南方へ向かい山間部を経て三河国に入り、ここでも同国西部の山間地に賀茂郡を開発した。三河でも古代鴨族がおおいに繁衍したようで、『和名抄』では賀茂郡及び宝飯郡に各々賀茂郷をあげる。三河の賀茂神社というと、豊川の流域の渥美郡加茂村（豊橋市域）に加茂神社があり、傍に神山古墳もあるが、同社は家康が長篠合戦の前に必勝祈願をして深く信仰したものの、天平年間に京の賀茂別雷神社より勧請して創祀と伝える。

賀茂郡の式内社では鴨族に端的に関係しそうなものは見えないが、同郡の**狭投神社**（猿投神社。

愛知県豊田市猿投町）が旧県社で格が高く、祭神を大碓《おおうす》命とする（これは近世以降の祭神で、以前は猿田彦神、気入彦命など諸説あり）。この景行天皇の皇子（倭建命の同母兄。気入彦も同じ皇子に当たる）は、三野前国造に所縁があり（国造神骨の二人の娘を娶ったと伝える）、国造族の流れの諸氏（守君・大田君・牟宜都君など）が大碓命の後裔と称した事情もある。

この三野前国造族の末流が**賀茂郡松平郷**（愛知県豊田市域）に在って、それが松平信重の家となる。その家に時宗の僧・**徳阿弥**なる者が入婿し、太郎左衛門尉親氏（一に信武）と名乗った。徳川・松平氏の一族に用いられる「葵紋」は、山城鴨社の神紋に通じる。信頼性に疑問があるが、「陰陽寮下司系図」（『百家系図稿』巻四所収）という系図もあり、この記事では、三輪族の賀茂朝臣在盛（造暦博士）の玄孫、在親（賀茂右京大夫）の子に親氏をあげ、その子が信広・信光だという。松平氏中興の祖が和泉守信光で、応仁・文明の乱当時の人で、父・親氏の死後、その跡を継いだ泰親（親氏の弟とも義妹婿ともいう）の猶子として松平家督を継ぎ、後の家康につながる。親氏が上野国の源氏、新田・世良田一族の出という（家康の祖父清康の時に称）のは系譜仮冒だが、一に父の名を陰陽師右京亮在親として大浜称名寺に葬るともいう。なお、松平信重が、在原朝臣姓で尾張国知多郡の荒尾氏の同族とか、紀州熊野の鈴木の流れという系譜伝承もあるが、これも信頼できない。

猿投神社（愛知県豊田市猿投町）

家康の先祖たる松平信光、その子の親則やその従弟益親が「加茂朝臣」姓を称し、これは岩津妙心寺（愛知県岡崎市岩津町）の由緒書・仏像胎内文書等に見える。この朝臣姓は親氏の姓ともいうも、史料確認ができず、「カモ」の由来は婿入先・松平信重にあるとみられる場合は、美濃の鴨県主の流れであろう。松平郷の東方背後に位置する六所山（標高八〇六メートル）に、松平氏が大山祇神（大山咋神の転訛。一に猿田彦神ともいう）を六所神社として祀った（祖先親氏の勧請という）、との事情から見て、鴨氏の流れは信頼できそうである（松平氏の系譜は、信重の父・信盛までしか知られない）。

本多氏の家紋　立ち葵紋

徳川氏の家紋　三ツ葉葵紋

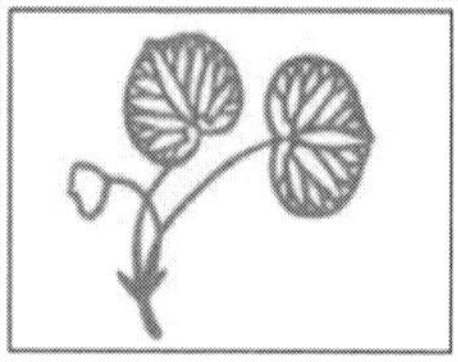

上賀茂神社の神紋　二葉葵紋

松平郷から東北へ十三キロほどの山里、豊田市綾渡《あやど》町奥に平勝寺という古刹があり、所蔵秘仏の木造観音菩薩坐像の胎内に墨書銘がある。平治元年（一一五九）十月廿五日付の銘文記事には、散位若尾貞助ほか若尾姓の男女の人々が合計十二人も見え、その通婚縁者に桑名氏、穂積氏や賀茂氏一名などが見えるが、この賀茂氏は松平郷関係の女性か。

なお、幕藩大名で三河譜代、安祥七譜代の一の**本多氏**も、賀茂神社由来の葵家紋を使う。本多氏の家紋は「丸に立ち葵」とされる。

現在の系図では、藤原北家の広幡左大臣顕光（関白兼通の男）の流れというが、藤姓は信頼できず、葵の家紋などから鴨氏の族裔かとみられる。鎌倉後期頃の人、右馬允光秀が加茂社職となり、その子の助秀が豊後国本多に住んで本多右馬允と号し、その子の右馬助助定が建武頃に尾張に来住し、更に子孫の定助が三河国宝飯郡伊奈郷（現・豊川市伊奈町）に遷って城郭を構えたという所伝をもつが、三河移遷前の動向を裏付けるものがない。

『本多（膳所）家譜』には、「先祖山城州賀茂社職也、依以立葵為家紋」と記される（註）。鈴木真年も、或説として、賀茂県主姓支流で、賀茂神領下司として豊後国本多に住み、建武三年に尊氏の筑紫下向の時に従って武功があり、武家となって尾張に移り、子孫が三河に遷って蔓延したと記す（『華族諸家伝』）。ただ、助秀が住んだという豊後国本多（本田）の地は不明で、一に臼杵市市浜の本田館跡とも、日田市とも言われる。

助定の孫世代以降に支族分岐が見えており、戦国末期には主に六家ほどになるから、この助定以降の歴代がほぼ信頼できそうである。諸流あるうち、平八郎忠勝家が本宗家か。

（註）本多氏の先祖らしきものが山城関係の史料にいくつか見える。それを示唆するのが、『西岡虎之助著作集』第二巻に掲載の「青史余歴」十二で、そこに「禅定寺文書」が見える。同寺は、山城国綴喜郡にある寺（現・京都府の綴喜郡宇治田原町域）で藤原兼家の帰依で造営され長徳元年（九九五）に完成したが、元永元年（一一一八）に禅定寺下司賀茂助道入道が本堂を修理し、嘉応元年（一一六九）に下司賀茂兼俊が同じく本堂を修理したと見える。寿永二年（一一八三）二月に三昧堂が焼失した時、下司兼俊入道は病気中で、その修理不全のうちに死去したともある。

その後、山城大徳寺文書（鎌倉遺文一七八三）には、承元三年（一二〇九）三月十日に助俊（姓氏不明）が先祖相伝之所領也（四条坊門に所在）を子の助善に譲ったことが見える。

本多氏は、右馬允藤原兼家を先祖におく系図をもち、助俊（兼家の曾孫という）も先祖とするから、上記の者たちが先祖にあたるものか。系図（『寛政譜』『藩翰譜』など）では、助俊の子の助清から子孫が続き、その四世孫が助秀で本多を号し、その子の助定が尊氏に属したというから、世代的にはほぼ符合する（その場合、中間世代が豊後に居たというのは疑わしくなるか）。

吉備・伯耆への展開―備前の鴨直と伯耆の倭文連

吉備の三野臣や笠臣、備前の鴨氏は、美濃西部の三野前国造から分かれた支族かとみられる。前者の二氏については、後世に吉備臣一族に系譜を付合して、吉備国造一族と称したが、この辺は当シリーズの『吉備氏』で詳述したところである。

次に、備前の鴨（加茂）氏は児嶋郡賀茂郷を本拠として「鴨直」と名乗ったが、三野臣と同族で、三野前国造の支流とみられる。鴨直一族として鴨直君麻呂が知られる。平城京跡出土の天平年間（七三五～七四七の期間かという）頃かと推定される木簡に見えて、「備前国児嶋郡賀茂郷の人で、調として塩三斗を貢進した」と見える。三斗もの大量の塩を朝廷に貢進しており、この辺の鴨神社の荘園の管理者と窺える。

当時の児島郡賀茂郷（岡山県玉野市域）が現在の荘内（上加茂村と下加茂村が合併してできた）と宇野・玉・日比・渋川までの範囲であり、南北共に海に面していたが、当時の製塩土器たる師楽式土器の分布状態から見て、主に南岸で製塩されたものとされる。荘内村には、鴨神社や加茂神社があり、両神社の間を鴨川が流れる。鴨神社は平安期初頭に創建されたといい、大和国葛上郡加茂の高鴨神社（奈良県御所市鴨神）から味鋤高日子根命を祭神として勧請したと伝えるが、この所伝は疑問に思われる。児島郡内最古の神社（玉野市長尾に鎮座）であり、延喜式神名帳では備前国式内廿三社のなかの一社である。

こうした諸事情で、吉備地方には鴨神社が多くあり、岡山県の主な鴨神社をあげると、上記のほか、赤磐市仁堀西、浅口市鴨方町鴨方、加賀郡吉備中央町上加茂などにある。

次ぎに倭文部の伴造・**倭文氏**について、先にも長幡部との関係で触れたが、姓は当初は連で、天武十三年（六八四）に宿祢を賜る。『姓氏録』には、畿内の豪族として、委文宿祢姓が二氏（大和・河内の神別）、委文連が一氏（摂津神別）、記載される。

この氏の系譜も難解であり、『書紀』神代巻に倭文神建葉槌命と見え、『斎部宿祢本系帳』には天葉槌命の後に委文連をあげるが、初祖・大味宿祢（『姓氏録』大和神別に見。味大多命と同人か子孫）の具体的な系譜は不明である（同書の摂津神別で、委文連の前に置く「目色部真時」氏の祖・「大見尼」（＝大見足尼）とも同人か）。大和の葛下郡の二上山の麓に式内名神大社の葛木倭文座天羽雷命神社（葛城市加守）があり、この地が畿内の本拠か（発祥地とは別か）。

倭文神社は式内社が全国で十四社あり、その分布のうち、伯耆国では川村郡と久米郡の両方に式内社（共に小社）として倭文神社がある。とくに伯岐（伯耆。一に波伯）国造の本拠の川村郡では、倭文神社（鳥取県東伯郡湯梨浜町宮内）と波波伎神社と二社が式内社で、伯耆一宮（天慶三年〔九四〇〕に正三位に神階昇

葛木倭文座天羽雷命神社（加守神社）＝葛城市加守

叙）とされる事情から見て、伯岐国造と同族で倭文氏が出たと推定される。波波伎神社の祭神のなかに、合祀で天稚彦・下照姫・少彦名神（みな、天葉槌命の父祖）をあげ、同郡の一宮倭文神社でも、建葉槌命を主神に、配祀に下照姫・少彦名命・天稚彦をあげ、夫婦岩や下照姫の安産岩・腰掛岩がある。

伯岐国造の系譜も難解だが、「国造本紀」には伯岐国造が牟邪志国造族から出たとするが、この系譜は疑問で、初祖大八木足尼の名だけが信頼される。鴨族から出た美濃の三野前国造一族が吉備平定に参加し、その後の出雲討伐にも加わり隣国の伯耆に根付いたか。

㊤伯耆国一宮の倭文神社
㊦同社境内にある夫婦岩
（鳥取県東伯郡湯梨浜町）

古代出雲には倭文部の分布が顕著であって、神門郡では、出雲国造一族とみられる倭文部臣氏のほか、臣族・首・部姓（無姓）の倭文部の分布が多く（天平十一年の「出雲国大税賑給歴名帳」）、出雲市東

波波伎神社（鳥取県倉吉市福庭）

林木町の青木遺跡出土木簡にも「倭文」が見える。山城国愛宕郡出雲郷にも委文部宿火弓売が見える（神亀三年の「山背国愛宕郡出雲郷雲上里計帳」）。因幡国高草郡に委文郷・倭文神社があり、美作国久米郡に倭文郷（岡山県津山市桑上付近）・倭文神社（津山市油木北）があって天羽槌雄神を祀り、崇神朝に鎮座という。平安中期の官人でも、正六位上摂津大掾委文宿祢信兼や正六位上常陸権少掾委文宿祢保時、左近番長委文武光などが『大間書』『権記』等に見える。

平城宮出土の木簡の記事には、天平勝宝八年（七五六）の備前国御野郡出石郷人の倭文部東人が天平勝宝八歳（七五六）に白米五斗を貢進したと見え、天平九年（七三七）の播磨国多可郡那珂郷人の倭文連高山も見える。播磨では、賀茂郡橋鹿郷の戸主委文連麻呂も見える。美作国久米郡や因幡国高草郡に委文郷があり（『和名抄』）。前者は後に倭文庄）、出雲には上記のように倭文部が多い。委文部（倭文部）が常陸国では那賀郡（『万葉集』巻廿―四三七二番の作者）にあり、久慈郡倭文郷（『和名抄』）、久慈郡静織里（風土記）もあった事情から、長幡部との同族関係も窺われる。美作国勝田郡にも、長幡部の後裔らしき長畑（永幡）氏が居り、備前・備中にも分布した。「長畑」の名字は、いまも美作市・津山市あたりに多い。

地祇海神族系の鴨君氏との区別

山城の賀茂（鴨）と大和葛城の鴨とは紛らわしく、種々の混同が系譜、史料や祭祀上で見られる。それでも、『令義解』では、前者は天神で、後者は地祇だと明確に区別しており、これが妥当と考えられる。ただ、この氏族の祖、鴨健角身命（三島溝咋耳命、陶津耳命）については、母の高照比売（下照姫）が海神族の大己貴命の娘で、その後も鴨族は海神族系統と通婚を重ねており、海神族の色彩もかなり濃厚である。葛木土神劔根命の父とされる玉依彦命は、前掲の天羽槌雄命と同神とみられる。

大和の葛城地方では、鴨族山城遷住の後にその旧域を占めたのは海神族三輪君の一族、**鴨君**（甘茂君）氏であり、この一派について記しておく。

この流れは、崇神朝頃に活動した大鴨積命（大賀茂都美命、大賀茂足尼）を始祖とする。同地では、鴨都波《かもつわ》八重事代主命神社・高鴨阿治須岐託彦根命神社（ともに名神大社で、下鴨社、上鴨社という）や

㊤高鴨阿治須岐託彦根命神社（御所市鴨神）
㊥鴨都波八重事代主命神社（御所市）
㊦葛木御歳神社（御所市東持田）

大穴持神社、葛木御歳神社（中鴨社）などを奉斎した。前二社は阿遅志貴高日子根命（味鉏高彦根命。迦毛之大御神）を主祭神とするが、この神は筑紫の大己貴命の子であり、磯城県主や三輪君等の祖ともされる。その支族で葛城に居た流れが、後の鴨君・賀茂朝臣や摂津の鴨部祝などの祖となった。

この鴨君同族のやや詳しい記事が『姓氏録』逸文の「賀茂朝臣本系」に見える。賀茂朝臣・賀茂宿祢のほか、酒人君・役君や大和・阿波などの賀茂宿祢、伊賀の鴨藪田公、伊予の鴨部首の祖先の記事がある。これに関し、八世紀前葉頃、和銅年間の平城宮出土木簡には伊予国桑村郡林里の人、鴨部首加都士らが俵（米）を貢進した記事が見える。こちらの系統は地祇出自であり、天神（実は天孫）の鴨県主一族と混同できず、注意を要する（「鴨部」は、阿波・隠岐・上野などでも木簡に見えるが、天神系か地祇系かの判別が不能）。全国のカモ神社でも、葛城鴨系の神社が若干ではあるが、見られる。

始祖の大鴨積命の系譜については、大田田根子の孫だと上記逸文に伝えるが、活動年代等から考えて、大田田根子の兄弟とするのが原態であろう。大田田根子の母は美良毘売で葛城原住の鴨県主一族の娘（父の名は諸伝ある）と系図に伝え、鴨君氏は母系を通じ葛城鴨の地を承けた。「地神本紀」の三輪氏の系図記事にも、健飯賀田須命が鴨部美良姫を娶り、大田田祢古命を生むと記される。鴨族は崇神前代に葛城の地を譲ったことになる。

『尊卑分脈』掲載の鴨氏の系図等では、実際には鴨君蝦夷の子である吉備麻呂について、著名な右大臣吉備真備と同一視し混同して扱い、後裔が陰陽道の賀茂朝臣氏だと記されるが、明らかに後世の系譜仮冒である。この族人で史料に初めて見えるのが鴨君蝦夷であり、壬申の乱では天武側で活躍し、八色之姓では朝臣姓を賜与される。その娘・比売が淡海公藤原不比等の妻となり、藤原宮子（聖武天皇外祖母）を生んだ。

賀茂朝臣と表記されるのは、八世紀前半頃からか。六国史では、七世紀末の蝦夷・吉備麻呂から記事に見えるが、七五〇年頃まで「鴨朝臣」で見えるから、当初の「賀茂朝臣」表記の数例は追記であろう。「賀茂」表記が木簡で見える最古の例が「令史賀茂君法万侶」（主菓餅年料に関わる責任者かという）で、平城宮出土木簡の奈良時代前半、七三〇年代頃のものとされる。「大日本古文書」では、正倉院文書の天平十七年（七四五）四月付「主殿寮解」に外従五位下行助賀茂朝臣石角が見えるの最古だが、石角は蝦夷の孫で、『続紀』の記事では鴨朝臣石角と見える。

平安中期から陰陽道での活動が著しくなる賀茂朝臣氏はその後裔であり、賀茂忠行・保憲父子など著名な陰陽家を輩出した。その弟子の安倍晴明後裔の安倍氏と並んで、陰陽道の宗家となり、子孫は暦道も伝えた。保憲後裔の本宗は勘解由小路《かでのこうじ》を家号として中世末まで続いた堂上公家で、代々陰陽頭を務めたが、これが戦国後期に断絶して、庶流の幸徳井《こうとくい》家が地下官人として陰陽助などを務め、明治に至った。

こうした諸事情で、葛城地方のカモ神の祭祀やカモ氏関係の諸遺跡については注意を要する。鴨都波神社鎮座地を含む鴨都波《かもつば》遺跡の一郭から、三角縁神獣鏡四面等が副葬された**鴨都波一号墳**が見つかり、これらの意義にも問題がある。この古墳は前期古墳中葉ごろ築造の小型方墳（一辺が二十メートル内外と

鴨都波遺跡発掘調査現地説明会 (平成 12 年)

いう規模）にかかわらず、出土した豪華な副葬に驚いた向きが多かった。この古墳の被葬者は、景行天皇の九州巡狩に随行したと『風土記』逸文にある神大野宿祢とみられる。この者は鴨君の祖で、大鴨積命の子と賀茂《かもの》氏の系図に見え、この世代は三角縁神獣鏡の配布時期（主に四世紀中葉頃の景行朝）とも符合する。

最近、室宮山古墳の東方近隣に位置する**秋津遺跡**から、四世紀前葉頃とみられる大規模な板塀状の方形区画遺構が出土した。この遺跡については、葛城氏・鴨氏の関係よりも、むしろ初期段階の大王家との関連が考えられそうである。だからといって、いわゆる「葛城王朝説」（鳥越憲三郎氏が提唱。闕史八代〔崇神前代の初期諸天皇〕の王朝が葛城地方に起こって、主にこの地域にあったとみる説）がただちに妥当するわけではない。

第二部

忌部氏・玉作氏と同族

ここでは、主に神祇に携わった忌部氏とその同族関係諸氏を取り上げる。現在に伝わる史料や系譜では、忌部氏は鴨族とは無関係のように見える。忌部氏の歴史書として、平安前期に斎部宿祢広成が著した『古語拾遺』が著名であり、また安房忌部系統に伝わる『斎部宿祢本系帳』も系図史料で知られるが、これらから見ても、鴨族とは縁がなさそうに見えるので、説明が分かりにくいが、この一族について記すことにする。

一　忌部氏と諸国の忌部

忌部氏の起源

古代大和朝廷における祭祀を主に担ったのが、中臣氏と忌部氏だと知られる。斎部広成の『古語拾遺』には、かつては中臣・斎部・猿女・鏡作・玉作・盾作・神服・倭文・麻績などのいわゆる「名負氏《なおいのうじ》」が祭祀関係で任命されたが、今（九世紀初め頃）では中臣・斎部ら二・三の氏族のみであって、他の氏族は絶え気味だと見える。このうち玉作・倭文・麻績は忌部の同族とされ、鏡作も広い意味の同族となろうが（後述）、これら諸氏の神祇奉祀については『古語拾遺』の主張にすぎない。

忌部のうち中央の忌部は、のちに斎部宿祢を賜姓し、神祇官の中央官人で鎌倉・南北朝期頃まで活動が史料に見える。系譜は、天太玉命を祖とする神別「天神」とされた氏族で、管掌する地方の忌部（及びその長）には天孫系、天神系のいくつかの系統があった。

本拠地は大和国高市郡の忌部邑（現・奈良県橿原市忌部町）あたりで、現在も当地に祖神を祀る天太玉命神社（式内名神大社）が残る。また、阿波・出雲・紀伊・讃岐等に設置されていた品部を管掌して物資を収め、祭具の作製や神殿・宮殿造営に携わった。

氏の名の「忌（いむ）」が「ケガレを忌む」、すなわち「斎戒」を意味し、古代朝廷の祭祀・神事を主に担い、併せて祭具の作製や神殿の造営などの任務も担った。古代では各地に部民としての「忌部」が設けられたが、それらを管掌し率いた中央氏族の忌部氏を主に指しており、広義ではこれに率いられた部民までも含められる。

中央の忌部氏は、首姓で、高市郡忌部邑あたりを根拠地とし、各地の忌部を率いて中臣氏とともに古くから朝廷の祭祀を司った。祖神を天太玉命として、この神は天児屋命（中臣氏の祖神）とともに記紀の天岩戸神話にも登場するが、これだけではその実体は明らかではない。上記両神は、天孫降臨においてもともに天孫に随行したと伝えるが、後述するように天太玉命の実体を考えると、この伝承は疑問な面もあり、神武東征にもこの一族の随行は記されない。記紀では天児屋命の方が天太玉命よりも重要な役割を担うと見えるが、これは編纂当時の中臣氏と忌部氏の勢力差を反映したか、実態もそうだったのかという問題がある。逆に、大同二年（八〇七）に成立した忌部氏側の『古語拾遺』では、その立場が逆転する形で主張される。

天太玉命神社（橿原市忌部町）

ともあれ、『古語拾遺』に拠ると、神武創業のときには天富命（天太玉命の孫という）は各地の忌部を率いて、橿原宮の正殿築造や種々の祭祀具、木綿・織布などを作って奉仕したと見える。忌部氏は、斎蔵管理などで五世紀後半から六世紀前半頃にその地位を確立したともいうが、太田亮博士は、史書に現れる形や首姓などから、崇仏論争で中臣氏宗族が衰えた頃になって、ようやく忌部氏がこれに対抗できるようになったとみる。

『延喜式』にある祝詞には「御殿《おほとの》の御門《みかど》等の祭には齋部氏の祝詞を申せ、以外の諸の祭には、中臣氏の祝詞を申せ」とあり、現在の中臣祭文とは別格であったことが伺える。大化後の孝徳朝には神宮頭（神祇官の長）として忌部佐賀斯《さかし》も見えるが、奈良時代頃から勢力を大きくした中臣氏に神祇上の地位は押されぎみとなり、固有の職掌にも就けない事態が増えた。平安時代前期には、氏の名を忌部から「斎部」と改め、斎部広成により『古語拾遺』が著されて自家の歴史を喧伝し、往時の勢いを取り戻すべくつとめたが、祭祀の主要な座は中臣氏・大中臣氏に占有され、鎌倉時代以降では殆ど姿を見せなくなる。

部民としての「忌部」には、朝廷に属する品部として各地にあり、なかでもには、玉を納める出雲の忌部、木を納める紀伊、木綿・麻を納める阿波、盾を納める讃岐などがあったとされる。それらの部民も忌部を名乗ったと文献に見える。

祖神たる天太玉命の系譜の問題がある。『古語拾遺』では天太玉命は高皇産霊神の子であるとし、『姓氏録』でもこれにならい同じ記事だが、記紀には出自・系譜の記載はなく、直子とするのは世代的に疑問である。

忌部氏の歴史

『古語拾遺』や『先代旧事本紀』に記載の説話によれば、忌部氏遠祖の天富命は、神武創業のときに活動し、橿原宮の宮殿などの築造に貢献した。同朝において、さらに良い土地を求めようと阿波の忌部を率いて東国に赴き、房総の地に麻・穀（カジノキ）を植えたという。しかし、この東国への展開は年代的に疑問である。

系図等に拠ると、崇神・垂仁朝頃には泉穴師神主（『姓氏録』和泉神別）や日置部・工首（同、未定雑姓和泉）が忌部氏から分岐しており、景行天皇の東国巡狩のとき忌部本宗の多良斯富命が安房浮島宮まで随行し、安房大神を御食津神として忌火で神嘗を供奉したという。その弟が意保熊命で白堤首等の祖（同、大和神別に大熊命）であり、妹は中臣連祖の巨狭山命の妻になった。「白堤」は、大和国山辺郡の白堤神社の地（天理市長柄町）か。

記紀でも、崇神・垂仁朝以後の帝紀には忌部氏の活動は全く見えず、中央の族人の初見は、『書紀』大化元年（六四五）七月条であり、忌部首子麻呂が神の幣を賦課のため美濃国に遣わされた。子麻呂は、『大和志料』に引く「斎部氏家牒」に拠ると、推古朝に豊聡耳命（聖徳太子）らが『先代旧事本紀』を撰したとき

泉穴師神社（大阪府泉大津市豊中町）

に家記祝詞等を献じたという（当該家牒は、出典を含め疑問が大きい点が種々あり、偽書かとみられることに留意。後述）。その子の佐賀斯は、孝徳朝の白雉四年（六五三）に神祇頭を拝したと『古語拾遺』に見える。

天武天皇元年（六七二）の壬申の乱に際しては、忌部首子人（首または子首とも）は将軍大伴吹負に属し、荒田尾直赤麻呂とともに大和の古京を守備した。天武天皇九年（六八〇）には、子人は弟の色弗《しこふち》（色夫知、色布知）とともに連姓を賜り、次いで同十三年（六八四）に他の連姓の五〇氏族とともに宿祢姓を授かった。持統天皇四年（六九〇）には、持統天皇の即位にあたり色弗が神璽の剣・鏡を奉じており、慶雲元年（七〇四）には子人が伊勢奉幣使に任じられた。子人は出雲守に任じ、氏上として従四位上に叙された。弟の色弗の子、夫岐麻呂は安房の忌部氏を継いで安房坐神社の祠官で安房大神を奉斎し、安房郡大領にもなったと伝え、子孫が同社や洲宮神社などを奉祀していった。

その後は中臣氏とともに伊勢奉幣使となる例となったが、次第に中臣氏の勢力に押され、奉幣使補任は減少した。そのため、天平七年（七三五）に忌部宿祢虫名・鳥麻呂兄弟（子人の孫）らは忌部氏を奉幣使に任じるよう訴えており、訴えは認められて、鳥麻呂や天平宝字年間（七五七～七六五）

白堤神社（天理市長柄町）

には忌部宿祢人成・同呰麻呂らが奉幣使に任じられた。鳥麻呂は典薬頭にもなった。その後、天平勝宝九年（七五七）六月には中臣氏だけが任じられ、他姓を認めないこととされ、中臣氏（のち大中臣朝臣氏）の他氏排斥が著しくなって、こうした固有の職掌にさえ就けないことになった。

延暦廿二年（八〇三）には、忌部宿祢浜成（虫名の子）の申請によって「斎部」と氏の名を改めた。中臣氏との職務争いは大同元年（八〇六）に両氏相訴となり、同年の勅命により祈祷は両氏、常祀以外の奉幣使も両氏を公平に用いることと定められた。翌大同二年には斎部広成によって『古語拾遺』が著され、斎部氏の伝統が主張され、併せて中臣氏に対する批判がなされた。『大同類聚方』には、大同三年五月に大初位上典薬少属忌部宿祢恵美麻呂の名が見えるが、年代的に考えると上記の典薬頭鳥麻呂の孫くらいにあたるか。

それ以後も、政治的には斎部氏は中臣氏の勢力に押され、神祇の表舞台には次第に見えなくなる。弘仁六年（八一五）に成立の『新撰姓氏録』では、神別（天神）に斎部宿祢として、高皇産霊尊の子の天太玉命の後裔である旨が記載される。

朝廷の品部としての「忌部」は、出雲・紀伊・阿波・讃岐や筑紫・伊勢が代表的なものとされる。『古語拾遺』では、五柱の神が天太玉命に従った神として「忌部五部神」とされ、各地の忌部の祖とされている。仔細に検討してみると、これら五祖先神は、世代等が異なり、天太玉命に従った神とは言いがたい。『書紀』には、高皇産霊尊が葦原中国服属のときに五神の役割を定めたと見える。

平安後期以降の斎部宿祢氏

律令制の神祇官には、大・少の神祇副（五位、六位相当）・神祇祐（六位相当）・神祇史（八位相当）があったが、平安期以降衰えたりとは言え、鎌倉期・南北朝期頃まで斎部氏がこれら神祇官のなかにあり、五位、六位ほどの官位で各種史料に見える。

鎌倉期の史料には、『民経記』の貞永元年（一二三二）の八月に忌部従五位下行権少祐斎部宿祢親尚、同年閏九月に忌部正六位上行神祇権少祐斎部宿祢尚友が見えており、「仁治三年内宮仮殿記」に神祇権大祐斎部宿祢為孝が見え、『兼仲卿記』弘安十一年（一二八八）四月条に神祇権少副斎部宿祢平親が見える。また、南北朝期の暦応元年（一三三八）十二月付けの阿波忌部による麁服《あらたえ》（大麻の織物）の貢進の文書に「勅使神祇権少副斎部（欠名）」が見える。これらあたりは、史料にほとんど最後のほうで見える者か。

天武朝の忌部宿祢色弗の長男名代の六世孫に貞観期に正六位上神祇大祐となり斎部宿祢に改姓した高善（『三代実録』貞観十一年〔八六九〕条）がおり、その末裔に南北朝期に『神代巻口訣』を著した忌部正通が出た（江戸初期に広田坦斎が唱えた忌部神道の祖とされる）。

斎部宿祢氏の系は、『神別系譜』には室町中期の親雄、その孫の天文後期の親行まで名が見えるが、江戸期の地下官人まではつながらない。蔵人方の御蔵小舎人の真継家（もと新見といい、正五位下が極位の官人）が斎部宿祢姓を称したが、もとは紀朝臣姓を称した家に系譜がつながるようで、古代からの斎部宿祢の後裔とは考えられない。この真継家は、全国の鋳物師を支配し、伊勢神宮の式年遷宮にあたり便宜上、斎部姓を名乗って奉幣使を務めた。この経緯については、柳原家の家臣の真継（松木）久直は、借銭のため没落気味の紀氏の家を乗っ取り、天文十二年（一五四三）に後奈良天皇綸旨を得て鋳物師組織の再興にのり出し、天皇を背景とした権威で鋳物師に対する支配を行った。こうした過程で偽造の由緒書もでてきた模様であり、明治初期にはその支配を失った。この関係の系図では、「斎部**親広**―親永―元親―広正」と続いて、その後裔が真継家につながるとするものもあるが、この辺の系図の真偽は不明で、むしろ疑問である。

京都では、中京区の下御霊神社の祠官に斎部後裔があるという。同社では、祭神のなかに火雷神があげられ、末社の五社相殿社は五座に分かれ、日吉社（日吉神）・愛宕社（愛宕神）や斎部社（社家の祖神という天太玉命が祭神）などがあげられる。同社の祠官出雲路氏は、初め板垣を称して、斎部親広を祖とするとも伝える。江戸時代前期の下御霊神社神主の出雲路信直は、山崎闇斎門人の神道学者である。別当板垣元専の男に生まれ、初め板垣民部信直といい、のち家号を出雲路と改めた。上信直の曽祖父・板垣正善（甲斐源氏武田氏の支流）の母が下御霊神社神主斎部信英の娘だという。上御霊社祠官も同じ出雲路氏だが、こちらは春原朝臣姓の系図を伝える。なお、河内に忌部族裔があるとみるのは疑問か〔註〕。

〔註〕畿内では、河内国石川郡の式内社、佐備神社（現・大阪府富田林市佐備に鎮座）は祭神を天太玉命とし、松尾大神等も相殿で祀るとしており、このため、忌部氏の流れを汲む佐味氏が祭祀したとの見方もあるが、これは疑問である。忌部氏一族は河内には見えないし、佐味氏も忌部一族に見えない。だから、奉斎者は天太玉命の流れではあっても、別氏族と考えられる。

天太玉命の神統譜の位置づけ

忌部氏祖神の天太玉命の系譜については、諸伝諸説がある。『姓氏録』では高皇産霊尊の子とするが、これには疑問が多く、味鉏高彦根命の子だという真年翁の指摘を、一時は妥当ではないかと考えたが、再考して放棄した。天太玉命は高天原の神々と一緒に行動したように記紀に現れており、天目一箇命の近親くらいで、天孫系の天津彦根命と同神くらいに置かれるのが妥当そうである。更に検討を要し、ここでは『姓氏録』と同様、一応、天神部においておく。『大和志料』が引用する『大倭神社註進状』裏書記載の『斎部氏家牒』もあるが、当該註進状自体ともども信頼性に乏しく、後世の偽書とみられる〔註〕。

〔註〕「斎部氏家牒」には、高御産霊神の子に天思兼命、天太玉命、櫛明玉命があり、天思兼命の子に天手力男命（阿智遠祖神）、天太玉命の子には天鈿女命（猿女君遠祖）、天富国太命（斎部遠祖）、櫛明玉命の子には天明玉命（玉作遠祖）と記されるが、極めてデタラメな神統譜である。

天太玉命神社は大和国高市郡忌部に名神大社として鎮座するが、その後裔が東国の安房・武蔵や陸奥にも分布した模様で、祭神にあげる式内社も同地にはあった。その名は、太御幣（布刀御幣）なる太玉串を奉ったことに因むといわれるが、祭祀は「斎主命」（これが後に経津主神にも転訛）の名にも通じそうである。広義で、物部同族ということでもある。

天孫降臨に随行した「五伴緒神（書紀では、五部神）」として、『古事記』や『書紀』の神代下の九段一書では、次の神々をあげる。

①天児屋命（中臣連の上祖）
②太玉命（布刀玉命。忌部首の上祖）
③天鈿女命（天宇受売命。猿女君の上祖）
④石凝姥命（伊斯許理度売命。鏡作連の上祖）
⑤玉屋命（玉作連の上祖）

これらの神々は、天鈿女命などをはじめ、天岩戸隠れのとき天照大神が外に出るきっかけを作った神でもある。それぞれの後裔という五氏は、『古語拾遺』にかつて神祇に関与した諸氏としてもあげられる。しかし、降臨の五部神には、天児屋命・天鈿女命を除き、疑わしいところがある。すなわち、太玉命と玉屋命とは同神の可能性があり、鏡作氏は物部氏や出雲国造の同族という可能性もあって（後述）、その場合には石凝姥命（普通なら女神で、「戸辺」だと男だが）の位置づけも微妙になるからである。「忌部、鏡作、玉作」の祖神が天孫降臨の随行者という話しは信頼しがたい。しかも、『古事記』には降臨随行で別にあげる「思金神、手力男神、天石門別神」も、手力男神（大伴氏及び紀伊国造の祖）を除くと、思金神（八意思兼神）の実体が天児屋命にあたる可能性もあり、天石門別神の実体が太玉命に当たりそうであって、この辺にも伝承の混同が見られる。『古語拾遺』には、大伴遠祖天忍日命が随行したことも見えるが、五伴緒のなかに数えられてはいない。高句麗の五部制など、ツングース系種族など北方民族によくある部族連合の数が「五」であるということで、上記の「五伴緒」が整理されたものか。

このように、太玉命の実体・系譜や活動事績は分かりにくいが、忌部とその同族とみられる諸氏を種々見ていくことによって、次第に解明されるものと考えられる。

各地の主な忌部

各地の忌部に関しては、阿波・安房の忌部が最も重要であり、上古からの系図も残している。これらは天日鷲翔矢命（天日鷲命）の後裔とされるが、中央の忌部首と同族である。この天日鷲命は、弓削部などの祖先ともされ（矢作部も同様か）、多くの異名をもつが、奈良時代には既にこの異名同神性が殆ど認識されなくなっていた。それは、『斎部宿祢本系帳』の記するところでもあるが、同系図では、天太玉命系統と天日鷲命系統が既に別系統とされており、この二系統が、奈良時代前期に前者の子孫の夫岐麻呂が安房に在った後者の家を継ぐ形で記載される。

忌部先祖の天日鷲命の異名の多さを示唆する事情としては、例えば、兵庫県灘の弓弦羽《ゆづるは》神社（神戸市東灘区御影郡家）は、伊弉册尊など熊野三所大神を祀り八咫烏をシンボルとする。鎮座地の灘地方では、酒造業が栄えており、造酒・回船業者を氏子としてを集めて同社は繁栄した。その背後の秀麗な峰を、弓弦羽嶽（弓矢に喩え）とも六甲山（甲冑に喩え）とも言われ、末社に松尾社があって、そこに酒神としての性格が窺われる。淡路には、同名のユヅルハ神社があり、淡路島の最高峰、諭鶴羽山の山頂近くの南あわじ市灘黒岩に鎮座する。

ともあれ、各地の忌部をまず概観してみよう。

まず、①**阿波忌部**があり、『古語拾遺』に祖神は天日鷲命で忌部五部神とされる（神代紀に「粟忌部」と記）が、『書紀』の天石屋戸神話が初出で、天孫降臨神話では「作木綿者」と見える。阿波国麻植郡の忌部郷（現・徳島県麻殖郡山川町忌部あたり）を本拠として、忌部神社などを奉祀したが、詳

弓弦羽神社（神戸市東灘区御影郡家）

しくは後述する。

なお、『斎部宿祢本系帳』には、中央の忌部宗族から飛鳥時代に分かれて阿波に居住したものが見え、孝徳朝の佐賀斯の弟、石麻呂は阿波国麻殖郡に、その弟の加米古は同国名方郡に住んだと記される。この後裔が六国史や『日本霊異記』に見えており、忌部首（毘登）や忌部連の姓であげられる。『続紀』神護景雲二年（七六八）七月条に宿祢賜姓で見える外従七位下忌部連方麻呂や従五位上忌部連須美ら十一人は、その流れで石麻呂の玄孫とされる。このうち、須美は、天平神護元年正月紀に忌部毘登隅と見える。『三代実録』には、名東郡人の忌部首真貞子が見える（貞観七年十一月条）。須美の弟・角麻呂は美濃国掌となって美濃に居し、後裔は長く当地にあって、信濃に分かれたという。

次に、②**紀伊忌部**は、紀伊国名草郡の御木郷・麁香郷に住み、鳴神社（和歌山市鳴神）を奉斎した。『古語拾遺』には忌部五部神の一とされる彦狭知命《ひこさしり》を祖神としたが（高魂命が定めた作盾者）、神代紀一書に「紀伊国忌部の遠祖手置帆負命」と記される。ともあれ、系譜は紀国造の支族であった。『古語拾遺』では、「御木」の地に木を採って貢納する忌部、「麁香」には宮殿・

鳴神社（和歌山市鳴神）

社殿を造営する忌部が居たと記される。『和名抄』には、紀伊国名草郡に忌部郷と神戸郷（忌部神戸か）が見え、両郷付近の鳴神社あたりに居たとみられる。

『続日本紀』の宝亀十年（七七九）六月条には、紀伊国名草郡人の外少初位下神奴百継らの言上で、祖父は忌部支波美で、庚午年～大宝二年の戸籍では忌部だったのに、和銅元年（七〇八）の造籍時に居里の名により姓を神奴とされた事情で、もとの姓氏への改正を望んだので、これが許された。中世でも、『紀伊国続風土記』附録の「栗栖氏文書」に建久三年の散位忌部宿祢が見え、後裔を森氏と伝える。「高野山文書続宝簡集」に建暦二年十二月に忌部有延が見え、上記『続風土記』には祖を「田屋介大夫散位忌部宿祢」という。

更に、③**讃岐忌部**があり、讃岐国西部の三野郡、現在の三豊市豊中町笠田竹田あたりに居て、忌部神社（祭神手置帆負命。もと五社明神）を奉斎した。祖神を手置帆負命（忌部五部神。高魂命が定めた作笠盾者）とするから、これも紀国造の支族であった。手置帆負命（又名が天御食持命）は彦狭知命（又名が天御鳥命）の親で、この親子は紀国造初祖の天道根命の祖父・父にあたる。紀国造関係の系図には、垂仁天皇朝の大名草彦命の弟に大屋木命をあげて紀伊の忌部造の祖とし、讃岐忌部は初期分岐で、天道根命の甥・天仁木命の後とするものもあ

栗井神社（香川県観音寺市粟井町）

るが、具体的な分岐過程は不明である。

この忌部は梓木や盾の貢納を職掌とし、苅田郡の粟井神社（香川県観音寺市粟井町）を奉斎した。大和の讃岐神社（奈良県北葛城郡広陵町。式内社）も関係社といわれる。

現在の香川県の関係神社では、三豊市高瀬町上麻の麻部神社（祭神は天日鷲命）、善通寺市大麻町上ノ村山の大麻神社（同、天太玉命）、観音寺市の粟井神社（同、天太玉命）などの神社があり、地名では高瀬町麻、同町佐股、仲多度郡まんのう町佐文（麻分の意味）などの地名はその名残りとみられている。『香川県神社誌』（上巻）には、「東かがわ市引田町の誉田神社は忌部宿祢正國の創始で、正國は旧大内郡の戸主である」との記事がある。『全讃史』もほぼ同様で、引田八幡宮の祠官家に大内郡戸主の忌部正国があり、手置帆負命の廿五世孫といい、大坂山叢林中にあったのを引田に遷座したと伝え、その後裔が中山氏で現在まで祭祀すると記される。

なお、紀伊忌部が「楯縫部」で、讃岐忌部が「笠縫部」とみる説もあるようだが、この両忌部について明白な区分ができず、ともに神殿の材木提出・築造や楯の貢納などを職掌としたものであろう。

④**出雲忌部**については、櫛明玉命は忌部五部神の一とされる（高魂命が定めた作玉者）。現在の島根県松江市の東忌部町・西忌部町あたりが居住地とされ、玉の貢納を職掌とした。大和でも忌部首の居住地域あたりに大規模な玉作遺跡があるが、これは玉作部の位置づけや系譜に絡んで後述する。『姓氏録』右京神別に掲載の忌玉作がこの出雲の流れか。その記事には、高魂命の孫の天明玉命の後と見える。

出雲の住地には忌部神社（松江市東忌部町）があり、櫛明玉命を祖神とした。もと三所大宮大明神といい、平安朝に忌部神戸の鎮守各社を合祀しており（式内社の久多弥神社も合祀）、いま天太玉命を主祭神とし、奉納されたる勾玉・管玉が「上代玉作関係遺物」として松江市の有形文化財の指定を受ける。近隣の玉湯町玉造には意宇郡式内社の玉作湯神社があり、櫛明玉命を祀るから、この辺は併せて考えるべきものと思われる。

櫛明玉命は、玉作部の祖で、天太玉命と同神とみられるから、太玉命により率いられた神とするのは疑問である。『斎部宿祢本系帳』では、櫛明玉命（玉作部の祖）が天背男命の子で天日鷲命の弟に記されるが、これには各種の混同があり、櫛明玉命は天背男命と同神とみられる。出雲忌部は玉作部の支流とされ、系譜では久志伊麻命の子の毛社多麻命が祖とされる。

㊤玉作湯神社　㊦出雲玉作史跡公園
（いずれも島根県松江市玉湯町玉造）

⑤**筑紫・伊勢**にも忌部があって、天目一箇命（忌部五部神。高魂命が定めた作金者）を祖神とすると『古

語拾遺』にいい、刀・斧・鉄鐸・鏡などを作らせたと記される。これは、鍛冶として刀・斧を貢納した忌部もいたと推されるが、天目一箇命は鍛冶部族の祖で、天背男命（天津彦根命）の子であった。三上祝関係の系図には、崇神朝に常陸に行って筑波国造の遠祖となった筑箪命の子の弟凝見命について忌鍛冶部・桑名首の祖と記載がある。その後が見えないので、筑紫忌部がどのように分岐したかは不明である。

多度大社（三重県桑名市多度町）

『皇太神宮儀式帳』には、「忌鍛冶内人、無位忌鉄師部正月麻呂」という記事がある。桑名郡多度町多度に鎮座の多度神社は、本宮は天津彦根命を祀り、別宮の一目連神社はその子神の天目一箇命を祀る。桑名市の桑名神社は、祭神が天津彦根命と、この御子の天久々斯比乃命の二柱だというから、天久々斯比乃命は天目一箇命と同体となろう。

伊勢忌部の本拠が伊勢国員弁郡とみる見方があり、桑名首の同族ならこの近住は考えられるか。員弁郡の式内社には、鴨神社・賀毛神社（いなべ市北勢町垣内。もと治田村というから、美濃の鴨県主一族の治田連が奉斎）や鳥取神社・鳥取山田神社があり、この辺りに留意される一方、この地に天目一箇命の後が居た裏付けがなく、不審でもある（猪名部に由来とするのが穏当か）。三重県松阪市の天麻神社は、創建・祭神が不明も、付近の地名に阿波や麻が付き、巨石もあって、伊勢とか阿波の忌部一族の奉祀社と思われる面もある（「天麻」という名前から、伊勢忌部の祖「天麻羅神（＝天目一箇命）」を祀るとの見方があるも、疑問か）。

そのほか、越前・備前・淡路・美濃・隠岐などにも忌部・伊部が分布した。越前は織田氏の関係で後述するが、淡路は三原郡に忌部村があった（兵庫県南あわじ市賀集八幡の賀集八幡神社あたり）。隠岐では、室町時代から忌部の動向が知られるが、水若酢神社の宮司が忌部家として残る（幕末の宮司忌部正弘は、隠岐騒動における尊王派正義党のリーダー）。また、「伊部」は忌部と同じか異なるかの問題もある。

これら諸忌部がどのような形で中央の忌部氏に隷属したかには、諸説がある。その他、大和や紀伊に「伊部・井辺」など忌部氏に関係しそうな地名が残る。

阿波忌部の歴史

忌部関係で各地に残される伝承や神社の社伝を見れば、阿波忌部とは、麻、穀《かじ》、栗、蚕、和紙、農業、織物などの殖産興業に関わる技術集団であったと考えられる。『古語拾遺』には阿波忌部の祖神が天日鷲命とされるが、『斎部宿祢本系帳』では、その子の大麻比古、又の名が津咋見命の孫の由布津主命の流れとされる。津咋見命も『古語拾遺』天岩戸条に見えて、穀《かじ》の木を殖えて以て白和幣《しろにぎて》を作らしむと見える。

阿波国の麻殖郡の名「麻殖」は、阿波忌部が麻を植えたことに因む、と『古語拾遺』に見える（オエの表記は総じて言うと、古くは麻殖で、近世以降は主に麻植が使われる）。同書には、支族が阿波から東国房総の安房への東遷した説話も記される。神武朝の由布津主命がその祖とされ、その系譜も現在に残る。木綿・麻布の貢納を職掌としており、大嘗祭には阿波忌部氏が栽培して織ったものが、第一の神座に置かれる麁服として用いられた。

忌部が麻を植えた大麻山の麓に祀られた阿波国板野郡の**大麻比古神社**（徳島県鳴門市大麻町板東）を、忌部一族が奉斎した。同社の社伝では、神武天皇朝に、天太玉命の孫・天富命が勅を奉じて阿波国に到り、太祖天太玉命を斎き祀るというが、同社の祭神は神社名のとおり大麻比古であり（猿田彦神（本来は別神だが、時に少彦名神に当てられることもある）など諸説あるが、この辺は誤解が多い）、阿波忌部の阿波到来も神武朝ではなく、もっと後代になるが、時期が不明である。鎮座地付近の板野郡田上郷に関して、延喜二年（九〇二）の「阿波国田上郷戸籍残巻」（重要文化財。『平安遺文』に所収）があり、これに正六位上忌部真常と妻女など忌部姓の人々が十数人記される（田上郷の比定地は諸説あり、『徳島県史』などが言う板野町説が強い模様だが、鳴門市大麻町～板野郡北島町あたりという説も棄てがたい）。

大麻比古神社（徳島県鳴門市大麻町板東）

併せて言うと、従七位下粟凡直田吉・戸主粟凡直成宗親子など粟凡直姓も、凡直・忌部、服部の

人々も同戸籍に多く見える。松原弘宣氏は、戸籍記事の分析を通じて、「粟凡直田吉の系列には織物をおこなう集団が存在していたとみられる」と指摘する（『古代の地方豪族』）。田上郷には、断簡でも服部姓が三九名、錦部姓が十一名も記載される事情も肯ける。

麻殖郡には忌部郷があり、この地が阿波忌部の本拠とみられる。その比定地は、徳島県吉野川市の山崎地区（忌部・流・忌部山あたり）から同市川島地区西部（学・児島あたり）にかけての地域だと『大日本地名辞書』等がみる。『和名抄』の麻殖郡には呉島郷・忌部郷・川島郷・射立郷の四郷があげられ、川島郷が吉野川市川島町川島あたり、射立郷が同市山川町湯立あたり、呉島郷は鴨島町上下島あたりとして郡東端部におけば、配列順は東から呉島・川島・忌部・射立の順に西へ続く形であり、これが穏当なところで、大方の見解だと言えよう（呉島郷を川島町児島呉島あたりと見れば、東から川島・呉島・忌部・射立の順となるが、この場合は郡域が狭くなる）。

『続紀』神護景雲二年（七六八）七月条には、阿波国麻殖郡人の外従七位下忌部連方麻呂・従五位上忌部連須美等十一人に宿祢姓を賜り、大初位下忌部越麻呂等十四人には連姓を賜ったとある。この二グループのうち、前者は京・大和の忌部首一族であり、後者のほうが阿波忌部一族であった。「麻殖系図」には忌部越麻呂が見えており、大初位下大祭主で、賜姓した同年八月に法福寺を建立した、と見える。越麻呂の従弟の伊良古もこのとき連を賜姓したが、その子孫の忌部濬継《よしつぐ》が、光孝天皇朝の元慶八年（八八四）五月に藤原基経の事実上の関白就任となる件に関係して明法博士で見えており（『三代実録』）、その子の基継も右史生明法生従六位下となる、と系図に見える。

麻殖郡の忌部神社は式内名神大社で、その論社が忌部山の**山崎忌部神社**（同県吉野川市山川町忌部山。

明治八年に国幣中社に列）である。延喜式神名帳には「或号麻殖神、或号天日鷲神」と見え、江戸時代は「天日鷲神社」と称した（忌部社の旧社地が、この天日鷲社の社地とは異なるとの説もある）。山崎の忌部山の麓に鎮座するが、中世には八幡社とも言った。

江戸中期に西方近隣の種穂《たなほ》神社（多那保権現、種穂忌部神社。同市山川町川田忌部山の種穂山山頂に鎮座）の神職早雲民部が、藩への上訴により当社神職の村雲勝太夫を放逐して横領したといわれ（式内社比定の争いのなか、早雲民部は、京都の吉田家に直接談判しようとする村雲勝太夫の企てを阻止すべく、この密かな上京を関所破りと藩に上訴。このため、山崎忌部神社神主は帰国を命ぜられ、神職を剥奪され海部郡に追放処分となるという事件があった）、こうしたゴタゴタが続くなか、民部の子・中川式部が山崎の社殿を焼失させ、約六十年の当社支配の後に離れ、このため式内の忌部神社の旧所在地は長く不明となった（早雲氏、村雲氏ともに忌部末流。式内社が美馬郡貞光村西端山〔現・同郡つるぎ町貞光字吉良の御所〔五所〕神社〕にあったとの説もあって、これらとの論争があったが、小杉榲邨の「忌部神社所在検注」などが山崎説をとった。この長く激しい論争のため、太政官は、徳島市内に新たに社地を定める通達を出し、徳島市二軒屋町の眉山南東中腹に忌部神社が新たに設置され、吉良のほう〔忌部大神宮〕は摂社とされた。吉良には元地という清頭岡磐座遺跡があって、吉良説も根強くあり、この地の忌部大神宮が長曽我部元親によって焼き

山崎忌部神社（徳島県吉野川市山川町忌部山）

尽くされた事情があって、これによりその後は忌部神社が所在不明になったとみられている）。

上記の村雲勝太夫の子孫の流れが、山崎の現神職の麻生家というが、村雲の名字は現在、つるぎ町貞光に集中する。なお、村雲氏は、山崎忌部神社の西北近隣の村雲（現・同市山川町雲宮・流あたり）の地にある式内社・天村雲神伊自波夜比売神社（現在は忌部神社境外摂社の牟羅久毛神社〔天村雲神社〕）の奉祀に因む苗字か。村雲氏が元来、忌部社祭祀の麻殖氏に替わったとみられるが、この辺の経緯は不明である。天村雲神社の境内からは、旱天にも涸れぬという清泉が湧く。

山崎忌部神社の南、「黒岩」と呼ぶ山腹の地に真立石（高さ三メートル、周囲二メートルほどの巨石）があり、案内板には「真立石とは、黒岩の旧社地にあり」と記される。そこからさらに南に忌部山古墳群があり、六世紀後半の五基の円墳（墳丘が直径十メートルほど）が残る。同古墳群の調査により忌部神社山崎説の正当性が考古学的にも実証されたとみられている。麻植郡内には「忌部山型石室」をもつ古墳は、二二基確認される。社殿はこの黒岩磐座遺跡付近の地にもとあったが、応永十二年（一三九六）の地震で崩れ、現鎮座地に遷座したと伝える。山崎忌部神社は、大正・昭和・平成と大嘗祭における麁服《あらたえ》の貢進を担った。

同社の近くの青樹杜《あおきのもり》にも立石があって、天日鷲命の神殿跡とも伝える。その奥に忌部神社の七摂社の一つとされる玖奴師《くぬし》神社があり、山王権現とも称される。同じく七摂社の一つ、岩戸地区の岩戸神社があり、祭神は天太玉命とその子という「天岩門別命」を祀り、その南側に巨石が東西に並び、「岩戸の甌穴」というが、最大の石は神籠石と尊ばれ、その甌穴の水は旱魃でも枯れない霊水という。

天平四年（七三二）十月に、麻植郡川島少楮里（吉野川市川島町域）の戸主忌部為麻呂が、戸調として黄絁（絹織物）一匹を貢納した（『寧楽遺文』）。吉野川市川島町川島の鰻淵神社は、為麻呂後裔という天正年間の名主鰻淵三郎兵衛を祭神とし、神泉水（現・川島神社東側の東道神社前にある古泉か）をもったとする。平城宮から出土の木簡には、麻殖郡川嶋郷少楮《こうぞ》里の人、忌部足嶋が見えて、庸米を六斗貢進したと記される。

このほか、天村雲神社（吉野川市山川町村雲）、牛島八幡神社（麻宮。吉野川市鴨島町牛島）、川島神社（吉野川市川島町川島）、高越神社（吉野川市山川町木綿麻山）、天石門別八倉比売神社（徳島市国府町矢野宮谷）や、上一宮大粟神社（名西郡神山町神領。大宜都比売（大粟比売）を祀る）なども忌部関係社とされ、阿波忌部一族が天日鷲命やその眷属神を祀るという神社が多くある。忌部神社の西方近隣、吉野川市山川町祇園には摂社の天照皇大神宮があり、その鎮座地が大神宮山頂上部で、付近に大神宮山古墳群があり、頂上の北側には磐座がある。それが、「交合石神社」の跡地とされ、この神社が思兼尊・長白羽命を祭神としたことにも留意される。

阿波忌部後裔の三木氏・麻殖氏

阿波忌部後裔では、その長者とされる三木氏が著名である。三木氏本家の旧住家屋が、美馬市木《こ》屋平《やだいら》（もとは麻殖郡の三ツ木名、三木村）の三木山頂上近い地にあり、「三木家住宅」として国の重要文化財に指定される。併設の三木家資料館が阿波忌部の資料を公開する。

木屋平には、劔山本宮（剣神社）があって、神社の背後には宝蔵石という磐座がある。もう一つの主要な剣神社は、剣山中腹に鎮座する大剣権現（三好市東祖谷菅生）で、この頂にも巨大な磐座・大剣岩（御塔石）があって神とあおがれ、また祖谷川源流の剣山神水がある。この地域開発のおりに大山祇命を鎮祀して、祖谷山の総鎮守としたといい、剣山系山地に六百弱の社があって、総本社が大剣権現とされる。祭神は大山咋命の転訛ではなかろうか。中世以降、阿波忌部の末裔を称する集団や忌部関係伝承が、剣山周辺の山間部を中心に広く見られる。

三木氏の歴史は、鎌倉後期の永仁頃から知られる（それ以前では、不明か確かめがたい）。この頃から阿波忌部の宗家的な位置で三木氏が活動した模様であり、「阿波三木家文書」には、延慶二年（一三〇九）九月条に「依先例、以麻殖忌部氏人令織」して進上させるとか、嘉暦二年（一三二七）三月の記事に「忌部在起」とか見える。正慶元年（一三三二）十一月付の「阿波御衣御殿人契約状」や元弘三年（一三三三）十一月付の文書（ともに阿波三木文書）には、「三木氏村」や「長者長村」（後者のみ）の名が見える。南北朝期は当初は南朝に属したが、康永四年（一三四五）には三木重村が北朝より左兵衛尉に任じられるなど、一族と共に阿波細川氏に従い、その被官となった。

秀吉の時代になって、天正十三年（一五八五）の蜂須賀家政の阿波入部にあたり、当主・三木義村が蜂須賀側につき一揆鎮圧に当たったが、藩政時代は帰農し麻殖郡の大庄屋を務め苗字帯刀を許された（三木氏の動向は、『麻殖郡誌』や『姓氏家系大辞典』に詳しい）。宗家の歴代当主は、大嘗祭などに麻殖の麻で作る御衣を天皇家に献上したが、南北朝動乱でこれが中断して、大正四年（一九一五）の大嘗祭から復活する。

阿波忌部の系図も『百家系図稿』巻六の「麻殖系図」など若干伝わるが、御衣御殿人（みぞみあらかんど）の長とされる三木氏につながる系図は知られない（任務から考えると、山崎忌部神社の祠官一族から出たか）。その族人には、三木のほか赤松、長谷、名高、田方、原藤、中橋などが文書に見える。

谷川健一氏の著『探訪神々のふる里』には、「阿波忌部は麻を植え、鍛冶の仕事をした。山川町の南には高越鉱山など多くの銅山があり、それが背景となった」と記される。阿波忌部は鉄製品、金属鋳造とも関係があり、上記のように高越山山頂に鎮座の高越神社（国史見在。祭神は天日鷲命）の奉斎も行った。

鹿ケ谷の陰謀の首謀者の一人、僧・西光（俗名は師光）も忌部氏の出であり、麻殖大宮司家（麻殖郡忌部神社祠官）の麻殖為光の子と系図に伝える。西光の大叔母が、藤原信西の妻・阿波内侍の母という縁由があって信西入道のもとで働き、後に後白河法皇の近臣にもなって、平家打倒のため鹿ケ谷の陰謀事件に首謀者となった。

このすこし後の鎌倉初期には、忌部久家が氏長者であったと『仲資王記』（仲資王は神祇伯）に見える。すなわち、同書の建久五年（一一九四）六月十二日条に、「阿波国忌部久家を氏長者に還補す、角凝魂の後なり」と見える。その裏書には、「官人致貞の申状により、今日之を成し了る。件の忌部は、大祀の時、荒妙御衣の職を主とする氏云々。致貞、度々御使となり、子細を存ずるの由、申す所也」と見えるから、ここでの「氏長者」は、鎌倉後期以降の三木氏の役割につながりそうである。「官人致貞」は、卜部（伊伎）致貞として、『顕広王記』の承安四年～治承二年（一一七四～七八）の記事に見える。「麻植系図」では、久家を西光の従兄におき「神福大夫」と註しており、その後の五代まで子孫を記すものの、三木氏については言及がない（久家の孫くらいに鎌倉中期の三木氏の祖・宗時入道が見えれば、うまく系がつながるが。村雲清見原蔵の「麻殖文書」に三木村の件で「久」を通字とする者が鎌倉後期に数人見えており、これらは三木一族で、久家の後裔かもしれない）。

阿波忌部は、千波宿祢の後裔、忌部玉淵に至って孝徳朝に麻殖郡大領となり、併せて忌部大祭主を務めた。玉淵は、忌部神社の法楽として法福寺を建立した、と系図に見える。さらに、東寺・西寺を建てたが、後に東寺を東福寺と改め、忌部別当寺とした。この東福寺は、貞光川に沿って上流に溯り（南下し）、吉良・忌部社の北方近隣の西岸部（つるぎ町貞光木屋）にまだ残る。

玉淵以後では、歴代が郡領・大祭主の職を襲い、平安中期以降では麻殖氏を名乗る。戦国時代末期、大宮司の忌部因幡守持光は貞光の内山城（家賀城。美馬郡つるぎ町貞光家賀《けか》道上）の城主であったが没落し（天文廿一年〔一五五二〕岩倉城主三好康俊の軍勢に攻められて落城し、再起を図り阿波郡の国人、川人備前守を頼るも断られ、逆に攻撃を受け、讃岐国に逃れて翌年に同国丹生で戦死したといわれる）、その孫の景光のとき母姓の笠井氏を号した、と系図に記される。

上記の村雲氏が神主となったのは、麻殖持光が降伏した後かもしれない。家賀の地は、東福寺の東方近隣の山間地で友内山北麓にあり、そこには忌部族ゆかりの「児宮神社《ちごのみや》」（祭神は経津主神）、忌部神社の別当寺「西福寺」がある。こうした別当寺たる東福寺・西福寺の地理事情や麻殖持光の居城の地などを考えると、式内社の比定は貞光のほうが妥当そうにも思われる。友内山は一名を木綿麻山といい、その頂上近くにある友内神社（友内大権現。つるぎ町貞光川見西）は旧郷社で、阿波忌部の祖神・天日鷲命を祀り、古くから山岳信仰の対象とされてきた。

吉野川の支流たる穴吹川西岸、徳島県美馬市穴吹町口山にある白人《しらひと》神社は、瓊瓊杵尊・天照大神等を祀るとされ、御的射祭という神事もある。その宮人は忌部族の子孫と言われ、代々、神主（首野集落の南郷氏）、祢宜（田方集落の根元氏）の屋号を名乗る家がある。その摂社、神明神社の磐境（石積み遺構）にも注目される。美馬市穴吹町三島には、式内社の伊射奈美神社の論社がある。

阿波国の美馬郡から、貞観二年（八六〇）に三野・三縄・三津の三郷が分立して、この地域に三好郡が設置された。当郡には、式内社の鴨神社（三好郡東みよし町加茂。江戸期には加茂皇太神）もある。祭神を別雷命とし、北流して吉野川に注ぐ支流・加茂谷川の西岸にあり、当社より上流部に貴船神社もある。その南方近隣で標高四六〇メートルの加茂山の尾根突出部には、柄鏡式積石塚で前方後方墳の丹田《たんだ》古墳がある（全長約三八メートルで、副葬品に銅鏡〔獣形鏡あるいは神獣鏡〕一面、鉄剣一片、鉄斧一個）。この前期古墳（四世紀中葉頃の築造か）との関係を考えれば、同社の鎮座時期は、祠官家の白川（白河）氏らとともに六世紀頃とみる説（『徳島県神社誌』）もあるが、更に遡ることも考えうる。おそらくは、この地域を開発した阿波忌部族の流れがこれらを奉祀したものか。

カモ社では、近くの三好市三野町に下加茂神社があって別雷神を祀り、これも神主が白河氏という。吉野川下流北岸の阿波市域にも、賀茂神社（古くは別雷祠で、阿波町新開に鎮座。祭神は意富加牟積命など）・貴船神社が鎮座する。

粟国造とその後裔諸氏

古代阿波国には、北部に粟国造、南部に長国造がおかれた。粟国造の領域に阿波忌部の分布地域がほぼ重なる。粟国造は、「国造本紀」には応神朝に「高皇産霊尊の九世孫、**千波足尼**を国造に定める」と記される（この記事の「九世」には疑問あり）。国造の姓氏は粟凡直氏（後に粟宿祢を賜姓）とされ、六国史には何人か見える。

その初出は、『続日本紀』天平十七年（七四五）正月条の女官正六位下粟凡直若子で外従五位下に叙せられ、次ぎに神護景雲元年（七六七）三月条には、阿波国板野・名方・阿波の三郡百姓の言上により、己等が姓は、庚午年籍では凡直と記され、その後、評督凡直麻呂らが朝庭から粟凡直の姓を許され、天平宝字二年（七五八）に凡費となったが、これを粟凡直に改めた。延暦二年（七八三）十二月条では、阿波国人正六位上粟凡直豊穂が飛騨国人従七位上飛騨国造祖門と並んで国造に任じた、と見える。

『三代実録』貞観四年（八六二）正月条には、正六位上明法博士粟凡直鱒麻呂らが外従五位下に叙せられ、同年九月条には阿波国板野郡人の上記鱒麻呂、中宮舎人少初位下粟凡直貞宗ら同族男女十二人が粟宿祢を賜姓した。鱒麻呂は同年に大判事となった。太田亮博士は、粟国造は粟忌部の宗家とみている（『新編姓氏家系辞書』など）。

吉野川中流南岸部の徳島県名西郡石井町（東隣が徳島市府中町）にある中王子神社（祭神は伊弉諾命）には、養老七年（七二三）銘の阿波国造墓碑があり、同社の神体とされる。この墓碑には、正面・側面に「阿波国造名方郡大領正□位下　粟凡直弟臣墓（□は闕字も、「七」かと推定）」「養老七年歳次癸亥年立」の文字が刻まれる。

平安中期頃では、『小右記』に十世紀後葉の粟百行（左近衛番長、左近将曹）、十一世紀前葉の粟為頼（右大史）が見えるが、後者は明法博士粟鱒麻呂の族裔か。

ところで、先に見た「麻殖系図」には、千波足尼は阿波忌部の祖先としても見えるが、その子孫の国造の名はまるで記されない。鈴木真年は、「天日鷲命の孫、由布津主命の九世孫、千波宿祢を粟国造とし、阿波麻殖板野美馬三好郡等を管す」と記す（『日本事物原始』）。粟国造の系譜については、ほかに異伝もないようだから、この系譜が正しい場合は、阿波忌部は粟国造の支族となる（阿波忌部が粟国造家から何時分岐したのかは系図に見えず不明だが、現存の諸資料をもとに敢えて推定してみると、欽明朝頃の阿布目〔玉淵の曾祖父〕の時くらいで、その兄の伊加鉾〔楯鉾、伊麻比古〕の後が粟凡直か）。

粟国造一族の後裔としては、鮎喰川の上流域、名西郡神山町神領に鎮座する上一宮大粟神社の祠官家だったという粟飯原氏があげられ、同社が「田ノ口大明神」とも称された事情から見て、阿波の田口一族も実際にはこの同族ではないかと推される。徳島市一宮町にある阿波一宮神社の大宮司家・一宮氏も、称清和源氏小笠原一族も、実際には粟国造の後裔かとみられる。この辺の中世事情を見ておこう。

粟飯原氏の系譜は明確ではないので、具体的な検討がしにくいが〔註〕、同家は江戸期は神山町粟生野に住んで上山谷六ヶ村の大庄屋であり、上一宮大粟神社の旧祠官家だったという所伝が事実であれば、後裔の可能性が強い。系譜は下総の千葉介一族の出というのもあるが、これはおそらく系譜仮冒であろう。

〔註〕福家清司氏が論考で紹介する「粟飯原氏系図」は、明治九年に整理・作成されたもので、「阿波女社宮主祖系」〔神領村誌所載〕に内容が類似するが、大宜都比売神を初代とし宗成を第三四代とする。その内容は総じて信頼性に乏しいとみられ、譜註記事も殆どなく、祭祀を奪われたという最後の宮主宗成とその次におかれる明宗との間には二百二十年間の歴代の空白もある。だから、系図の一部に原事実が含まれるとしても、それを探る手掛りがなく、是非の判別もし難い。なお、「阿波女社宮主祖系」は、一宮大明神神主の笠原家の蔵書にもあり、『諸系譜』第十九冊にも記載されるも、歴代だけで譜註記事がなく、千波宿祢も見えない。

久安二年（一一四六）当時の記録（『愚昧記』）によれば、「一宮司」の河人成高の弟に問註所河人成俊がおり、観音寺荘の延命院へ軍兵八十余人を率いて濫妨狼藉を働いた事件を起こした。「一宮司」が上一宮大粟神社の宮司とみられるが、平安後末期にこの一族の通字として「成」の字を用いた事情が窺われる。いま「川人」の名字は、阿波市・三好市に多い。

阿波の田口氏と一宮氏

阿波の田口氏一族は、宮主と称し国造家と称して、南北朝の初頃まで大粟山庄で阿波一宮「大粟明神」の奉祀を行ってきたという。この所伝は上記の粟飯原氏に類似するが（この場合、小笠原氏に討たれたのが田口氏となる）、是非の判別はつけにくい。平安前期、平城天皇の大同三年（八〇八）に左少弁従五位下田口息継（息嗣）が阿波国司に任ぜられ、子孫が公領荘園化とともに阿波に土着し豪族となったと伝える。

田口一族は、平安末期には阿波在庁官人の筆頭とされる。平清盛以降の平家政権時代では、平家家人の田口成能は阿波民部大夫成能（重能）と呼ばれ、従四位下阿波守、民部大輔にまで累進して頗る勢威があった。讃岐屋島に安徳天皇を迎える内裏造営をしたとされ、壇ノ浦合戦の平家方捕虜として『東鑑』に名が見える。その弟の桜間介能遠や成能の子の田内左衛門尉教能（範能、成直）も、『平家物語』『東鑑』にその活動が見える。桜間介能遠（良遠）は、名西郡桜間城（熊山城）を本拠地として名西山分大粟山に勢力をもった。その付近に桜間神社（名西郡石井町高川原桜間）があり、明治初め頃まで「田口大明神」と呼ばれた。一族の氏神は、神山町の上一宮大粟神社であった。

その系図についての検討だが、蘇我氏一族には田口臣・田口朝臣氏があり、その系図も現在に伝わり、田口朝臣氏の後裔が紀朝臣を賜る例（平安中期の紀斉名《ただな》で、『権記』等に見え、長保元年〔一〇〇〇〕の卒時に従五位上行式部少輔兼大内記、享年四三）もあるが、この中央官人の田口氏から阿波田口一族が実際に出たのだろうか。

田口氏の具体的な系図を見ると、平安前期に田口息継の阿波守就任はあるが（知られる官途は、正五位下で民部大輔兼右中弁・阿波守）、子孫はすぐ阿波に土着せず、中央官人として続いた。この中央官人の家から阿波在庁者までのつながり（上記紀斉名の従弟の成藤の後裔が阿波田口氏とされる）が良くないと思われ、これはおそらく系譜仮冒であって、系図を附合させた感がある。田口成能（重能）には、「粟田姓」との説（孝安天皇後裔と称した和珥臣一族の粟田朝臣姓か）もあるが、これも内容的に肯けず、「粟田」は俗称か苗字か。素直に考えれば、粟国造後裔だから阿波の在庁官人として重きをなし、上記の平安後末期の河人成高の一族として「成」の通字をもったのであろう（重能の先祖を七世紀後半の「阿波真人広純」とも伝えるが、この名になんらかの転訛があるとすれば、「粟凡直広純」というところか。先祖に桜間文治直行がいて純友討伐に活躍したとも伝えるから、この頃から田口氏は当地にあったことになる）。

田内左衛門尉成直（教能）の後裔と称したのが、戦国末期の名西郡上浦城主（現・名西郡石井町浦庄字上浦）、有持左京進成康（入道道慶。紀姓を称した）であり、一宮長門守成助（成祐）とともども三好長慶の妹婿だと系図に見える。有持氏は桜間氏の後ともいい、一宮氏一族の出という系譜も伝わる。近隣の石井町浦庄字下浦には、日吉神社もある。

なお、田口教能の子孫が、鎌倉期に承久の乱での成継の功により三河国宝飯郡中条郷牧野地頭となって、その後は吉田城主・牛窪城主として戦国時代を過ごし、徳川氏に服属して幕藩大名の牧野氏（越後長岡藩主など）につながる系図もある。これについては、明確に否定するほどの材料はないが、牧野氏は三河古族の末裔かとみたほうが自然なようである。

一宮氏については、一宮大粟神社（埴土女屋神社）の旧祠官家とされる。南北朝期頃に、阿波小笠原一族の宮内大輔長宗が、もとの一宮神社宮司一宮宗成（千波宿祢後裔）から同職を承け（これが暦応四年（一三四一）ともいう）、あるいは一宮氏の養子となり、延元三年（一三三八）に阿波一宮城を築いて拠点とし、次いで子の成宗がこれら継いだ、とされる。

当社の分霊を一宮城内に祀ったのが下一宮であり、成宗の子の成行の代になって城主と祭官を分け、下一宮（一宮町の一宮神社）を城主領として長男の成良に、上一宮は神領分（神領村の名のおこり）として次男成直にこれを祭らせたという。この分祠は、福家清司氏によると、遅くとも南北朝期、早ければ平安末期頃にも遡る可能性があるとされる。

さて、清和源氏小笠原の血をもつ者がもとの一宮氏を継いだのか、古来の一宮氏が小笠原の系に附合させたのかというと、室町期の一宮氏が紀姓を称し「成」を通字で用いた事情や、三好氏など多くの阿波豪族諸氏が名族の小笠原一族に系を架上、附合させた例が多い事情から見ると、後者の可能性が大きいか。

上一宮大粟神社（徳島県神山町神領）

阿波一宮神社（徳島市一宮）

『尊卑分脈』でも、小笠原長宗の後は系を記さず、脇坂氏本など一部が成宗以下三代を附載書込する事情がある。中田憲信の『諸系譜』第四冊所収の「早渕系図」では、長宗に一宮大宮司、宮内大輔として、その子に長之（一宮大宮司）・長英（早渕次郎）の二人をあげ、長英の子孫を「長」の通字で続けるが、「成宗」などの「成」通字の名を記事にあげないから、成宗以下の流れは長宗の子孫ではないとも考え得る（第十九冊所収の「早渕系図」もほぼ同様）。

一宮成宗以後、代を重ねて戦国時代に至ったが、天正十年（一五八二）に一宮長門守成祐（三好長慶の妹婿）は土佐の長宗我部元親に謀殺されて、一宮氏は滅亡した。その弟という讃州水主に住む兵庫助光孝（成孝）の子・光信のとき、徳島藩主蜂須賀氏が阿波入部の後に、光信を一宮神社の神職へと招き、以後、その子孫が小笠原を名乗って一宮神社の神職を世襲した。勝定のとき、蜂須賀氏の縁戚・小倉小笠原氏との同姓を憚って、小笠原から笠原に改姓したと伝え、その後も大宮司職を相続し現在の宮司家につながる。

粟国造一族の到来時期

阿波忌部が何時、阿波の地にやって来たのかは不明だが、先にも記したように神武朝ということはありえない。その祖・千波宿祢が粟国造となったのが到来時期の下限と一応、押さえておく。そして、到来の上限は、文献が信頼できそうな事情を記さない以上、考古学資料にすがることになるが、阿波の最古級の古墳が徳島市国府町西矢野の**宮谷古墳**とみられることに留意される。

宮谷古墳は、気延山《きのべやま》東南麓にある百基超の古墳からなる気延山古墳群の一つで、全長が約三七メートルの前方後円墳であり、二段築成の後円部をもち葺石を備える。後円部の割竹形木棺を納めた長大な竪穴式石室から重圏文鏡や玉類、鉄剣・鉄斧などの鉄製武器などが出土し、バチ形前方部からは無造作に埋めたらしき三角縁神獣鏡が三面出土した。三面のうち二面には同范鏡が知られ、一面が内里古墳（京都府）と黒塚古墳（奈良県）の出土鏡との同范で、もう一面が伝鶴山丸山古墳（岡山県）と赤塚古墳（大分県）の出土鏡との同范である（この鏡の県下出土はほかにないが、天河別神社四号墳から斜縁二神二獣鏡が一面、出ている）。前方部の周辺などから二重口縁壷の破片が多量に出土した。

これらの諸事情から、現地の案内板には宮谷古墳が四世紀初頭頃の築造とあり、三世紀末頃とするものもあるが、これらは遡上気味の年代観である。全国のバチ形前方部をもつ古墳や三角縁神獣鏡出土状況等から考えると、拙見では、景行朝頃の四世紀中葉頃とみられる。纏向の黒塚古墳も、渋谷向山古墳（現治定の景行陵）の陪塚と考えられるので、年代的に符合する。

宮谷古墳の北方近隣には、これに続く時期頃（ないし前後するか）の奥谷一号墳もある。県下で数少ない前方後方墳であり、復元全長約五〇㍍とされる。近くの奥谷二号墳（積石塚の円墳で全長約十八㍍。調査後に消滅）からは鉄鉾が出た。気延山古墳群とは鮎喰川を隔て東岸で対峙する名東古墳群（徳島市名東町域で、隣の加茂名町と共に眉山の麓）もある。この古墳群には、積石塚で柄鏡式前方後円墳の八人塚古墳（残存が全長四五㍍）があって、こちらも宮谷古墳に若干遅れるくらいの時期の築造かとされよう。

先に触れた美馬郡式内社の鴨神社と丹田古墳もあり、大麻比古神社の南東麓に鎮座する天河別《あまのかわわけ》神社と同地の古墳群（鳴門市大麻町池谷）も考慮される。当社は式内社ではなく、祭神の「天河別神」についても史料に見えず（『阿波志』には「松童祠」という）、祭祀の経緯は不明だが、天石門別命と同神とする説が有力なもようである。その場合、天湯河桁命や天太玉命、天若日子とも同神であって、天日鷲命の父神、阿波忌部の遠祖でもある。同社は宇志比古神社の境外社というから、それぞれ阿波忌部の祖神を祀るものなのだろう。

天河別神社古墳群は十基超からなるとされ、そのうち三号墳・四号墳が前方後円墳で（両者とも全長約四二㍍。一に四号墳は円墳）、前者から二重口縁壺、後者から斜縁神獣鏡一面や鉄剣等が出ている。両墳の築造年代は五世紀後半とされることが多いが（四号墳墳丘からＴＫ23段階の須恵器出土があることが影響か。後で埋められた可能性も考えられる）、斜縁神獣鏡の各地の出土状況等から見て、四世紀中葉頃の築造かとみられる（実盛良彦氏に同意）。例えば、近隣の讃岐では、さぬき市岩崎山四号墳から同種の鏡で出るが、四世紀中頃の築造とされる）。円墳の二号墳（直径二六㍍）の墳丘上に、剣神社の祠がある。五号墳も円墳で、神獣鏡二面（うち一面は斜縁）・玉類などが出たが、既に消滅した。この古墳群の東北方近隣に柄鏡形前方後円墳の宝幢寺古墳（全長約四二㍍）もあり、円筒埴輪・朝顔形埴輪が出土して、四世紀中頃ないし後半の古墳とみられている。天河別神社四号墳とは、規模・築造年代ともにほぼ同じだともいい、これらはみな同じ一族の墳墓とみられる。

こうした阿波の初期諸古墳の築造状況を見ると、景行朝頃の四世紀中葉頃から、阿波全域で上古史が実際に始まったとみられる。これを主導したのが、畿内から来た粟国造・阿波忌部の祖先一族であろう。その場合、国造初祖の千波宿祢の数代前より前の系図は、河内の三野県主一族の祖先系図だった可能性が大きそうである（粟国造家の前代はどこに居たのかという問題については、他の検討も要するも、河内東北部〔八尾市北部〕あたりかとみておく。阿波には三好郡に三野郷が『和名抄』に見え、阿波郡式内社に建布都神社〔阿波市域〕があることに留意される。なお、弥生墳丘墓として、弥生終末期頃の鳴門市大麻町萩原にある萩原墳墓群が天河別神社古墳群近隣にあるが、粟国造・阿波忌部には直接の関係がないとみられる)。

ちなみに、粟国造領域の県北部で最大規模の古墳は、鳴門市西方の板野郡板野町川端（天河別神社古墳群から西方約四キロに位置）にある愛宕山古墳、全長約六四メートルの前方後円墳であり、玉類・鉄鏃や短甲片などの出土事情等で五世紀前葉頃の築造とみられている。古墳時代中期には、これら吉野川の中・下流域に粟国造の主力が遷ったものとみられる。

阿波移遷の当事者

このように阿波忌部の移遷時期をみた場合、その系図で垂仁・景行朝頃に活動した人らしいのが「止美乃大人命《とみのうし》」（伊津比古ともいい、宇気意が実名か）で、その名に留意される。

というのは、先に触れた「田上郷戸籍残巻」から多数の粟凡直・凡直が住んだ同郷には、「**宇志祝部**」と記載される者（物部子益）がおり、この職務は板野郡式内社の宇志比古神社の神官とみられる（志賀剛著『式内社の研究』第一巻に同意）。いま同社の祭神は不明だが、その神社名のとおり宇志比古尊とみる説があり、鳴門市大麻町大谷に宇志比古神社がある（なお、論社の鳴門市大麻町板東牛ノ宮東の宇志比古・宇志比売神社では、大己貴命・少彦名命を祭神とする）。大麻比古神社の境内社にも宇志比古・宇志比売神社がある事情から、宇志比古とは粟国造の先祖に当たりそうである。その場合、宇志比古とは「止美乃大人命」を指し、この者が阿波に来た国造家の直接の祖神ということで古社に祀られた、と考えられる。

止美乃大人命の父が「小麻比古」の称をもつ比々多命であり、その活動が崇神朝頃とみられるから、当該親子と近親で、崇神朝の後末期ないし垂仁朝頃に阿波に到来したものか。四国の諸国造が国造に定められた時期は、多くが成務朝～応神朝（概ね四世紀後葉）だと「国造本紀」に見えるが、大和王権が景行天皇の九州巡狩を行ったと『書紀』等に記すように、景行朝頃には四国にあっても、王権勢力がかなり展開していたのであろう。

国府町一帯には、先行する弥生時代の大集落があり、阿波国府跡もあって、戦国時代の三好実休の重臣・矢野駿河守国村が築城した矢野城跡もある。このように、古くから長く徳島の中心地とされており、この地域は鮎喰川の下流域にあたる。

宮谷古墳の西方近隣には、阿波一宮ともされる式内大社・天石門別八倉比売神社（八倉比売神社）もある。もとは気延山（矢野神山）の山頂にあったのが、推古天皇元年（五九三）に南東麓の杉尾山の現在地に遷座する。江戸時代は「杉尾大明神」と称し、奥宮に五角形の磐座がある。本殿より西北五丁余に五角形の井戸、「天乃真名井」があり、江戸中期まで神饌田の泉であった（現在、大泉神として祀る）。

阿波一宮は、後に大麻比古神社に変わったが、当初は同社であったとするのは、要地に立地する事情から首肯できる。八倉比売神社が「杉尾大明神」というのは、東国安房の忌部の支族が武蔵に遷って多くの杉山神社を祀った事情に通じる。八倉比売神社と上一宮大粟神社との関係は、良く分からない（これは、山崎と貞光の忌部神社の問題にも通じるが、信濃国伊那谷の阿智神社

矢倉比売神社（徳島市矢野）

などを参考にして推測するに、それぞれ、前宮〔里宮〕と奥宮の関係であったのかもしれない。二つの宮が離れて設けられ、後に論争が生じたものか)。

名西郡神山町神領に鎮座する「上一宮大粟神社」は、粟の神「大宜都比売命」を祭神とする(この神が「大阿波女神」とされるから、こちらが祭神の原型であって、実体は天稚彦〔天石門別〕の妻・下照姫か)。その祠官家は先に述べた。近隣の高根山には「笑子岩《えびす》(人面岩)」と呼ばれる霊石があり、その形は笑っている顔にも見える。山中には大きな磐座群がいくつかあるという。ここでは「宮主系図」などで粟凡直の祖神として伝える「味鉏高彦根神」は、大山咋命ないし天稚彦の転訛か混同とみられる。

阿波忌部の東遷説話と奉斎社

阿波忌部の一族が分かれて、後に房総に移遷したと伝える。『古語拾遺』等には、その地名起源の説話が知られる。すなわち、忌部氏遠祖の天富命(天太玉命の孫)が阿波の忌部を率いて、さらに良い土地を求めて東の安房など房総方面に赴き、そこに麻・穀(カジノキ)を植えたという。これは、忌部移遷の話しと時期とを祖先に遡上するものである。

安房忌部の系図『斎部宿祢本系帳』などの系図を踏まえて記述すると、天日鷲翔矢命の子の大麻比古命(又名が津咋耳命)の後が阿波忌部とされる。この阿波忌部の安房東遷時期が神武朝と伝えるのは、当該本系帳などから見ても年代が古すぎる。こうした支族の東国移遷では、景行天皇の東国巡狩のとき先祖の伊津比古命が随行して安房に至ったと系図に見える。伊津比古命は、阿波・安房の忌部で共通の祖先であり、子の久豆美造が安房忌部の祖となるが、この時に父に同行したものであろう。これら忌部氏祖先の活動により、「総(ふさ)」の地(両総地方)とか「結城」、「安房」などの地名が生まれたという〔註〕。

〔註〕藤原京から出土した木簡に「己亥年十月上捄国阿波評松里」と見え、「総」の代わりに同訓の「捄（ふさ）」が使われる。「捄」の意味が「房をなして実る物」で、麻の実にも該当することから、大宝四年（七〇四）の国印頒布による表記統一以前には、房総地域が「捄」と称された可能性が指摘される。「結城」は、織物をつくる木綿（ゆう。楮）の木の生える地の意が地名の由来という説は、否定しなくてもよいか。下野でも寒川郡式内社に阿房神社（現・安房神社で、祭神が天太玉命）があって、ＪＲ結城駅の西方近隣、栃木県小山市粟宮に鎮座するから、この辺まで安房忌部の活動圏だったか。茨城県結城市あたりには、古墳時代の玉作遺跡が多くあるともいう。

安房には先祖を祀る「太玉命社」が建てられ、これが「安房坐社」（現在の安房神社〔千葉県館山市〕に比定）にあたるといい、その神戸（付属の民戸）や関係諸神社を祀り奉祀した忌部が設けられた。そこで、安房忌部に関係する神社をまず見るが、とくに天富命の東遷に関して、多くの伝承地や神社が安房とその周辺に残る。そうした神社としては、

①安房神社（千葉県館山市大神宮）：式内名神大社の安房坐神社で、ＪＲ館山駅の西南八キロ余ほどの地、吾谷《あづち》山麓に位置する。安房南部には、忌部が祖神を祀る太玉命社を建て、これが「安房社」（現在の館山市の安房神社に比定）にあたり、その神戸（神社に従属の民戸）

安房神社（千葉県館山市大神宮）

などを管理した忌部氏があった。同社の下の宮には天富命が祀られる。

上記の本系帳では、安房郡司や安房神社神職など在地関連で忌部一族の氏人が見える。同社が鎮座する安房郡は「神郡」（全国八神郡の一）とされ、同郡の大・少領には「父子兄弟の連任を許す」と『続紀』文武二年（六九七）条に見え、養老七年（七二三）まではそうされた。この郡領は神郡という性格上、忌部一族が任じられた。安房神社の境内、拝殿の手前に海食岸の巨岩（磐座か）があり、これをくり抜いて厳島社の祠がある。

安房神社の境内にある厳島社。巨岩をくり抜いて祀る（館山市）

安房地域に勢力を持った阿波国造（安房国造）は、武蔵国造同族の膳大伴部（大伴部。大伴直）とされるが（「国造本紀」）、『高橋氏文』によれば膳臣氏に統括されて天皇の食膳調達にあたった部民を管掌した。その一族の名は六国史（『文徳実録』嘉祥三年〔八五〇〕六月条に安房国国造の伴直千福麻呂の外従五位下叙位。『続後紀』承和三年〔八三六〕十二月条に安房郡人の伴直家主に孝子として昇叙三階等の顕彰）や平城京出土の木簡に散見する。安房国人の正六位下大伴直勝麻呂は、弘仁二年（八一一）三月に大伴登美宿祢を賜姓された（『日本後紀』）。

この国造一族と安房忌部との関係は不明であるが、国造族が館山駅付近という館山市街地あたりにあって、その南方に安房忌部が居たものか。ただ、天太玉命が安房忌部ばかりではなく、併せて安房国造の祖神でもあるとの認識があれば（「太玉命＝天若日子こと天津彦根命」で出雲国造族の遠祖神の場合)、両氏族ともに共通して天太玉命夫妻を遠祖神として祭祀したこともありえよう。

安房の忌部関係の数少ない人物として、天平二年（七三〇）の「安房国義倉帳」（正倉院文書）に安房国司の目《さかん》で大初位上と見える忌部宿祢登理萬里がいる。この者は年代的に見ても、上記の忌部鳥麻呂にあたり、安房在地ではなく、中央から赴任した。同人は、天平勝宝二年（七五〇）付け「但馬国義倉帳」にも、「目で大初位上」（以前の時期のこと）で見える。

②后神天比理乃咩命神社

式内大社で、祭神は安房神・天太玉命の后神とされる。論社に洲崎神社と洲宮神社（ともに千葉県館山市域。洲崎の東南七キロ余に洲宮が位置する）。

洲崎神社には霊石があり、同社宮司の自宅には愛宕神社も鎮座する。巨岩は、洲崎神社の東方近隣、館山市見物で浦賀水道を臨む海岸近くの海南刀切《かいなんなたぎり》神社にもある。その本殿が異様な形の巨岩の前に建てられる。これとまとまって崇敬される船越鉈切神社の本殿は、洞窟の中に建てられ、ともに海神豊玉姫命を祀る。なお、『類聚三代格』には「膳神」を祀る「阿房の刀自部」が見え、この女性祭祀集団との関連性を指摘する見方もあるが、これは安房国造族が奉斎したものか。

天太玉命・天比理刀売命や大山咋命を祀る神社が、安房の

洲崎神社（千葉県館山市）

対岸の横浜市神奈川区青木町にある洲崎大神（洲崎明神社）で、源頼朝が建久二年（一一九一）に安房神社の分霊を勧請したのが創祀と伝えるから、安房のほうも同名の洲崎神社のほうが由緒が古いのだろう。東京都品川区の品川神社も、これより若干早い文治三年（一一八七）に安房の洲崎神社から天比理乃咩命を勧請したと伝える。その社紋も、徳川家の尊崇する神社として徳川家家紋と同じく「丸に三つ葉葵」とされるから、この女神には鴨族との深い縁を感じる。

この女神が往時、海辺にあったことから、元の名を「洲の神」として、これを祀る手洗山の一宮（拝殿）が洲崎神社で、魚尾山の二宮（奥殿）が洲宮神社とされたとする説がある（『金丸家累代鑑』。元々は同一神社か。亀山天皇の文永十年に洲宮に遷したともいい、系図にもその趣旨が見える）。海の守り神、海上交通の女神といい、東京では、神田明神の摂社・八雲神社でも祀ったとされ、江東区木場にも洲崎神社があって、東京湾沿岸地域と密接な関係がある。神奈川県横須賀市吉井にある安房口神社は、明神山山頂の巨石を霊代として拝し、社殿を設けない特殊形態を持ち、天太玉命を祀る。「洲の神」はかつては弁財天社ともいうから、実体は海神族の大己貴命の娘の高照姫に当たるのかも知れない。そうすると、上記の「海神豊玉姫」の原態も、同様に高照姫だったたか。

③**布良崎《めらざき》神社**（館山市布良）：天富命を祀り、安房神の最初の鎮座地を称する。安房神社の西南近隣一キロほどの海岸地にあって、その前殿（下社）とされる。

④**下立松原神社**：朝夷郡の式内社で、小鷹明神と呼ばれた。南房総市域に論社が二社あり（白浜町滝口及び千倉町牧田）、ともに主祭神に天日鷲命をあげるが、館山に近い前者が比定されるか。その近く（同市白浜町根本）に三嶋神社も鎮座する。後者の社は、祭神が天日鷲命で、美奴射持命《みぬいもち》（安房

伴直姓と伝える）。千倉町北朝夷には金山彦神社もある。
忌部一族かともいうが不明、安房国造族か）が祀ったといわれるが、こちらは国造族の奉斎か（牧田氏は

⑤**遠見岬《とみさき》神社**（勝浦市浜勝浦）：旧上総国夷隅郡域にあり、江戸期までは富大明神といい、天富命の没した地といって同神を祀る。旧社殿は遠見岬（現・八幡岬）の突端、富貴島にあったが、津波で決壊したため、宮谷の仮宮を経て現在地の宮山に鎮まる。勝占の忌部の須須立《すすたつ》命が当地で創建したと伝え、祠官家の須志氏も安房忌部後裔という。ほかに両総では、上総の鷲神社（市原市今津朝山）、下総の大鷲神社二社（千葉県印旛郡栄町安食及び同郡酒々井町上岩橋）が天日鷲命を祀る。

これら忌部関係の神社が多く、安房神社の神戸に忌部氏の関与もあったから、安房における忌部の繁衍は、中世武家の諸氏にもつながる。安房の中世武家では、神余氏や安西氏、東条氏が著名であり、室町中期頃の里見氏の入国の以前に大きな勢力をもった。安西景益は頼朝時に活動し、日蓮聖人が安房国東条の地頭の東条景信に襲われた事件（小松原法難）も起きた。これら諸氏が皆、忌部の後裔とする系図を現在に伝える。だから、忌部族の安房等への東遷説話には、東国・常総地方の中臣氏勢力と対抗する目的があって、そのため造作されたという見方は、根拠のないものと言わざるをえない。

このほか、安房で留意したいのは、賀茂神社が南房総市加茂（安房国朝夷郡）にあり、旧社格は村社で、祭神は別雷命ほかとされる。山城国久我から賀茂族がこの地に移住してきて同社を奉斎したと伝える。同市の宮下や沓見（五キロほどの近隣で、沓見が南側）には、式内社の莫越山《なこしやま》神社の論社があり、彦狭知命・手置帆負命を祭神とするから、紀伊などの忌部も併せて安房に来たことが推され

る。宮下では、両神の後裔という小民命・御道命が配祀され、同社の創祀者という。沓見の南隣が加茂の地である。

鴨川市和泉の男金《おがな》神社は、北斗七星に対する信仰をもち、もと妙見宮と呼ばれた（祭神が天御中主命）。同じ鴨川市の坂東にも愛宕神社があり、浜荻に貴船神社がある。安房忌部一族に神余《かなまり》氏がおり（系図には、洲宮神主副義の弟・郡司大領の景光が神余祖と見える）、その起源地たる館山市神余の日吉神社は旧豊房村の村社で、大山咋神を祀り、平安前期に金丸氏によって創祀されたと伝える。鴨川市は、もとの安房国北東部の長狭郡の大部分を占めるが、『和名抄』は長狭郡に賀茂郷をあげる。大山咋神を祀る日枝神社が房総には多くあり、南房総市には増間、千倉町白間津、和田町小川など十五か所ほど、館山市には竹原など五か所に鎮座する。増間の日枝神社では「御神的《おまと》」の神事が行われるが、一般に歩射（かちゆみ。騎射に対する語）と呼ばれる。

下野国では、延喜式内社、安房神社が小山市粟宮にあって、合祀に愛宕神社・日吉神社などがあり、その摂社で拝殿右手側に雷電神社があるから、これも忌部母系の祖神を祀るか（ないしは、紀伊忌部の随行を示唆か）。東遷した忌部の居住が、安房を中心にして房総と周辺地域に広く及んだと知られる。

武蔵の杉山神社の奉祀

安房忌部の支流が武蔵国に遷って、都筑郡の式内社、杉山神社を奉斎したという。同社は承和五年（八三八）に官幣にあずかり、同十五年には従五位下の神階を授かった。

その論社が、いま横浜市の都筑区・港北区などに数多くあり、杉を倭地にもたらした五十猛神を主神に祀る（横浜市都筑区茅ケ崎の同名社は、高魂命・天日鷲命・由布津主命を祀る）。『式内社調査報告』等によると、かつては都筑郡に二四社、橘樹郡に三七社、久良岐郡に五社、南多摩郡に六社の合計七二社もあり、それらが鶴見川の本支流域に分布して信仰圏が広かった。そのため、どの社が式内社比定となるか定めがたいが、都筑郡吉田村（現・港北区新吉田町）に鎮座の同名社（旧郷社）に傾くとする見方（菱沼勇氏『武蔵の古社』）でよいか。あるいは、『新編武蔵風土記稿』（以下、たんに『風土記稿』とも書く）など支持者が多い茅ケ崎村の同名社（旧郷社）の創祀に関する社伝も魅力的であり、『斎部宿祢本系帳』などの系図から見ても、私見ではこれにやや傾く感もある。これら神社を紀伊忌部の後裔が祀るともいうが、忌部の遠祖が木種を播植した五十猛神と伝え、この神が杉山神社の主神とされるから、安房忌部の奉斎でよかろう。

安房の忌部久米麿の子、勝麿の子孫が安房の下立松原神社祠官家高山氏、その弟の湯義麿の後が武蔵にある杉山氏とされる。後者の支族が常陸国鹿島郡の千勝神社祝部であって、その子孫から江戸山王社家の千勝氏などが出たという。更に、両者の妹の乙名美咩が中央の忌部宿祢色弗に嫁ぎ、その間に生まれた夫岐麿が安房神社や洲崎・洲宮両神社の祠官家となると系図に言う。

杉山神社（横浜市都筑区茅ケ崎）

伊豆にも似たような名の式内社、杉桙別命神社（現社名が川津来宮神社）が賀茂郡河津（現・静岡県賀茂郡河津町田中）にあり、杉桙別命を主神に、五十猛命・少彦名命を配祀する。その主な神事が鳥精進酒精進（酒を断ち、小鳥を捕らない精進行為）とされ、伊豆国造族裔が奉祀したとみられる。同名の來宮神社は熱海市西山町にもあって、江戸末期まで木宮明神といい、五十猛命を祀っており、河津・熱海ともに大楠の神木がある。

忌部氏と玉作部の関係

安房忌部の分布・足跡を追いかけると、それぞれに玉作部が関係していそうな感がある。大和でも忌部氏の居住地域近隣に曽我玉作遺跡があり、出雲では意宇郡に玉造村・忌部村が近接し（現在の松江市南部）、櫛明玉命は出雲の忌部・玉作の粗と『古語拾遺』に見える。

さて、安房の北隣の上総国では『延喜式』に五座の式内社が見え、一社だけが名神大社で、これが上総一宮とされる埴生郡の玉前《たまさき》神社（千葉県長生郡一宮町一宮。玉崎明神）である。

その祭神は、現在、玉依姫命とされるが、玉前命（高皇産霊の孫、あるいは甥）ともいい（『神名帳頭註』）、『神名帳考証』はこの実体が天明玉命とみる。ここでの玉依姫については、神武天皇の母神とされるが、むしろ海神の玉依姫（『大日本史』神祇志に見える一説）とされよう。海神族の同名の者なら、鴨族の祖神にもあげられて、安房忌部とのつながりも考えられる。ともあれ、当社の神体とか玉浦の地名に加え、安閑紀に見える伊甚国造稚子直の珠献上の伝承といい、当社と玉との関わりが深い

玉前神社（千葉県長生郡一宮町）

埴生神社（千葉県成田四郷部）

（『日本の神々』十一の鈴木仲秋氏）。

鎮座地の埴生郡はもと伊甚国造の領域とみられ、菱沼勇氏は当社をこの国造が祀ったとみるが、妥当であろう。そうすると、祭神の玉前命とは、上記先学指摘のように実体が天明玉命であって、「高皇産霊の孫」に位置づけられる。房総では下総国に、迊瑳《そうさ》郡・埴生郡（上総と同名の郡）の両郡に各々玉作郷が『和名抄』にあげられる。埴生郡玉作郷は現・成田市松崎に比定され、二ノ宮埴生神社が鎮座し、近隣に麻生郷・羽鳥郷（服部に由来）があった。同国香取郡の香取神宮の西方近隣にも、玉造の地名（香取市域）がある。

伊甚国造は、出雲国造の東国分流で出雲建子命（又名が櫛玉命）の後裔にあたるから、その祖の天穂日命（＝天津彦根命）が高皇産霊の孫であり、天明玉命にあたることになる。神統譜的にも、こうした見方のほうが妥当であろう。当社の境内社・十二社は、もとは周辺にあった諸神社を集めて末社としたものとされ、そのなかに愛宕社・三島社・日枝社・粟島社（少彦名神）などがあって、鴨族とも縁由があったとしられる。上記の祭神については、海神玉依姫よりは天明玉命のほうに魅力を感じる。

織田信長の祖系は斎部氏か

尾張の織田氏は、信長の先祖が管領家斯波氏に属して越前から室町前期に移遷したが、遠い祖先が忌部氏から出たとの見方もある。系図でも、中田憲信が明治に記した稿「織田右大臣信長公ノ系統及履歴」（『好古類纂』第七集所収）や『諸系譜』第四冊に所収の「津田」系図には、忌部氏の先祖から始まり、斎部広成から織田氏につながるものが見える。

これら系図によると、十三世紀前葉に活動した神祇権少祐斎部宿祢親澄が、祖父の頼親の兼任した越前国丹生郡の織田明神神主職を承けてこれを兼ねていたのを、その子の親真が父の死により貞永二年（一二三三）に神主職を承け、それ以降、一族が同社祠官を世襲したという。その子孫の常昌が、南北朝期に越前守護斯波高経に仕えて武家となり、子孫が尾張に移って、下四郡・上四郡それぞれの尾張半国を、守護代の伊勢守家（下津、清洲。守護居城地）、守護又代の大和守家（岩倉）の両系統がおさえて、戦国時代を推移したが、清洲織田氏の三奉行の一、織田弾正忠家（勝幡を居城）の信秀・信長親子の家が次第に優勢になり、一族を押さえたり滅ぼしたりで信長が尾張を統一し、更に天下に雄飛した。

織田一族の発祥地は、越前国織田荘（現・福井県丹生郡越前町）で、当地・越前町織田の剣神社（境内社の織田神社も併せ、織田剣神社ともいう）あたりである。同社を尾張の信長も氏神として

織田剣神社（福井県越前町織田）

崇め、格別の信仰をもって神領を寄進し同社を保護した。織田氏の本姓としては、藤原氏を称したことが長く（信長自身も「藤原」姓を称した）、のちに桓武平氏（平資盛後裔）を称する（羽前天童藩提出の『織田家譜』など）。これら祖系はともに疑問とされ、忌部説が割合、強くなった。その系図が上記のものだが、これにも十分な検討を要する。

最初の尾張守護代として織田伊勢守常松、又代として織田出雲守入道常竹が見えるが、これが誰に比定されるかの問題がある。剣神社には、明徳四年（一三九三）六月・七月付の置文・添書があって、そこに藤原信昌・藤原兵庫助将広の親子の名が見える。子の将広は偏諱等から見て斯波義将に仕えた者であり、これを守護代初代織田常松の父とみる説もある（拙見では「将広＝常松」か。横山住雄氏は、将広花押の筆順が常松に酷似する事情などから、この指摘をしたが、それに同意）。

中興の祖とも言うべき常昌には、兄・実昌（真昌）がおり、その子に織田太郎隆昌がいて、「織田祠官之祖」と系図に見えるから、年代的にみて信昌は隆昌と同世代とみられる（信昌の生年が添書から正和五年〔一三一六〕とした場合）。室町前・中期の織田氏は、主君斯波氏から偏諱を賜るなどの事情で、同じ人が名前を変遷させたことがかなりあり、「信昌・兵庫助将広」親子を系図に見える誰に比定するかは難解である。一案として、「兵庫助」の称は本宗（清洲・伊勢守家）の敏広・寛広親子にも見えるから、その先祖とみれば、両人が「教広・教信」親子（「教信＝将広＝常松」）に当たる。

織田明神祠官家（後の上坂氏）と武家とは、南北朝初期頃に分かれたとみる。拙考では、伊勢守入道常松は教信（教広の子）に、出雲守入道常竹はその従兄弟の常任（大和守家につながる。系図に教信の弟に置くも、常勝の子か）に比定するのが、割合穏当と思われる。なお、信長の弾正忠家は、清洲奉行家の一とはいえ、岩倉の常任の流れか。伊勢守家は寛広のとき勢力を失い三河に遷したようで、その後は敏定の子孫が清洲・岩倉両方を占め、寛広の家の跡を岩倉の敏信が継ぎ伊勢守となる（こうした諸事情で、両系統の系譜の混乱が著しい）。

越前の忌部と伊部

越前に忌部が居たことは、奈良期天平神護二年（七六六）付「越前国司解」に足羽郡の上家郷戸主に忌部枚人、同じく同郷戸主の忌部大倉の名が見えて知られる（正倉院文書）。しかし、越前の忌部で史料に見えるのはこれくらいであり、大和の忌部首氏の系図においても北陸方面への分岐は見えないから、カバネも見えない「越前忌部」の過大評価はできない。しかも、越前国敦賀郡人に伊部造氏が見える事情がある。

これは、『三代実録』貞観十五年（八七三）十二月条の記事であり、越前国敦賀郡人の右大史正六位上伊部造豊持に飯高朝臣を賜姓し、本貫を左京五條三坊に改めるとあり、その先は孝昭天皇皇子、天足彦国押人命に出るとして、系譜は和珥臣の同族と記される。和珥氏の系図にも、伊部造の分岐が見える。豊持の左京移貫の後にも一族が越前に残り、その後裔として、『権記』長徳四年（九九八）三月廿一日条に「越前国正一位勲一等剣大神宮」の神主で伊部守忠が見える。鎌倉初期、建保六年（一二一八）十月の「妙法院文書」（『福井県史資料編2中世』所収）にも、織田庄の立券に関して越前の在庁官人に「伊部宿祢」（欠名の二人がこの姓氏。親真の親の世代か）の名が見える。織田剣神社の社伝でも、もとは敦賀郡伊部郷座ケ岳に「伊部臣」が神剣をスサノヲ神の御霊代として祀り、それが遷座したとされる（いま、織田剣神社の境内にも、伊部磐座神社が鎮座する）。

だから、越前の「伊部」とは、神別の忌部ではなかったかの問題がある。『姓氏録』には山城諸蕃に伊部造をあげ、これは百済国人乃里使主より出るとする。越前の南隣、近江国浅井郡には伊部郷（現・滋賀県長浜市湖北町伊部）の地名や、戦国期の武家に浅井氏配下の伊部氏一族も見えており、近江北部が越前の淵源かもしれない〔註〕。一方、越前では丹生郡に賀茂郷があり、越前南部に剣神社が数多く分布し（経津主神を祀る社もある）、阿波忌部が祖谷山地で剣神社をおおいに奉祀したから、伊部と忌部とは異なるとも言いきれない。敦賀郡式内社・織田神社の境外に霊泉が湧く事情もある。同郡の三前神社について、『神祇志料』には、立石・白木両浦の岬に数丈の巌石二基あり、人呼んで三島明神と云う、今廃たり、との記事も見え、三島神に縁由が深い。同郡式内社の志比前神社（三前神社の論社）が敦賀市道ノ口にあり、経津主命を祭神とし、江戸期は香取明神と称した。

備前の伊部も系統不明で、岡山県備前市伊部の備前焼（伊部焼）に阿波忌部氏が関与とする見方もあるが、これも裏付けがない。いまこの伊部の地に忌部神社があり、天津神社の北西に位置し、不老山の麓の山中に末社として鎮座し、境内に古の北大窯址が残される。その創建は不詳で、昔の小さな祠を、窯元六姓たちが陶祖・天太玉命を祭神に奉祀してきたという。もっとも、伊部周辺には、古墳時代・奈良時代さらに貢納平安須恵器窯址の発見は知られず、備前邑久郡の須恵器窯址群からの進出とされる。

これら諸事情を見れば、越前の場合は、「伊部＝忌部」としても良さそうだが、どうも判断がしがたい。「劔神社文書」には、貞享五年（一六八八）に臨番神主として上坂内匠忌部正久、祠官で上坂壱岐正正則の名が見えるというが、近世に「忌部」を称しても、古代からつながる形での裏付けが史料として不明である（所伝の系図は適切につながらない）。

〔註〕長浜市の伊部に伊部館跡があり、伊部為利の居館と伝え、浅井氏家臣の伊部清兵衛にも関連するかとい

われ、館跡は小字「鍛冶屋田」の一角にあったという。地域的に考えて、近江北部から越前に行った蓋然性がありそうでも、淵源地は不明である。豊持の飯高朝臣の賜姓から見て、伊勢起源も考えられ、剣神社奉斎といい、伊勢神宮奉仕の「忌鍛冶部」の流れだったか。現在、三重県三重郡菰野町千草（旧・朝明郡域）に同県内の殆どの伊部姓が集中し、残りが東隣の同町永井に居る。千草に千種神社があって、天照大神・国之水分神・建速須佐之男命を祀り、永井には式内社・井手神社があって水神罔象女神を祀るから、剣神社に通じるものがある。忌鍛冶部は近江の三上祝支族だから、伊勢から近江に戻って更に越前に展開したのが伊部造だった可能性も考えられる。

平安後末期になって斎部宿祢頼親が剣神社の神主職を継いだというが、もしこれが事実であるのならば、この伊部造氏の跡なのであろう（京の斎部宿祢氏が神職跡を継いだということは、建保六年文書の存在からは疑わしそうである）。いま、大字織田の北方近隣に大字細野・岩倉があり、細野にも剣神社（祭神は織田と同じく素盞嗚命とする）があって、この細野を中心に岩倉・織田の一帯には、いま伊部の名字が飛び抜けて集中する（もっとも、大字織田には忌部の名字も若干だが居る）。日本歴史地名大系の『福井県の地名』には、伊部郷の項に、「伊部磐座神社は現丹生郡織田町岩倉の地にあった」（いまは越前町岩倉で、隣が細野）とみており、大字細野に鎮座の剣神社がこれに該当するとみる説が多い。

織田氏に話しを戻して、その平姓というのは、平資盛（重盛の子）の子という位置に先祖の親真をおく系図を後世に持つからである（源氏の足利将軍に替わる源平交替説の影響がどの程度在るのかが不明であるが）。先祖の親真は資盛の子ではないが、父祖には別説もある。

上記の「津田」系図には、親真の父を、元久元年（一二〇四）に起きた伊勢での「三日平氏の乱」

に参陣して誅された伴五家次（傔仗伴資兼の曾孫で甲賀伴氏一族。母は富田三郎平基度の娘）としており、鈴木真年もこれに基づき同様な記事を書く（『華族諸家伝』織田信敏条）。この辺の事実確認もできない。「津田」の由来は、近江国甲賀郡津田村説（「津田」系図）と蒲生郡津田庄説（『近江輿地志略』。近江八幡市南津田町）との二説がある。このうち、蒲生郡説が妥当そうであり、そうすると伴五家次との所縁も疑問か。親真の父は、京の斎部親澄ともなしがたく、普通に考えると剣神社祠官一族なのであろう。親真の母には、「蒲生三郎親長の娘で、真海阿闍梨の姪」という所伝もある（『諸系譜』第卅一冊に見える）。

ところで、近年、越前町織田の法楽寺（剣神社の東南近隣）で発見された五輪塔の一部には、「喪親真阿聖霊　正應三年庚寅二月十九日未尅」と記される。これが正しければ、「親真なる者」は正応三年（一二九〇）に死去したことになるが、小瀬甫庵著『信長記』の記事等と照合すると、親真が百歳超の享年となり、中田憲信の上記著作でも、親真（系図には「親実」と表記。法名覚性）は正元二年（一二六〇）卒、と記されるから、親真の実在性は強いものだとしても、当該五輪塔の記事自体は疑わしい。そして、法楽寺では調査を繰り返した結果、「親真ではなく親尊という人物の墓」だと判明したという（『公報えちぜん』平成二四年九月号）。だから、五輪塔の記事を「親真」としないほうが良いのだろう。

上記置文で藤原将広の「祖父」（信昌の「祖父」という見方もあるが、文書の主体が将広であるから、その観点で解すべき）とされる「道意」も、現存の系図・史料からは誰に比定されるのかは不明だが、拙見では、斯波氏に初めて仕えた常昌に比定するのが自然である。このように、織田氏の祖先・系譜を巡る諸事情には、所伝が多く、いろいろ難解である。

ここまで、各地の忌部氏について、様々に見てきたが、『古語拾遺』は、平安前期当時の忌部氏による忌部氏本位の主張だとか、同書成立時点での忌部氏における所伝、認識だとか、と受けとめたほうがよい部分もあることを十分認識する。これは、史料というものの制約・限界を考える視点と言うことではあるのだが。

二　玉作氏と鏡作氏

玉作部の系譜

玉作部は玉造部とも書き、神幣用などの勾玉・管玉・丸玉等の玉類や装飾具の製作に従事した大和朝廷の職業部である。硬玉・碧玉・水晶・ガラス等の材料に研磨を加えるので、「たますりべ」ともいう。その伴造・玉作造などに率いられ、これを中央伴造の玉作連（宗族は玉祖連《たまのや》）が管掌・支配した。玉祖連は、天武十三年（六八四）に宿祢姓を賜わる。

古代の文献等により玉作部の分布を見ると、畿内の河内・摂津・大和や、東海道の遠江・駿河・伊豆・上総・下総・武蔵・常陸や陸奥・出羽、佐渡、中国四国地方の出雲（意宇郡）・周防（佐波郡）、土佐（安芸郡）・讃岐（大内郡）など、玉類の原石を産出する地域と知られる。弥生時代以来存在した各地の玉作集団を部として組織された。『和名抄』では、玉作郷が駿河国駿河郡（木簡での記事は後述）、下総国迊瑳郡・埴生郡、土佐国安芸郡に見え、玉造郷が陸奥国の磐城郡・玉造郡に見える。陸奥の玉造郡の延喜式内社は三座あるうち、温泉神社・温泉石神社が先祖の「天湯津彦」の関連でに注目されるが、ともに大崎市鳴子温泉あたりにある。

玉祖郷の名では、河内国高安郡及び周防国佐波郡に見え、両郡にはともに式内社の玉祖神社（周防から河内へ勧請されたともいう）が鎮座する。高安郡のほうでは、御祖神社と鴨神社が現在、合祀されており（ともに式内社で、跡地が近隣にある）、近隣に服部川が流れる。ほかでは、近江の伊香郡には式内社の玉作神社があった。

玉作部の部民化の時期について、五世紀後半以降とみる見方もあるが、これは大和王権の諸制度の成立時期を遅く見る傾向とそのような立場にたつものであって、疑問が多く、王権の諸制度が整う四世紀前半頃ではないかとも考えられる。奈良県の曽我遺跡（後述）では、すでに四世紀代から玉造りがなされたとみる見方もある。

玉作連・玉作部の祖神については、天明玉命のほか、玉祖命、玉屋命、羽明玉命、櫛玉彦、豊玉命（豊珠）などと各種の名で見えるが、これらの神名は、みな天明玉命とその子孫にあたりそうである（殆どが天明玉命の異名か）。玉祖命は天孫降臨の際の五伴緒の一とされるが、この辺は疑問なことは先に書いた。玉祖氏と忌部氏は、天武十二年（六八三）にともに連姓から宿祢姓に昇格し、このとき鏡作氏は造姓から連姓に昇格した。

玉祖氏の系譜については、玉祖宿祢として、『姓氏録』の右京神別及び河内神別に掲載され、右京・河内ともに、「高御牟須比乃命の十三世孫、大荒木命（建荒木命）の後」と記される。大荒木命は佐渡国造の祖としても見えており、成務朝に「阿岐国造同祖、久志伊麻命の四世孫、大荒木直を国造に定め賜う」と記される（「国造本紀」）。この右京神別では、斎部宿祢、玉祖宿祢、忌玉作の順であげられ、河内神別では弓削宿祢、玉祖宿祢の順であげられることに留意される。佐渡では弥生・古墳時代の新穂《にいぼ》玉作遺跡（管玉製作に関連した遺跡群か）が著名で、県史跡となっている。佐渡対岸の越後国頸城郡では、田伏玉作遺跡（糸魚川市域）が著名である。

大荒木命は、神功皇后の韓地遠征にも随行したといい、長門豊浦の海岸で如意宝珠を献上した功績により玉祖の称を氏名として賜ったとの伝承がある。その後裔は、子の代に中央の玉祖宿祢の流れ（羽熊足尼の後）と地方の佐渡国造の流れ（津咋足尼の後）に分かれた。

安芸・周防の玉作部

地方の玉作部一族では、阿岐国造（安芸国造）や怒麻国造などがその流れと「国造本紀」に見えるが、武蔵国多摩郡の阿伎留《あきる》神社もこの一族が奉祀したものであり、ここから陸奥の六国造も分岐したといわれ、この辺は次項に記す。

阿岐国造は、志賀高穴穂朝（成務天皇朝）に「天湯津彦命の五世孫、飽速玉命を国造に定め賜う」と同書に記される（しかし、成務朝の人なら、「五世孫」は世代数が少なく、『神別系譜』では八世孫とする）。東国・陸奥以外では、北陸の佐渡国造（新潟県の佐渡島）と四国伊予北部の怒麻国造（野間郡。飽速玉命の孫の若弥尾命が初代）があげられる（なお、「国造本紀」に見える波久岐国造は、周防国佐波郡〔山口県域〕に考える見方もある）。

玉作部の系図では、現存する『阿岐国造家系写』（宮内庁書陵部所蔵）は、上古部分は偽作で混乱が多い。安芸国では安芸・佐伯・賀茂郡あたりが中心で、同国最大規模で古墳時代中期の三ツ城古墳や国分寺跡が賀茂郡にあり、同郡及び山県郡に賀茂郷があった。とくに鴨族の居住が知られないのに、カモの地名があることに留意される。

本州の西方に展開した玉作部の動きでは、安芸から西へ周防国佐波郡に行く流れと、南下して瀬戸内海を渡り四国の伊予に行き、更に土佐国安芸郡まで至った一派がある。また、出雲の玉作部は崇神前代の初期分岐とされる。
出雲の玉作遺跡の大半は、花仙山周辺に集中し、五〇遺跡以上ともいわれ、この地域に玉作湯神社もある。ここの玉造温泉は、少彦名命の発見と伝えられる。出雲では、古墳時代中期には花仙山から遠く離れた大原遺跡（安来市）でも碧玉・瑪瑙を使用した大規模な玉生産が行われ、平安時代まで一貫して玉作が行われたとされる。

周防国佐波郡玉祖郷に鎮座の周防一ノ宮、玉祖神社（山口県防府市大崎）についてもう少し記すと、主祭神を玉祖命とし、『延喜式』では二座とされるが、もう一神は不詳である。この不詳の一座は神主土屋家文書などでは、天鏡尊（天日神尊）とし、鏡を御霊代として日神と仰ぐ天照大神ではないかとする。創祀以来、玉祖（玉作部）氏が祭祀を司ったようで土屋家に続く（この家の系図の名を鈴木真年はあげるが、所在不明で管見に入っていない）。史料にも天平十年（七三八）の「周防国正税帳」に「祢奇（祢宜）玉作部五百背」の名が見え、平安中期、長徳四年（九九八）『今昔物語』巻十七には当社宮司の玉祖惟高の名が見える。奈良時代では姓氏がまだ「玉作部」だから、実際に河内への遷座があったかどうかはともかく、この氏の本宗は河内だとみておく。

『書紀』の景行天皇十二年条に見える筑紫巡狩のおり、周防の裟婆《さば》に行在所を設け、それが玉祖神社北方の宮城の森の地だと伝えるから、その頃に当社の起こりがあった可能性はある。なお、周防東部の周防大嶋（屋代島）にあった大嶋国造は、その祖が伯岐国造の祖と兄弟と国造本紀に見えるが、大嶋の一宮明神こと大玉根神社は玉作部の祖・大多麻流別命を祀るというから、阿岐国造の同族ないし分枝とみられる。

畿内河内の玉作部

畿内の玉作部については、系譜も含め確かめる史料が乏しいので、活動・動向の把握が難しい面もあるが、そうしたお断りのなかで記しておく。

玉作部を管掌した玉祖連氏が、畿内では玉祖宿祢として『姓氏録』の右京・河内の神別に掲載され、そのなかで玉作りの地としては河内が重視される。同国高安郡に式内社・玉祖神社（高安明神）があり、この鎮座地域（大阪府八尾市神立《こうだち》地区）が本貫と考えられる。ただ、当社は周防国佐波郡の玉祖神社（式内社、周防国一宮。山口県防府市大崎）から和銅三年（七一〇）に勧請されたと伝えて、周防を同社の総本山とするものもある。高安郡の玉祖神社の周辺では、南西近隣の千塚集落付近で玉類の半製品や原石が出土し、千塚の西北近隣の池島・福万寺遺跡（東大阪市池島町と八尾市福万寺町で恩智川を挟む）で古墳時代後期に玉造部が玉類を作ったとされ、この高安地域で玉作部が活動した痕跡がある。

ただ、移遷の問題があるので、何時からこの地に玉作部があったのかが重要であり、その移遷元にも留意される（系譜では、石上玉作部が応神朝頃に移遷か）。神立の近隣の大竹には式内社の鴨神社（鴨森明神）があり、大窪には同じく御祖神社（祭神は不詳とされるも、『大日本史神祇志』は賀茂御祖神とする）があり、江戸期には山王権現とか日吉神社と呼ばれたが、明治末期に玉祖神

玉祖神社（高安明神）＝大阪府八尾市神立

社に合祀された。

玉祖連としては、六国史などの史料にあまり現れない。『書紀』天武天皇十三年（六八四）十二月条に、玉祖連が大伴連・忌部連・尾張連・弓削連・神服部連・田目連・美濃連らとともにあげられて、合計で五十氏が宿祢を賜姓した記事がある。その後は、『三代実録』貞観九年（八六七）三月条に周防国従四位下玉祖神・三坂神が並んで従三位を授けられた記事が見えるくらいである。

「玉作」でも六国史に記事がいくつか見えるが、支族が遠江・出羽くらいしかない。

まず、『書紀』では、仁賢天皇六年是秋条に難波の玉作部鯽魚女《ふなめ》が複雑な婚姻・親族事情にある者という記事で見える。これは摂津難波の玉作部で、東成郡玉造、現在の大阪市中央区・天王寺区に玉造の地名が残る（玉造稲荷神社周辺から翡翠を含む玉類未成品が出た）。この摂津難波の玉作部については、河内高安の玉作部とは初期段階の崇神前代期に分かれたと『神別系譜』に言い（玉作部初代ともいうべき青阪玉命の子の代に分岐と記載）、玉祖道を通じて交流があったといわれる。

『続紀』では、神亀五年（七二八）四月条に、陸奥国が白河軍団を新設し、丹取軍団を玉作軍団に改めたとある。後者は玉造郡（宮城県大崎市域）に置かれた。続いて、天平宝字四年（七六〇）正月条に出羽掾正六位上玉作金弓に外従五位下を授け、これが一度無位になったものの復位して、神護景雲二年（七六八）六月条に駿河員外介に任じている。

宝亀二年（七七一）三月条には、遠江国城飼郡主帳無位の玉作部広公が、同国郡領たちなどとともに、各々が私物で窮民救済をしたことを賞され、爵人二級を賜った。

『日本後紀』弘仁二年（八一一）正月条には、河内国人従八位上玉作鯛釣に対し高道連の賜姓があり、同書の逸文（『類聚国史』）の弘仁七年（八一六）正月条に、従七位下高道連鯛釣・玉作佐比毛知らが外従五位下に昇叙と見える。『姓氏録』では、高道連を河内諸蕃にあげて、「漢高祖の男、斉の悼恵王肥の後」と記されるから、これは渡来系である。

『三代実録』では、元慶二年（八七八）条に出羽国守が最上郡擬大領伴貞道・俘魁玉作宇奈麻呂を派遣した記事がある。この一連の事件で、俘囚の深江弥加止（三門）・玉作正月麻呂（正月丸）等も見えて、俘囚を率いた夜襲で賊八十人を殺し、この軍功で翌年正月に正月麻呂は外正八位下から外従五位下に昇叙された。

河内国高安郡の玉祖宿祢氏については、平安期でも中世でも史料に殆ど見えない。平安中期、治安年間の正六位上駿河少目として玉祖宿祢安国があったといい、その後、『殿暦』『中右記』などに族人が見えており（木工少允宗長・木工允親宗など）、室町中期頃の諸家家紋を掲載する『見聞諸家紋』には、後裔の高安河内入道永隆が見える。『香川県史』によると、この者は永正七、八年（一五一〇、一一）頃に細川氏の奉行人であったとされており、その曾孫の伊賀守永之が滝川一益に討たれている。

曽我玉作遺跡の発掘

奈良県の古墳時代における玉類の出土状況をまず見ると、ホケノ山古墳や黒塚古墳といった出現期古墳の埋葬施設には、玉類は副葬されない。桜井茶臼山古墳や下池山古墳が玉類副葬の開始期に当たり、ヒスイ製勾玉に碧玉製管玉やガラス製小玉の組合せが見られる。四世紀後半には、水晶・メノウ製勾玉のほか、滑石製玉類が加わり、四世紀末から五世紀前半になると滑石製品が増加し、朝鮮半島系の金属製玉類が見られる。六世紀には金属・ガラス製玉類が中心となり、藤ノ木古墳や牧野《ばくや》古墳には一万点超の玉類が副葬される。

曽我遺跡出土の玉類と未成品（橿原考古学研究所提供）

玉作り遺跡では、玉に使用される原石の多くが奈良県では産出しないものの、四世紀後半頃から六世紀中葉頃にかけて全国最大規模の玉作りがなされたのが**曽我遺跡**（橿原市曽我町真管）である。これは、勾玉・管玉・丸玉・棗玉《なつめだま》や各種滑石製模造品を製作した工房跡であって、曽我川東岸に所在する。橿原考古学研究所により、一九八二、三年に遺跡調査がなされた。以下の部分を含め本項は、関川尚功氏などの報告をもとに記す。

中央に沼を挟んだ南北三三〇メートルの範囲から多数の遺構を検出したが、玉類の未成品・原石、砥石、木製舞錐など一千万点近い遺物（成品は僅かだという）が出土した。遺跡に埋められた勾玉管玉類はトラックに二十台分で、玉類カケラの数は億単位、勾玉・管玉は一三〇〇万個という膨大なものであった。出土の「玉類」には、弥生～古墳時代に玉作りが盛んだった出雲由来と考えられるものが多いという。

この遺跡での玉作りの最盛期は、五世紀後半で、一世紀の間くらいとみられている。玉製作用の原石では、量的には滑石が多いが、碧玉、緑色凝灰岩、瑪瑙《めのう》、翡翠《ひすい》、琥珀《こはく》など各種の原石が全国各地から運ばれており、この遺跡の特殊性を物語る。石材の産地では、紀伊の紀ノ川流域の滑石、出雲の碧玉、北陸加賀あたりの緑色凝灰岩の三つがほとんどを占め、陸奥（岩手県久慈）や下総（千葉県銚子）の琥珀、越後の新潟県糸魚川・青海の翡翠、あるいは水晶・瑪瑙等多種のものとされる。これは、本来の原石産地での玉作りから、五世紀後半～六世紀初頭ないし前半頃には大和の当地に集中したことを示している。

全国的な玉作遺跡の消滅をもたらした変革の原因について、玉研究の専門家寺村光晴氏は、六世紀の王朝交替に伴う動乱を想定する。これが妥当するのならば、その動乱とは継体天皇の登場によるものしか考えられず（安閑・宣化系統と欽明系統の二朝並立説はありえない）、その場合、曽我遺跡での玉作終了は、六世紀半ばよりも更に早い五一〇年代頃だったか。このような急変事情に因り、同遺跡に大量の未成品や原石が残されたのだろう。

この玉作り管掌者としては、当該遺跡付近の地名・神社や規模・内容等より祭祀担当の忌部氏の関与を推定する向きが多い。例えば、発掘に当たった関川氏がそうである（橿考研の『橿原市曽我遺跡調査簡報』一九八三年など）。平林章仁氏もほぼ同じで、五世紀後半に大和王権に必要な玉類を一括生産する、王権直属の専門工房として曽我遺跡を考える。そして、当該遺跡が忌部氏の本貫に近接することや、王権の玉類調達を忌部氏が管理した事情等から、王権直属工房で玉類生産にあたったのは忌部氏だとみる（『蘇我氏

天高市神社（橿原市曽我町）

の実像と葛城氏』）。

確かに、遺跡西南方約五百㍍という近隣には、大和国高市郡の式内社・太玉命神社が鎮座し、その一帯に忌部氏の本拠があった。しかし、拙見では、忌部氏説は疑問である。すなわち、大和王権のなかで玉類の製作・管理を担ったのは玉祖連であり、当該遺跡の最近隣に式内社の天高市神社（元の奉祀氏族は不明）も鎮座する。忌部氏が王権で必要な玉類の管掌を主担したのなら、大化前代の長い期間、首姓という低いカバネで過ぎたのは不自然である。だから、端的に玉祖連としたほうがよい。忌部氏自体が玉類生産にあたったことは史料に見えず、同族とみられる忌玉作氏は出雲でこの任務を負ったと考えられる。

玉祖連の系譜は、原態がよく分からない面があるが、多くの断片的な所伝から見て、少彦名神（天湯津彦）の後裔で、崇神前代に忌部氏一族から分岐した同族かと推される。先にあげた大多麻流別命が誰に当たるのかの決め手があまりなく（天湯津彦の玄孫の青阪玉命にあたるか）、それによって忌部氏から分かれたのか、その前に分かれた同族なのかが変わってくる（巻末の系図は前者の立場で推案を記しておいた）。

当該遺跡出土の原石産地が、地方忌部の分布地だというにも説得力に欠けるし、忌部は北陸には殆ど分布がないが、玉祖連なら佐渡や房総・陸奥や遠江・駿河等にも玉作部が居て、各地に玉作遺跡を残した事情もある。なお、古墳時代前期の玉造り工房跡は、奈良県内では桜井市の上ノ庄遺跡や大和高田市の磯野北遺跡で確認され、これらに玉祖連が関わったとしても、曽我遺跡が主体と考える。

そして、曽我遺跡がその役割を終えた後に、玉祖連は河内国高安郡に移遷したのではなかろうか

（高安郡での居住の歴史が、あまり古くなさそうなことを先に見た）。その移遷時期は明確になしがたいが、六世紀中葉以降であろう。ともあれ、この曽我遺跡の発見により、玉祖連は忌部氏と近い同族だという推定ができることになった。

武蔵の阿伎留神社の奉祀氏族

次ぎに、東国方面の玉作部一族の展開を見ておこう。

武蔵国多摩郡の阿伎留神社は、多西郡秋留郷松原（現・東京都あきるの市五日市）に鎮座する。いまは、大物主神を主神として、味耜高彦根神・建夷鳥命・天児屋根命を配祀するというが、これら祭神には疑問がある。『風土記稿』では味耜高彦根神だけをあげるが、これも疑問で（大山咋命の転訛か）、『地理志料』に天櫛明玉を祀るとするのが正しい（建夷鳥は武蔵国造の祖、天児屋根は武蔵に同行してきた中臣氏一族卜部の祖で、卜部は当社祠官にもあったから、それなりに祭神の意味があるが）。

宮司の阿留多伎氏は、創祀以来の家で七十数代目とされ、初代を「武蔵国造土師連男塩」とし、その氏神を祀ったのに始まると伝える。しかし、男塩は「土師連」でも、武蔵国造一族でもなく、玉作部から出たのが系譜として正しい。天保元年（一八三〇）の五日市大火により、神主宅・末社など一切が燃え尽きたとされるが、もとは上古来の系譜を伝えていたようである。いま同家では、歴代の名前だけを事績ぬき

阿岐留神社（東京都あきる野市五日市）

で伝える（鈴木真年の著『列国諸士伝』には、「武蔵国阿伎留社神主阿留多伎氏系図　玉作部」「同祝系図　卜部」と所伝の系図が見えるが、これらは現存しない。神主家では、初祖小塩からの歴代が記載の文書をもち、私はそれを見ている）。それによると、男塩以降では男柄、速男、大庭……と歴代があげられる。

鈴木真年によると、天湯津彦は玉作部の祖であり、後裔の阿岐国造の同族の小塩命が、崇神天皇朝に中臣氏の遠祖とともに武刺国多摩郡に来て、祖神天明玉命を祀ったのが阿岐留神社だという。例えば、その著『華族諸家伝』（吉田良義項）には、天児屋根命の八世（＝七世孫）、兄勝命・弟勝命兄弟が崇神天皇の御世に武蔵国に下り多摩郡に住んで阿伎留大神を斎奉したと見え、これは小塩命と同じ行動となる。真年収集の中臣氏一族の系図等も併せ総合的に考えると、兄勝・弟勝の兄弟は、その母が「玉祖連祖久志伊摩命の女、玉岐姫」であり、その縁で共に「武刺国玉県」（多摩郡）に下向し、阿伎留大神併びに大麻止乃豆神を奉祝したとされる。

阿伎留社は、『三代実録』の元慶八年（八八四）七月条には、武蔵国正五位下勲六等畔切《あきる》神に従四位下を授けたと見える。この時、同時に同国の従五位上小野神には正五位上が授けられたとあるから、これよりも重い存在であった。

中世では、十五世紀を中心に活躍した武州南一揆があり、南武蔵の在郷武士有力者が秋川流域にあった関係で、この一揆関係文書が当社に六通残る。旧西党武士の平山・小宮・川口・由比らを主導者的存在にして、あきる野市域では貴志・高尾・網野・青木らの土豪諸氏が一揆に加わったが、阿伎留社との親族関係は知られない。なお、同じあきる野市戸倉（阿伎留社の南側を流れる秋川〔多摩川の最も大きな支流〕の少し上流域で、西方近隣）には、少彦名命などを祀る三島神社があり、同一揆文書を十通伝える。近くの戸倉城を、一揆の主要構成員たる小宮憲明（畠山氏一族の出という）が築城している。

阿伎留神社の境内社には若電神社（祭神は加茂別雷神）、伊多弖神社（同、五十猛命）があり、両社は国史見在社（貞観六年〔八六五〕十二月条）である。ほかに大鳥社（同、思兼神など）・祓戸社（同、瀬織津比売）・日枝社（同、大山咋神）・占方社（同、櫛真智命で中臣祖神）などがある。境外末社の琴平神社は、あきる野市五日市入野の金比羅山（入野峰）の頂上直下の地に鎮座し、養蚕安全の神とされ、社殿の背後にある巨岩（天狗岩という磐座）が知られる。なお、若電神社の旧社地が乙津村加茂原（同市乙津あたり。戸倉の西方近隣で、秋川の更に上流域）とされ、これが『日本霊異記』に見える多磨郡鴨里かといわれる。

卜部関係では、大麻止乃豆《おおまとのつ》神を祀る神社は延喜式内社で多摩郡にあり、明治初年には武蔵御嶽神社（東京都青梅市御岳山。少彦名命も祀り、修験道の聖地。日本武尊伝承も残る）が大麻止乃豆乃天神社と称しており、これが有力論社である。稲城市大丸に鎮座の同名社（丸宮明神）も論社である。両社ともに祀る櫛真智命は、大和国十市郡の天香山坐櫛眞命神社の祭神と同体で、武乳速命（＝天児屋根命で中臣氏の祖）の父神（＝武甕槌神のこと）という。

東国・陸奥の玉作部

阿伎留神社奉祀の一族が、関東各地から陸奥方面に発展し、陸奥の阿尺国造などの諸国造を出し、陸奥各地の玉作部を出したとされる。「国造本紀」には、陸奥の阿尺国造・思太国造・伊久国造・染羽国造・信夫国造や白河国造の六国造が玉作部同族とされ、これら諸国造で現在の福島県南部から宮城県南部の地域を占める。その系譜は、同書に「阿岐国造同祖、天湯津彦の十世孫」（阿尺・思太・伊久・染羽）、あるいは「天由都彦の十一世孫」（白河）、「久志伊麻命の孫」（信夫。「孫」は後裔の義）にあたる者が成務朝に各々国造に定められたと見えるが、天湯津彦（天降天由都彦）とは温泉神少彦名神の異名とみられる。

鈴木真年によると、天湯津彦は玉作部の祖であり、崇神天皇の御世に武刺国多摩郡に来た小塩命の孫たちが陸奥に派遣され各地を開発したといい、それぞれ玉造となのる地が多い（『日本事物原始』の分国定境の項など）。ここでの記事では、先祖の天湯津彦は玉祖命の子とされる。そうすると、玉祖命が天明玉命にあたり、「天明玉命―天湯津彦」の親子は、「天津彦根命―少彦名神」の親子に相当することになる。

陸奥では、磐城郡に玉造郷があり、陸前の玉造郡には玉造郷があったし、出羽の俘囚に玉作部が見える。『鳴子町史』には、河内玉造（玉沙）、出雲玉造（瑪瑙）、陸奥玉造（石英）の日本三玉造があった、と記される。東松島市の大曲浜に玉造神社があるが、何時創祀かは押さえられず、常総から来た玉造部関係者が勧請した可能性もあるか。陸奥の玉造郡には信太郷があり、常陸国信太郡からの植民に基づく郷名かとされる（地名辞書）。

さて、小塩命とともに東国に来た兄勝・弟勝兄弟の後は中臣・卜部系統で残り、兄勝の流れは、武蔵国多摩郡にあって郡領もつとめた武蔵卜部を出し（多摩郡宮沢村〔現・昭島市〕の御嶽社祠官の市川氏は後裔か。同村に山王社）、後に伊豆卜部を分岐させ、この系統から卜部宿祢平麻呂が出た（華族吉田家の祖）。弟勝の流れは常陸や両総へ行って、鹿島神社奉祀の常陸卜部（後裔に塚原卜伝）や殖栗連・中臣鹿島連などを出した。この弟勝命の実体は、中臣連の祖・神聞勝命と同人であり、神聞勝は『常陸国風土記』に崇神朝の人で見える。

これら卜部の東国各地への分出には玉作部一族も同行し、伊豆には延喜式内社に田方郡の玉作水神社（静岡県沼津市黒瀬町にあり、祖神の玉祖命を祀る）がある。いま玉作神社と呼ばれ玉祖命・水波廼女神《みずはのめ》を祀るが、大正末期に境内が発掘され、本殿地下から玉石が三〇個発見された。同社は香貫山麓にあり、伊豆と駿河の国境一帯に玉造部が住み、駿河側の駿河郡には玉造郷があると『和名抄』に見える。平城宮跡出土木簡には、駿河郡柏原郷の小林里の戸主玉作部忍勝や同郷浮嶋里の戸主玉作部子□の戸口・玉作部足庭が、天平七年（七三五）に調として堅魚を貢進したと見える。楊原の上香貫には、玉造神社がある。『万葉集』防人歌の歌人・玉作部広目は駿河の人とされる。

常陸への移遷では、行方郡に玉造村（旧・玉造町で、現・行方市の北部。霞ヶ浦の北部東岸域）があり、『常陸國風土記』行方郡の記事には、郡の西北方に提賀《てが》里あり、里の北に香島の神子の社あり、周囲の山野は沃地だと見えるが、これが大字玉造甲の大宮神社とされる。

関係者では、上総国望陀郡の上丁玉作部国忍が『万葉集』に見えており、下総の匝瑳郡・埴生郡にも玉作郷が『和名抄』に掲載される（比定・遺名地は、各々香取郡多古町南玉造、成田市西部の玉造）。埴生郡の玉作部は、白河国造の支流と伝える（系図では「上総」と記すが、下総の同名郡も同じか）。成田市の八代玉作遺跡からは、管玉とその未製品、原石・剥片、砥石などが出土し、古墳時代前期から中期にかけての玉作遺跡と知られる。多古町南玉造の北方近隣には、側高神社（祭神は高魂命等。本社は香取市大倉）がある。

鏡作氏の系譜

玉作部に併せて、鏡作氏の祖神や系譜も考えておく。

鏡作氏（造、連姓）は、作鏡が職務の鏡作部を管掌した伴造であり、天武十二年（六八三）に造から連の賜姓をうけたが、なぜか『姓氏録』には掲載がない。大和国城下郡を主に根拠としたが、摂津国菟原郡覚美《かがみ》郷も所縁の地か。覚美郷石屋村八色岡（神戸市東灘区御影。元は御影山手の天神山）の地に綱敷天満神社があり、祭神を別雷大神・天穂日命とし、天津彦根命の子孫（凡河内国造一族か鏡作氏か）が奉斎して代々鎮祭すると社伝にいう。

『和名抄』には、大和国城下郡に鏡作・賀美・大和・三宅・黒田・室原の六郷があげられ、同郡の式内社に、大社の①鏡作坐天照御魂神社及び、小社の②鏡作伊多神社（磯城郡田原本町大字宮古と大字保津）、同③鏡作麻気神社（同町大字小阪）という**鏡作三社**が見える。

このうち、中心の①が田原本町の大字八尾にあって、中央に天照国照彦天火明命、左右に石凝姥命・天糠戸命を祀り、神体は三角縁神獣鏡とされる。『三代実録』貞観元年（八五九）正月条には、「鏡作天照御魂神」と見える。『磯城郡誌』には、祭神が「中座が天照大神で、左座は天糠戸神、右座は石凝姥《いしこりどめ》命」と記される。左右の神々は祖神で夫婦神だが、江戸時代は、「**麻気神**」が主祭神とされる。天照御魂神とは、実体が男神だが、「天火明命」の祭神名に見るように物部氏に関係が深い。麻気神は天糠戸命と同体とされ、これが麻比都祢命（天目一

鏡作坐天照御魂神社（鏡作神社）＝奈良県田原本町八尾

箇命）で、額田部連の祖神でもある。同族の近江の三上祝の系図には、崇神朝の人で大加賀美命（＝大鏡命）も見える。三上祝祖先の天御影命（＝天目一箇命）の名の「御影」は、鏡に通じる。なお、麻気神社は、越前国の丹生郡・足羽郡や丹波国船井郡、近江国高島郡（麻希神社）に同名の式内社があり、同族の分布を示唆する。

鏡作部の祖神については、『書紀』神代紀七段一書に「鏡作部遠祖天糠戸者造鏡」と見え、別の一書に「鏡作遠祖天抜戸の児、石凝戸邊所作八咫鏡」と見える。『神道大辞典』に言うように、「天糠戸・石凝姥の二神はともに鏡作の祖神」であり、二神は普通には男女だから、『古語拾遺』に言う親・子や「神祇本紀」に言う子・親より、「夫婦神」とするのが穏当である（わが国には、氏が女神を祖神とする例はない）。一に、石凝姥命が天の安河原にて鉄で鍋を造り、天津麻羅等の部人を督励して、天の香山の銅を採り天の安河の辺りで八咫鏡を造ったと伝える。

城下郡の鏡作郷の近隣には、環濠集落で有名な**唐古・鍵遺跡**がある。石製の銅鐸鋳型の破片や鞴《ふいご》などが出土し、銅鐸の技術は、祭祀形態の変更とともに銅鏡製作に使われたようである。この弥生遺跡は、鍛冶部族の一員たる物部・穂積氏に関係するとみられる。

唐古・鍵遺跡（奈良県田原本町）

記紀では、天孫降臨の五伴緒の一、石凝姥命（伊斯許理度売命。鏡作伊多神社の祭神）を鏡作連の祖神とする。この神は「トメ」の名前から見て女神だから、男神の天糠戸命が祖神で、実体は鍛冶部族祖神の天目一箇命と同神とみられる。鏡作麻気神社の祭神が、現在は麻比都祢命で、それが天目一箇命と同一視されており、鍛冶に関わる神とされる。

鏡作氏は、中田憲信編『諸系譜』第十四冊に「鏡作連」の系図が見える。始祖の石凝姥命から平安後期の惟宗兄弟の世代まで記されるも、大化前代は簡単な記事で続き、分岐諸氏は不明である（大化前代は一世代一人の直系でつなぎ、初期の支族分岐は系図に殆ど記載がなく不明だが、総合的に考えると、伊与部連・次田連や六人部連・伊福部連、更には美濃の大族、各務勝〔火明命や石凝姥を古社で祭祀〕が支族の流れかという可能性もありそうである）。

「鏡作連」の系図に拠ると、本宗の氏人は大蔵省典鋳司（鋳物所。後に宝亀五年〔七七四〕に中務省内匠寮に併合され、更には鋳物師は蔵人所に統轄）の鋳物長上や大工・小工をつとめ、奈良時代後期の鍋麻呂（俗称が天命鍋子麿）のとき、河内国丹比郡の狭山郷（日置荘。大阪狭山市池尻から堺市東区野田・美原区にかけての地）に移遷して、後裔が河内目や和泉掾などを務めた。居地の櫟本《いちもと》神社（堺市美原区真福寺に跡地あり。江戸期は八幡宮と称）は、同社の祭神は不明だが、『河内国式神私考』に言う「天押立命」が妥当か（天神立命ともいう。伊久魂命〔天照大神〕の子で、陶津耳命の父、剣根命の祖先という系譜・所伝があり、天津彦根命に当たる者か）。西隣の大保《だいほ》の広国神社（元は太井に属した）には石凝姥命・金山彦命なども祀られる。同社に合祀されるのが鍋宮大明神（烏丸大明神）であり、村民が「鍋宮」と呼び、「鍋子丸」を祀るという。これを「当地の鋳物師が座を結成し、祖神として奉斎したという」

と『大阪府の地名Ⅱ』に記される。美原区大保の鍋宮の跡地（広国神社の南方近隣。明治初に鍋宮は廃社となった）には、現在、「日本御鋳物師発祥地碑」が建てられる。

族人は、六国史に鏡作造の連賜姓くらいしか見えないが、天平十四年（七四二）十一月の「優婆塞貢進解」（正倉院文書）には、城下郡黒田郷（磯城郡田原本町黒田。八尾の西北近隣）の戸主鏡作連浄麻呂やその同族らしい同郷の鏡作首縄麻呂（戸主大市首益山の戸口）が見える。『日本霊異記』中卅三にも、聖武天皇の御世に大和国十市郡奄知村に大富豪の鏡作造があり、その娘が万久子（一に万之子）という と記され、上記の系図にも見える。

鏡作部は各地に拡散し、大和のほか伊豆国田方郡に鏡作郷があり（上記鏡作連系図には、文武朝頃に伊豆移遷の支流も記載）、摂津・美濃・甲斐・美作・安芸には、「かがみ」（覚美・香美・各務・加賀美・加賀見・加々美・加々見・香々美・香々見）などの地名が残る。

広国神社（堺市美原区大保）

丹南鋳物師と関東の天明氏

平安後・末期頃から室町前期頃まで、河内国丹南郡日置庄で、鋳物師は、梵鐘・燈籠を始め、鍋・釜等の日常雑器、様々な農機具等を作成した。その繁栄ぶりは、「大保千軒」といわれるほどの河内鋳物師の一大拠点であった。そのルーツは和銅年間の河内鋳銭司とみることができ、和銅元年（七〇八）の催鋳銭司設置をうけて翌年に設けられ、貨幣製造が行われた。堺市美原区の太井《たい》遺跡からは、奈良時代の坩堝や鞴羽口など鋳造工房や和同開珎が出土し、その近隣の余部遺跡や真福寺遺跡・日置荘遺跡も鋳物師に関連する。こうした事情から見て、大保・太井あたりが中心であったのだろう。

これら丹南鋳物師の中世の有力者には広階、丹治（多治比）、物部、大中臣、草部（草壁宿祢）、山河（山川）、河内、布忍、氷などの諸氏が梵鐘銘などの資料に見える〔註〕。その前身は、多くが渡来系の氏族かとみる向きもあるが、該当するのは広階・山河くらいで多くはない。室町中期には住吉の我孫子鋳物師（我孫子・苅田・庭井など）も勢いがあった。

〔註〕網野善彦氏の研究（「中世初期における鋳物師の存在形態」一九八二年）によると、丹南の鋳物師は、「右方燈爐作手、左方燈爐作手」に分けられ、前者は永万元年（一一六五）に蔵人所燈炉以下鉄器物供御人の番頭という地位を保証された日置荘住人の鋳物師であり、後者は仁安三年（一一六八）に広階忠光が蔵人所から惣官職に補任された蔵人所燈呂貢御人及びやがて左方に融合する東大寺鋳物師だ、とされる。

これら鋳物師のなかには、「鏡作」は端的には見えないようである。しかし、『中世鋳物師史料』には、永万元年（一一六五）に、「蔵人所小舎人惟宗兼宗が各地に住む鋳物師を支配しようとして河内国日置庄の鋳物師を中心にして燈炉以下鉄器供御人を組織した」ことが見える。このときの「惟宗兼宗」ついては、惟宗朝臣氏の兼宗という名の者と受け取られがちのようだが、「鏡作連系図」には、世代の最後に惟宗・兼宗という兄弟が見え、とくに記事がないが、これが平安後末期、十二世紀中葉の人にあたるうえ、惟宗氏は丹南の鋳物師に見えないから、鏡作氏の両人だと考えたい（鋳物師の惣家という光田家は、近世迄現在の大阪府南河内郡丹南村大保に居り、鍋宮大明神由来書等の文書を当家に伝えるから、これが鏡作氏後裔の可能性がある)。

『神別系譜』には、兼宗が嘉応元年（一一六九）に東国に下ると見え、その曾孫の兼俊が建暦三年（一二一三）に蔵人所の牒を賜う、その九世の宗次が宝徳三年（一四五一）に常陸国真壁郡田村郷（現・桜川市真壁町田）に住す、と見える。良質の砂が採れる、この筑波山北麓の地に、今も勅許御鋳物師の称号を持つ小田部家（小田部鋳造）があって、梵鐘などを製作する。

このほか、地方への移遷もありうるが、鈴木真年の『苗字尽略解』や上記鏡作連系図に拠ると、河内・武蔵の天命氏は鏡作連姓と見える。

天命では、下野国安蘇郡佐野の天明宿（栃木県佐野市の天明町・金井上町・金屋仲町などの一帯。江戸時代の日光例幣使街道の宿場町）に住み、天命・天明とも書く鋳物師集団が著名で、武蔵に来て荏原郡鵜ノ木村（都内大田区鵜の木と周辺）に一族が住んだ。延徳元年（一四八九）に下野国佐野から天明五郎右衛門光虎が武蔵の鵜ノ木村に移った際に、一族の守護神として八幡大神を祀ったのが鵜ノ木八幡神社（大田区南久が原。もと鵜ノ森明神社）の起源だと社伝にある〔註〕。同社は、もとは当地の名主である天明家の邸内社であった。

〔註〕多摩川対岸の川崎市の川崎大師駅近隣に若宮八幡宮があり、境内社に金山神社があるが、鋳物師の天明氏となんらかの所縁があったものか。同社は鉱山・鍛冶の神たる金山彦を祀り、「かなまら様」（金＋真羅）と呼ばれ、天津麻羅命（天目一箇命）の名のように男性器の形の神体が有名で、毎年四月に行われる「かなまら祭」は、知名度が高い奇祭である。

『諸系譜』所載の系図には、右馬少允鏡作光義が下野に下り芳賀郡佐野の天明町に住み、鋳物師となり、その後の天明伊賀守光信の子、五郎右衛門光康と弟が延徳元年（一四八九）に武蔵国荏原郡鵜木村に遷って、十一代で今（十九世紀前葉頃か）の五郎右衛門となり、光康の弟の帯刀義光の養子に兄の次男が入って今の平右衛門の祖だ、と記される。

十九世紀前葉の『風土記稿』巻四四の荏原郡鵜ノ木村にも関係記事があり、ほぼ同様である。すなわち、延徳元年の頃、天明伊賀という者が五、六人を率いて当地に来て原野を開発し村落をなしたが、後に小田原北条家の領地となると記す。同村の稲荷社は天明稲荷といい、名主天明五郎右衛門の持ち物であり、鵜ノ森明神社は同人の構えであり、旧家百姓の五郎右衛門は、代々名主役をつとめるが、家系を失っている。家伝では、先祖の右兵衛佐光義は、室町家の庶流だが、故ありて下野国に下り、芳賀郡佐野天明町の鋳物師天明某のもとに寄客となり、後に姓名を変え天明伊賀守光信と言ったが、その子の五郎右衛門光虎・帯刀義光の兄弟が当地に来た。今の五郎右衛門は光虎の十一代孫であり、帯刀義光は嗣子なく、兄の次男が跡を継いで村民の平右衛門がその子孫だ、と見える。

武蔵遷住の者が、光康と光虎との表記の違いがあるが（康、虎は互いに間違われやすいため、どちらが正記か不明）、系図や『武蔵風土記稿』の記事が上記社伝とほぼ合致しており、出典不明の当該系図は天明一族関係者が伝えたものか。ただ、風土記稿には天明家は系を失いと見え、室町家支流のように記される。もとの表記「天命」は、それが後に天明と変わった事情があるが、河内の狭山郷に由来した地名という所伝の是非は不明で、やや疑問がある〔註〕。下野では十五世紀中葉ごろに天明八郎次郎の活動も知られ、天明釜では、正長～天文年間（一四二八～五五）頃のものが「古天明」とされる。

〔註〕諸国に伝わる天文二二年（一五五三）三月日付の「鋳物師由緒書」には、初めて鋳物の器を用いた天児屋根命の二字をとり名とした鋳物師天命某が、平安末期の仁平年中（一一五一～五四）に鉄燈炉の逸品を近衛天皇に献上し、病気平癒への貢献を賞され、勅により天命を天明と改め、藤原姓を与えられ朝廷に在番したという経緯が記される。しかし、某の名を「家次」としたり、源三位頼政から命名されるともいい、真継家の祖におかれる御蔵民部大丞紀朝臣元弘が主体と伝えるなど、姓氏も含め、様々な意味で同書は偽書の疑いが濃い。

天正十年（一五八二）八月付の天明鋳物師にかかわる正親町天皇女房奉書写が「真継文書」にあり、戦国末期に天明の鋳物師が真継家と関係をもったとされる。江戸時代後期の「鋳物師職由緒書」（佐野市金井上町の金山神社蔵）には、河内に天明という鋳物師がいたとの記載があるとされるが、これら諸文書の信憑性は不明である。日光東照宮にある徳川将軍家の霊廟である青銅鋳物の宝塔は、三代将軍家光から九代将軍家重までが、天明鋳物師椎名伊予守一族の製作とされる。

三　弓削氏と同族諸氏

天日鷲命の後裔諸氏―弓削氏や多米氏・語部氏らの諸氏

高魂命（高皇産霊尊）の孫とされる天日鷲命（天日鷲翔矢命）の後裔諸氏は、『姓氏録』に多く記載され、主なところでは弓削宿祢、天語連、多米連・宿祢、田辺宿祢がある。

具体的な系図だと、少彦名神の後裔氏族には鳥取連、三島県主があげられるのみで、天日鷲命の後裔氏族に阿波・安房の忌部、神麻績連、倭文連、長幡部、神宮部造、美努宿祢や鳥取連（この氏のみが、両神をともに祖先としてあげる）などがあげられる。とくに安房の忌部の後裔、洲宮神社祠官小野家所蔵の「斎部宿祢本系帳」（筑波大図書館所蔵、鈴木真年などの写本あり）には、天日鷲翔矢命の子の天羽雷雄命（一云武羽槌命）の子孫として委文宿祢・美努宿祢・大椋置始連・鳥取部連の祖と記載される。

弓削連は、大山咋命が「鳴鏑を用つ神」とされたことにも関係しよう。鳴鏑は、鏑矢ともいい、空中を飛ぶ時に先端のかぶら穴に風が入って音を発するので、戦の直前の矢合せに使われたから、弓矢の神、軍の神の意でもある。香取の斎主神が「経津主神」に通じる事情もそこにある。弓削連の発生期の系譜は不明で、『姓氏録』には「高魂命の孫、天日鷲翔矢命の後」（左京・河内神別の弓削宿祢）

とだけ見える。

河内を主要拠点とする物部弓削守屋大連の系統は、蘇我馬子傘下の軍勢と河内一帯で戦い、敗れて滅亡した。それでも、物部氏に属した傍系や同族の弓削連・矢作連などは、引き続きこの地域で勢力をもった。弓削氏出身の道鏡は、最高権力者となったとき、当地（現在の中田・八尾木地区あたり）に由義宮（西京）を造築したが、その失脚とともに歴史に埋もれ、現在でも遺構は判明していない。

天羽雷雄命後裔としてあげられる四氏のうち、美努宿祢・鳥取部連は、『姓氏録』には美努連・

天日鷲翔矢命系図

天日鷲翔矢命（※阿波忌部の祖神）

- 大麻比古命（一云津咋耳命）――由布津主命（※阿波忌部の祖として系が続く）（一云阿八別彦命）
- 天白羽鳥命（一云長白羽命）――天物知命（神麻績連の祖）（※伊勢の麻績連の祖）（一云天八坂彦命）
- 天羽雷雄命（委文宿祢・大椋置始連・鳥取部連・美努宿祢等の祖〔註〕）
  一云止与波豆知命、武羽槌命
  葛城猪石岡ニ天降坐キ……（※鴨県主・葛城国造の祖に通じる）

（〔註〕天羽雷雄命の後裔に関し、「麻殖氏系譜」は鳥取部連・美努宿祢を記さず、長幡部・神宮部造を記すことに留意される）

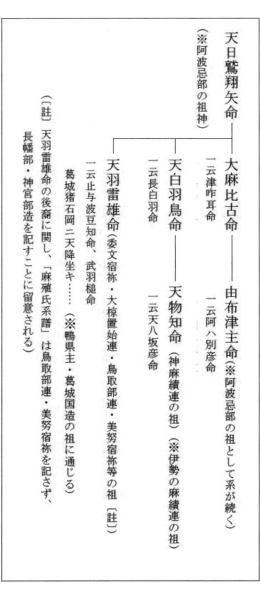

鳥取連として掲載され、ともに「角凝魂命の三世孫の天湯川田奈命（天湯河桁命）の後」とある。同書には、右京神別に神麻績連、鳥取連、三島宿祢、天語連が一連のなかで記載され、記事内容は現存版が抄本のため共通なものとは必ずしも言い難いが、これら諸氏が同族の系譜を伝えたと推されれる（このうち、鳥取連の系譜は、次の第三部で取り上げ、神麻績連も、「斎部宿祢本系帳」に天日鷲命後裔にあげるが、第三部で服部氏と関連して述べる）。

そのほか、多米連・宿祢、天語連、田辺宿祢などがあり、これら諸氏は、現存する系図史料からは分岐過程が知られないのが殆どである。ここでは、天語連だけを簡単に触れる（多米連は、本系帳の断簡が知られ、その辺を手掛かりに別途、後述する）。

天語連は、『姓氏録』右京神別にあげ、天日鷲命の後と記される。『書紀』天武十二年条に語造に連賜姓の記事があり、これと「同一氏なるべし」とみる太田亮博士の見解でよかろう。出雲に語君（語部君）・語臣・語部首・語部が見え濃密だが、「貞観儀式」大嘗会条には、語部が美濃八人、但馬七人、出雲四人、因幡三人と丹波・丹後・淡路各二人あげる。ほかの地では、尾張・飛騨・遠江・伊豆や備中（窪屋郡に語直）・長門、紀伊・阿波にも、語部が文書や遠江・但馬など各地の木簡に見える（井上辰雄氏は、上田正昭氏の見解を承け、分布が「遠江、美濃以東、出雲、備中以西に及ばない」と記し、この地域が本来的なものか）。

この分布状況から見れば、語部の役割は、「すべて大嘗祭の御饗や、水取の神事にかかわる伝承を伝えていた」と井上氏は指摘する（「古代語部考」）。古伝承を伝えた部民が、本州主要部をおさえた王権のもとで、出雲・美濃・但馬などを拠点に置かれたものか。中央で管掌した語造の系譜は、佐米宿祢を祖として、多米連の近い同族という所伝もあるが確かめがたい。

弓削氏の系譜

弓を製作する弓削部を管掌した氏族が弓削氏である。もとは高魂尊の後裔、天日鷲翔矢命（天毘和志可気流夜命）の後裔であるが、女系を通じて物部氏一族にも弓削を名乗る氏族が生じた。このように、祖先伝承や根拠地が異なる複数系統があるが、ともに物部氏と関係が深く、これを宗族的な存在として属した。『姓氏録』では四氏あげられ、天日鷲翔矢命の流れ（天神系）が左京下・河内の神別の弓削宿祢、物部氏支族が左京神別上の弓削宿祢であり、残る一氏がなぜか「地祇」に分類され、これが左京神別下の弓削宿祢である。この氏は、天押穂根命が御手を洗ったことで水中に化生した神、「爾伎都麻《にきつま》」に出自するとの変わった系譜伝承を伝えるが、ニキツマ神は天津彦根命（天日鷲命の父）のことかとみられ、天日鷲命の流れの氏であろう。「国造本紀」には、長門にあった穴門国造の祖が「爾伎都美命」という名で記されており、天津彦根命の後裔で三上祝一族から出た。

弓削部の総領的伴造として弓削連氏は、**河内国若江郡弓削郷**（大阪府八尾市弓削町あたり）に本拠をおいた。このため、弓削氏は軍事・警察部族たる物部氏の本拠に近く居り、職掌からも近い関係にあった。弓矢として関連のある矢作を担当する矢作氏も河内の近隣にあり、系譜

八尾市東弓削の弓削神社（東弓削社）＝八尾市東弓削町

上からはそう見えにくいが、同族であったとみられる。

　東弓削に鎮座する「弓削神社」は、弓削氏の祖神である天日鷲翔矢命と、祖神らしき「弥加布都神・比古佐自布都神」の二座を祀る延喜式内大社で、河内国でも枚岡社、恩智社に次ぐ三指目に数えられた。上記二神に共通する「布都（フツ）」は、阿波忌部が奉祀したとみられる阿波国阿波郡鎮座の式内社・建布都神社（徳島県阿波市の市場町香美、土成町郡などに論社）の神社名や矢作連等の祖神・経津主命に通じる。

　弓削神社は、八尾市に鎮座し、江戸時代の頃には、旧大和川（現在はＪＲ大和路線の線路）を挟さんで東西二か所（八尾市の東弓削と弓削。東側が旧若江郡、西側が旧志紀郡）に社殿を持ち、二つの社殿を合わせる。東弓削社、西弓削社と区別されるが、西社の境内右手には、延命水という古井戸があり、旱魃にも涌水が枯れなかったといわれる。

　弓削氏の活動事績は六国史に多少見えるが、最も早いのは綏靖即位前紀であり、長兄の手研耳命に逆らった綏靖天皇の即位に助力した**弓部稚彦**が見える。当該記事には、神渟名川耳尊（即位前の綏靖）が、「弓部稚彦に弓を、倭鍛冶天津真浦《あまつまら》に鏃を、矢部に箭を、各々造らしめ、この弓矢で異母兄の手研耳命を射殺し皇位についた」と見える。

弓削神社（西弓削社）＝八尾市弓削町

この「稚彦」が弓削氏の初祖と推され、系譜は不明だが、世代的に考えると、「斎部宿祢本系帳」に由布津主命の次男であげる伊那佐比古命に相当しそうである。東弓削の弓削神社の祭神の「弥加布都神・比古佐自布都神」がその父祖とみられ、名の「布都」（フツで、経津主神に通じる）の共有に留意され、その場合には、後者の「比古佐自布都神」（一に比古左自彦命）は伊那佐比古かその父にあたるものか。阿波国阿波郡には式内社・建布都神社（阿波市市場町香美郷社本）があって、弓削連の祖は阿波忌部の祖と重なる。阿波国府付近に名東郡矢野邑があり、祖谷山系に矢筈山もある。

鈴木真年採集の「弓削宿祢」系図では、上記の稚彦以降は、歴代が長く続いている。

次に見えるのが、『書紀』雄略九年条に見える弓削連豊穂である。凡河内直香賜が罪を犯して逃亡したのを追跡し、捕らえて斬ったとある。更に、六世紀頃の弓削倭古、持統朝の弓削元寶児が氏人とされる。『旧事本紀』天孫本紀では、物部尾輿が弓削氏の倭古連の娘、阿佐姫と加波流姫の姉妹を妻とし、阿佐姫の所生の守屋は弓削大連と称したと見える。『書紀』でも、守屋は随所で物部弓削守屋大連と呼ばれる。弓削元寶児は、『書紀』持統四年（六九〇）十月条に見えて、白村江戦で唐の捕虜

由義宮の跡と伝える由義神社（八尾市八尾木北）

となり、後に帰国したとある。多く「元寶の児」と理解されるが、これは誤りで、系図には「元実古連」と見える（すなわち、「元寶児」という一人の名で、「元實児」の誤記か。北野本では「實」と記される）。

弓削氏嫡流は天武朝において宿祢を賜姓した。奈良時代には氏寺の弓削寺もあって、称徳天皇が由義宮（宮跡に鎮座する八尾市八尾木の産土神が由義神社）ともども参拝したが、今はなく、寺の位置も不明である。由義神社の祭神は素戔嗚尊・少彦名命とされる。

天平宝字六〜八年に河内国渋川郡加美郷の戸主弓削宿祢広足が見え、その戸人に舎人となった伯麻呂がいる（大日本古文書）。系図に従八位上渋川郡領と見える本作の一族か。本作の従兄・従六位上主馬首美並の子の兵庫允藤生が左京四条に貫したとある。

この藤生の子の美濃介船守の曾孫が秋佐である。平安中期、仁和元年（八八五）に備中権介弓削宿祢秋佐が『類聚符宣抄』巻八に見え、『類聚三代格』にも寛平元年（八八九）に採備中国銅使前権介と見える。秋佐の再従兄弟の峯継の後裔が、遠江で根付いていく。

平安中期の長徳三年（九九七）六月に若江郡住人で弓削重忠が見え、美努兼倫に訴えられたと「北山抄裏文書」にあるから、この頃まで後裔が当地に残った。

天孫系物部流を称した弓削氏

『姓氏録』では、左京の弓削宿祢が「石上同祖」と記され、物部氏の一族である。

物部守屋が母姓に因み物部弓削大連と称して以降、その子孫が弓削氏を称したとされるが、実際のところ、守屋大連の後裔が後まで残ったのかは確認しがたい。この系統に属するという氏人には、奈良後期の僧・道鏡、その弟・弓削浄人の一族がいた。

孝謙上皇が天平宝字八年（七六四）に出した詔では、道鏡が先祖の「大臣」の地位を望んでいるから退けよと言われたという箇所がある。当該「大臣」は大連物部守屋のこととされる。河内の弓削氏の一部が物部守屋の子孫だとみられて、弓削櫛麻呂の子が道鏡だとする系図が残る。なお、道鏡を天智皇孫とするのは誤りで、太田亮博士もそう言う。

『書紀』によれば、物部守屋が滅亡したとき、守屋の子は逃げ散り、奴婢の半数と宅は四天王寺に与えられた。十世紀頃成立と思われる『四天王寺古縁起』にその内容が記され、領地の中に弓削なる地名があり、守屋の子孫従類が弓削五村に住んだとある。これも守屋の子孫が弓削氏に連なるという説を傍証する。

天平宝字八年（七六四）には恵美押勝（藤原仲麻呂）の乱で太政大臣藤原仲麻呂が誅され、孝謙上皇（称徳天皇）の信任を得た道鏡が太政大臣禅師に任じ、その翌年には法王となった。道鏡の後ろ盾で、弟の浄人が八年間で従二位大納言・衛門督にまで昇進するなど、兄弟近親は著しく優遇され、貴族たる五位以上の者は一族で男女合わせ十人にも達した。これに加え、道鏡が僧侶ながら政務で権勢への反感もあり、藤原氏らの不満が高まった。

カバネ（姓）は、それまで連であったが、道鏡の近親浄人らがまず宿祢姓、次いで弓削御浄朝臣姓となり、その他一族は弓削朝臣（牛養などで、従兄弟くらいか）、弓削宿祢を賜った。道鏡の失脚とともに、姓は元の連などに戻され、薩摩など一部が弓削宿祢のまま五位にとどまって官職を歴任したが、次代以降にはつながらない。道鏡・弓削浄人兄弟は河内国若江郡の人で、従兄弟に牛養（従五位上近衛少将越前助）や薩摩などがいた。法相六祖の一人とされる大僧正玄賓は弓削氏の出で、牛養の弟だと系図に見える。系図には見えないが、弓削宿祢塩麻呂は、正史に弓削御浄朝臣で表記される者のうちの一人であり（ほかに、秋麻呂、美努久女、乙美努久美）、道鏡・浄人の兄弟とみられるが、道鏡左遷後も弓削宿祢姓で官人に残り、従五位上の官位で桓武朝の延暦年間に造東大寺次官や左京亮を歴任した。

弓削氏は河内国内で広く分布した（物部系かどうかの判別はしがたい）。天平宝字八年（七六四）に渋川郡加美郷に戸主弓削広足、戸口の同伯麻呂がおり、神護景雲三年（七六九）十月に称徳天皇が田租免の恩恵を与えた（大県・若江郡が全免、安宿・志紀郡が半免）。

神護景雲四年（七七〇）八月四日に称徳天皇が崩御すると、葬礼の後の同月廿一日、道鏡は造下野薬師寺別当として下野国へ左遷され、下向し、赴任先で没した。道鏡死去の報は、宝亀三年（七七二）四月に下野国から言上された。なお、道鏡の子に下野関係の三男子をあげる系図（藤原秀郷の母系の先祖）もあるが、一年半ほどの同国滞在の僧職では無理な話である。道鏡は、この配流的な処遇のほかは、長年の功労により刑罰をうけなかったが、弟・弓削浄人と息子の広方・広田・広津の合計四名が捕えられて、土佐国に配流された。後に、天応元年（七八一）になって許されて本貫に戻るも、入京は禁止された。

また、九世紀後半の播磨国飾磨郡出身（後、河内、次いで右京に移貫）の陰陽師で陰陽頭まで昇った弓削宿祢是雄も、饒速日命後裔と六国史に見え、系図では、守屋大連の子として四天王寺家人にされたという弓削忍人の子孫とされる。是雄の姓は、先祖が庚午年籍で連姓を負い、元慶元年（八七七）に宿祢姓を賜与された。子孫は陰陽道の官人として更に続いたが、十一世紀後葉に女縁で伊勢国菴芸郡の稲生明神（式内社の伊奈富神社）の神主家となって稲生氏で続き、支族は伊勢国司北畠氏に属した。

吉備弓削部と後裔

備前に、物部氏が関係する石上布都魂神社があり、素戔嗚尊が八岐大蛇を斬ったという十握剣を収める。この近隣や美作には、吉備氏とともに吉備平定に当たったと所伝をもつ諸豪族と後裔がいた。**吉備弓削部**の祖として、系図には速古が崇神前代に見え、吉備平定時に吉備津彦に随行して到来したものか。これに関連して、美作国久米郡弓削郷（現・岡山県久米郡久米南町の上・下弓削）の地があり、同郷には厨神社が鎮座し、宇気母智命を主祭神に言代主命等を配祀し、境内社に弓削天満宮があり、同郷に隣接して賀茂郷がある。

『書紀』雄略天皇七年八月条に舎人の吉備弓削部虚空《おおそら》が見える。同じ久米郡美咲町（久米南町の北隣）の本山寺を天永元年（一一一〇）に開いた人物として、弓削師古が見え、その菩提寺として久米南町の蓮久寺が建立されたと伝わる。吉備では、備中国賀夜郡葦守郷三井里に、天平十一年（七三九）の弓削部連田道が見える（「備中国大税負死亡人帳」）。備前・美作には弓削が多くあり、これらは吉備弓削部の後か。

吉備弓削部の後裔は不明だが、**美作菅家党**（菅党。菅原道真後裔と称）につながる可能性がある（現伝の系図は混乱・錯綜が多く、原態把握が困難な面もある）。勝田・久米郡など中世の美作各地に繁衍して有元（本宗的存在）・植月・鷹取・福光など多くの諸氏を出した。一族は勝田郡奈義町の三穂神社を奉斎し（事代主神が祭神も、実体は少彦名神〔天辞代主命〕か）、三穂太郎満佐が祖先という。植月氏の日吉神社奉祀もある。一族の居住地域には弓削郷・賀茂郷（加茂）や粟井（当初は有元氏居城）の地名も見える。菅家党からは弓削氏も出し、久米郡の原田氏や菅納《かんの》氏（菅直人元総理の祖系。一に漆間氏の流れという）が弓削庄の国人を率いた位置にもあった。原田氏の支流が尾張国海東郡へ移遷して、前田利家を出した。

各地の弓削部

河内国若江郡や吉備のほか、各地に「弓削」の地名はかなり見え、主な地をあげると、

①京都：京都府京都市右京区京北上弓削町・下弓削町は平安時代から史料に見える。

②近江国：蒲生郡（蒲生郡竜王町）の弓削は江戸期から、浅井郡の弓削（長浜市弓削町）も安土桃山期から史料に見える。浅井氏重臣に弓削氏が見え、高島郡に弓削神社がある。

③伊勢国菴芸郡：三重県鈴鹿市弓削の地名は江戸期から見える。弓削連後裔の稲生氏などの分布があり、東隣の美濃国でも各務郡に弓削田庄が見える。

④遠江国佐野郡弓削庄・弓削村：静岡県掛川市遊家《ゆけ》あたり。平安後期頃からの地名か。氏神が神明山王神社という。当地の山崎氏は、弓削氏の後裔で上垂木の天櫻天王社（現・雨櫻神社）の神職を継いだと伝える。

⑤駿河国：天平七年（七三五）に駿河郡宇良郷榎浦里の戸主弓削部首が荒堅魚を調として貢進した（平城宮出土木簡）。

⑥甲斐国八代郡市川郡の式内社に弓削神社（西八代郡市川三郷町市川大門弓削）があり、境内の白紙社は天日鷲神・津咋見神を祀る。大宝二年（七〇二）二月紀に同国が梓弓五百張を献じたと見える。靫部を大伴連の遠祖武日命に賜うと伝えることに因む。

⑦下総国海上郡城内郷に戸主大弓削刀良などが見える。上総の玉前神社の祠官家に弓削氏がある（『姓氏家系大辞典』）。常陸国茨城郡竹原弓削名は在庁関係か。

⑧出雲国：天平十一年（七三九）の「大税賑給歴名帳」に出雲郡の弓削部首鳥女、波如里の弓削部袁美奈売・戸主弓削部鳥麻呂、漆沼郷深江里に弓削部首吉事が見える。
⑨長門国大津郷の弓削部小人：天平二年（七三〇）に長登銅山で銅の製錬作業に従事か。
⑩周防国大嶋郡屋代里の弓削部山村：和銅・霊亀年間に調として塩三斗を貢進した。
⑪伊予国越智郡の弓削御庄：愛媛県越智郡上島町の弓削島で弓削神社（濱戸宮）があり、陰陽石もある。弓削部の居住に因ると伝えるが、創祀は具体的には不明で、十四世紀以降に見え、天日鷲主命等を祀る。同郡には今治市朝倉に矢矧神社もある。
⑫筑後国御井郡に弓削郷：福岡県久留米市北野町上弓削。下弓削川もある。平安時代から見える地名で、戦国時代の筑紫氏の家臣に弓削氏あり。

現在でも、弓削の苗字は、上記と関連して、次の地域に多い。滋賀県（長浜市の東柳野や下八木）、千葉県（香取市佐原）、兵庫県（加古川市平荘町西山）、岡山県（浅口市佐方）、福岡県（八女郡広川町太田）、宮崎県（小林市東麓や東諸県郡国富町本庄。『日向記』に弓削氏が見える）。

中世では、美濃や三河に弓削氏後裔と称するものがあり、松平氏家臣の荻生氏や平岩・長坂氏があげられる。『寛政重脩諸家譜』には守屋大臣の後とするが、鈴木真年は陰陽頭弓削是雄の後と記す。建武頃に碧海郡に住む上野右衛門尉物部熈氏（一に照氏）を祖として、後に額田郡へ移遷したと伝える。拙見では、三河の弓削氏は物部系ではなく、天神系で、遠江弓削氏の支流の可能性もある。近江国浅井郡へも遠江弓削氏から分かれたか。

多米氏の職務と系譜

天日鷲命の後裔と称する諸氏のうち、弓削氏以外は系譜が断片的で、あまり具体的に知られない。そのうち史料に最も現れるのが多米氏で、朝臣姓も賜るから、これに触れる。

成務天皇の代に小長田が炊職となり、炊飯を担当して食物の総称の味物により多米連の姓氏を称したと伝える（一に成務朝の人の名は意保止足尼）。すなわち、食物の美称「タメツモノ」に、「タメ」氏の名が由来し、田目とも表記される。宮中の食膳とくに炊飯を長く職掌とし、多米部を管掌した。「多米宿祢本系帳」が『政事要略』廿六巻に断片的に逸文が記載されるが、祖・天日鷲命と小長田との間の系譜が知られず、天日鷲命の諸子のどの系統かが不明である。小長田が天日鷲命の「四世孫」というのも世代数が少なすぎ、その中間に誰かの名（例えば、意保止命）が欠落した可能性がある（『神別系譜』に系譜が見えるが、整合的な理解が難しい）。

上記『政事要略』所引記事によれば、小長田は大炊の職のほか、御田の職（御県・屯倉に関連か）にも任じ、天皇延命の呪術である御贖《みあか》（忌部に関連か）にも関わったという。多米氏が摂津・河内に分布したと『姓氏録』にあるから（摂津・河内、左京〔ともに連姓〕及び右京・大和〔ともに宿祢姓〕の神別に記載）、「御田の職」に関連して併せ考えると、本宗が大炊寮に勤仕し右京に居たとしても、本来の出自は、摂津の三嶋県主や河内の三野県主（後述）との近い縁由が考えられる。とくに、平安中期の長徳三年（九九七）にも河内国若江郡に多米清忠がおり、美努兼倫に訴えられた（「北山抄裏文書」）から、河内のほうが重視される。高安郡に三宅郷があると『和名抄』に見え、この辺は三野県主の領域とみられる。

『政事要略』所引の『姓氏録』逸文には、「小長田命の六世孫、三枝連の男の倭古連の後」で、天武十三年に宿祢姓を賜ったと見える。この譜文のうち小長田命と三枝連との間の「六世孫」は、天武時賜姓者が倭古連だとしたら、世代が三世代ほど少ない。皇極朝の田目連（欠名）は、蘇我入鹿による上宮王家襲撃の際には、山背大兄王に従い、女とともに生駒山中に逃れたという（この欠名の者は世代的に三枝連に当たるか）。用明天皇の長子田目皇子でも「タメ」は知られるから、多米氏は用明天皇の系統に仕えた事情があったか。

奈良時代では、民部少録正六位上多米宿祢常人が、宝亀八年（七七七）七月の「民部省牒」に見える。平城宮出土木簡には多米宿祢嶋足が見え、他数名とともに歴名で記録され、後末期の木簡にも春宮坊主膳監の官人で多米県麻呂の名が見える。地方では、天平宝字五年（七六一）十一月の「家地売券」に山城国宇治郡大国郷郷長で多米連小林が見え、翌六年正月には出雲国秋鹿郡大野郷の戸主多米龍手、戸口多米牛手が見える（「正倉院文書」）。このほか、奈良・平安時代の讃岐・豊後に多米氏が史料に見える。

六国史には氏人はあまり見えないが、延暦七年（七八八）六月紀に外正八位上多米連福雄が貢献により外従五位下に叙せられた。天長七年（八三〇）四月には大和国女孺多米宿祢刀自女が叙位の選に入った（『類聚国史』四〇采女、『日本後紀』）。更に、『三代実録』貞観二年（八六〇）四月条にに大外記正六位上多米宿祢弟益が見え、同年十一月に外従五位下に叙し、翌三年（八六一）正月に山城介に、後に下野権介になった。その後では、仁和三年（八八七）五月条に大炊寮掌多米貞成の名が見える。

平安中期では、大外記安芸守従五位下の多米国定、ほぼ同時期の左大史和泉守や阿波守・備中守で道長家司もつとめた国平は、ともに朝臣姓で見えるから、兄弟で、上記弟益の後裔か。この二人は『小右記』などに見え、十一世紀初頭前後に活動した。**多米国平**は、「醍醐寺要書」の永祚二年(九九〇)十二月に「正五位下行左大史多米宿祢国平」とあり、『類聚符宣抄』巻七、正暦二年(九九一)五月付文書には「左大史多米朝臣」と見えるから、この間に朝臣賜姓があり、後に正四位下まで昇った。五位で出羽守に任じた多米国隆も『小右記』に見え、活動時期がすこし遅れるが、国平の近親か(おそらくは子か)。

その後、『中右記』天治二年(一一二五)八月条の記事に炊部司の長官正六位上多米連成清の名が見え、この時期まで炊部に仕えた。その子孫らしき官人が室町前期まで見え、嘉慶元年(一三八七)正月に「安芸大掾多米秋富(大舎人、散位労)」が(『実冬公記』)、応永卅三年(一四二六)三月に「大和国権大掾正六位上多米連富吉」が見える(『薩戒記』)。

地方では、鎌倉期の文治元年(一一八五)十二月に、太神宮御領大橋御薗司多米正富が見える(「醍醐寺文書」)。大橋御薗は伊勢国度会郡にあった。

多米の地名は、『和名抄』では三河国八名郡多米郷(豊橋市多米町)だけで、この地の多米部□(麿カ)が和銅六年(七一三)庸米を貢進した(平城宮出土木簡)。大宝二年の「筑前国嶋郡川辺里戸籍」にも多米部多々祢売が見える。このほか、東海道の静岡県浜松市、同県周智郡森町にも多米の地名があり、森町に多米の名字が多い。北条早雲に随従し関東に行った多米権兵衛元益は、後北条氏草創の重臣の一人とされる。三河国八名郡多米郷の人で伊勢平氏の鷲尾氏の流れを汲むというが、実際には古族末裔か。子の周防守元興が北条氏綱に仕えて武州久良岐郡青木(横浜市神奈川区高島台)の城主となり、後北条氏七家老の一家(御由緒衆)に数えられ、一族が重んじられた。その子に周防守元忠がおり、北条氏康に属して黒備えを任されたという。

第三部

三島県主・鳥取造と伊豆国造・服部氏

一　三島県主と鳥取氏

矢に変身した神による懐胎伝承が摂津にも残り、それが三島溝咋耳命の娘とされる玉依姫である。三島溝咋耳は、摂津の三島地方を領域とした三嶋県主の祖神の名としてふさわしいが、その名が同氏の祖神としてあげられるわけでもない。ここでは、「三嶋、三島」（本書では主に「三島」で表示する）に関わる氏族や神社を検討し、併せて同族の三野県主なども見ていく。

三島県主とその後裔

三島溝咋耳命は、三嶋湟咋、三島溝橛耳神とも書かれ、その男系子孫と伝えるのは、「国造本紀」に見える土佐の都佐《とさ》国造くらいである。そこには、成務朝に「長阿比古同祖、三嶋溝杭命の九世孫、小立足尼を国造と定める」と見えるが、実はこの系譜には途中に女系が入ってか、都佐国造は男系では三輪氏同族となることに注意される。

「三島」という地名は、摂津国三島郡（後に島上・島下両郡となり、現在の大阪府北部）にあたる。『延喜式』神名帳には、式内社として三島鴨神社（高槻市三島江に鎮座）や溝咋神社（同、茨木市五十鈴町）が掲載され、淀川中流北岸部の支流（芥川、安威川）流域を本拠とした氏族の遠祖とされる。溝咋神社では、主祭神を玉櫛媛（五十鈴媛の母）・媛蹈鞴五十鈴媛（神武天皇の皇后）とされ、相殿に溝咋耳命（玉櫛媛の父）や天日方奇日方命（五十鈴媛の兄で、三輪氏の祖）などを祀る。

古代三島地方を治めたのが三島県主である。県主一族の墳墓とみられる**弁天山古墳群**が高槻市南平台（奈佐原丘陵）にあり、茨木市総持寺北部には三島丘があって、このあたり一帯が本拠とみられる。弁天山古墳群は古墳時代前期の古墳で、古い方から岡本山古墳（全長一二〇メートル）、弁天山古墳（同、一〇〇メートル）、弁天山C一号墳（同、七三メートル）と続く。

岡本山の墳形は、箸墓古墳と同じくバチ形前方部をもち、壷形埴輪の破片らしきものが出た。弁天山C一号からは、斜縁神獣鏡一面、波文帯三神三獣鏡に属する三角縁神獣鏡が一面、四獣鏡一面のほか、車輪石、石釧や玉類・銅鏃や鉄刀等鉄製武器などが出土した。その築造時期は、墳丘形状・銅鏡の状況や三島最古の埴輪の存在等から、四世紀中葉頃とみられるが、既に消滅した。これら三古墳に続いては、平野部に降りて中期古墳で八、九十メートル台の郡家車塚古墳、前塚古墳が同系列とされる。奈佐原丘陵西支脈の先端尾根上に築かれた闘鶏山古墳（全長約八六メートルの前方後円墳）

三島溝咋神社（大阪府茨木市五十鈴町）

も最近知られ、三角縁神獣鏡二面、方格規矩鏡一面、碧玉製の腕飾類・紡錘車の副葬品があり、四世紀中葉頃の古墳とみられる。

三島県主の後となる三島宿祢氏は、『姓氏録』右京神別にあげられる。そこでは、天神の部に「神魂命十六世孫建日穂命之後也」と記されて、系譜所伝に三島溝咋耳の名は見えない。三島宿祢の後裔は、養子で入った紀朝臣姓を称し、紀氏一族として中央官人（御厨子所預）に残るため、上古の部分はごく簡略ではあるが、系図が残される。

三島県主の系図によると、「角凝魂命―伊佐布魂命―□―天湯河桁命―少彦根命―建日穂命―波留伎別命…（七代略）…活祢（応神朝）―市来田―大背―古米―田作―飯粒……」と見える。ここでは、安房忌部の系図に見える角凝魂命・伊佐布魂命を上祖にあげ、鳥取造の祖とされる天湯河桁命が遠祖であり、島下郡には「鳥養村」（現・摂津市鳥飼各町で、淀川北岸部）や右馬寮に属した「鳥養牧」の地名もある。

天湯河桁命の孫とされる建日穂命が三島県主の始祖に位置づけられ、『姓氏録』の記事と符合する。建日穂命は建日別命の又名とされ、三島県主の祖というが、記紀にはその辺が見えない。ところで、駿河国安倍郡の式内社・建穂神社が服織村の建穂（羽鳥の近隣。現・静岡市葵区建穂）に鎮座する。元は藁科川に近い羽鳥の明神森に鎮座したといい、『式内社調査報告』では羽鳥の宮は当社の里宮だと記す。これら諸事情から見て、建日穂命は服部連の祖にもあたりそうである。そうすると、伊豆国造とも同族で、この神は天白羽鳥命と同神かとみられる。伊豆国造一族は、三島大社を永く奉斎した（後述）。

系図で建日穂命の子にあげる波留伎別命が、年代的に神武朝ごろの人とみられるが、その後の七世代が省略されるので、その間に鳥取部造や三野県主などが分岐したのだろうが、不明である。阿波忌部の祖・大麻比古は津咋耳命ともいい、三島溝咋耳命（少彦名神）の子で、三島県主の祖・建日穂命にもあたるかもしれないが、判じがたい。

上掲系図の最後に見える三島県主飯粒《いいぼ》は、『書紀』の安閑天皇元年（五三〇年代半ば頃にあたるか）閏十二月条に見える。飯粒は、三嶋へ行幸してきた天皇から良田についての諮問を受けて誠意をもって応答し、上御野・下御野と上桑原・下桑原（現・茨木市桑原あたり）に及ぶ竹村《たかふ》の土地四十町を天皇に献上した。そこで詔を賜って、県主飯粒は喜び、息子の鳥樹を天皇に随行してきた大伴金村の従者に献じた、と見える。「上御野・下御野」の地は、摂津国西成郡三野郷（現・大阪市西淀川区姫島町・御幣島町一帯か）にあたるかとみる説もあるが、上記の桑原付近とみる説（『大阪府の地名』）もある。

三島氏の奈良時代の動向では、神護景雲三年（七六九）二月に三島県主広調《ひろつき》らが、同四年七月には一族の宗麻呂が、それぞれ宿祢姓を賜与された。天平宝字二年（七五八）の「東寺写経所解」には、経師として従八位上三島百兄、大初位上三島岡麿、大初位上三島鹿養、白丁三島子公、同三島老人、及び題師に内記正六位下三島宗麿が見える。系図には、岡麿が三島宗麿の従兄弟と見えるから、残りの者もこれくらいの一族なのであろう。その後も、これら一族の手による写経文書が『寧楽遺文』に多く見える。

この広調の流れが三島氏本宗として後まで続き、貞観十二年（八七〇）四月に牧主料兼擬大領三島県主宗人、天暦四年（九五〇）六月の田地売買券に大領従七位下三島宿祢・少頭従八位下三島宿祢（ともに欠名）が郡判で『平安遺文』『朝野群載』に見える。現存系図では、平安前期・中期の歴代が略されていて、これらの位置づけは不明である。広調の子の広宅（延暦年間に叙位が二度、六国史に見える）の後から七代が省略され、広宅の八世孫、久守の子が大炊頭三島宿祢久頼（『小右記』等に主殿属などで見える）であり、その子の大炊頭久任が従四位上紀朝臣頼任（中納言紀長谷雄の五世孫）の養子になって紀姓に改めた。紀久任の子孫は二、三流に分かれ、御厨子預などの官職に任じてその後も続いた。

三野県主とその後裔

三島県主の同族では、河内国若江郡に**三野県主**が居た。その本拠は、若江郡上之島村（現・大阪府八尾市上之島町南）に鎮座する御野県主神社あたりとなる。同社は、式内社で、三野県主一族の祖神、角凝魂命・天湯川田奈命を祀る。天湯河桁命は、角凝魂命の三世孫とされ、鳥取造の祖としても名前があがる。かつて美努村、三野郷と呼ばれたこの地一帯には、古代天皇家の直轄地たる三野県がおかれた。三野県主氏はこの県の管掌氏族で、天武十三年（六八四）に連姓を賜った。その後裔となる美努連が『姓氏録』河内神別にあげられており、摂津神別の竹原の記事「角凝魂命の男、伊佐布魂命の後」に続けて、「同神四世孫、天川田奈命の後」と系譜が見える。

従って、三野県主氏の系譜は、鳥取造・三島県主の同族となる。この氏の版図は、玉串川の流域の御野県主神社及び隣接の

御野県主神社（大阪府八尾市上之島町南）

河内郡英多郷を中心にして、全盛期には高安郡、渋川郡、大県郡などもその勢力圏にあった模様である。大県郡には鳥取郷・鳥坂郷があり、天湯川田神社が鎮座する。三野県主から鳥取造が出たのか、あるいはその逆かは不明だが、両者が同族だとみる説はほかにも見える。

県主一族の墳墓とみられるものに、八尾市の高安地区北部（楽音寺、大竹、神立地区あたり）にある楽音寺・大竹古墳群があげられる。古墳時代の前期から中期の四、五世紀において、この地域に巨大な勢力を持つ氏族が築造したとされる。前期古墳の西の山古墳（全長五五メートルで、三角縁神獣鏡・勾玉など玉類や鉄剣が出土。西側脇に熊野神社が鎮座）・向山古墳などや、中期古墳の心合寺山《しおんじやま》古墳・鏡塚古墳、後期古墳の愛宕塚（神立地区。巨大な石室をもつ横穴式円墳）などがある。そのうち、最大規模の**心合寺山古墳**は、大阪府八尾市大竹にあって、三段築成で全長約一六〇メートルで中河内最大の規模とされる。西側のくびれ部には「造出し」（方壇状の部分）があり、古墳時代中期の築造とみられる。円筒埴輪・器財埴輪・形象埴輪のほか、キ鳳鏡・玉類、甲冑・鉄製刀剣・鉄斧などの出土がある。

河内の三野県主については、三島県主より早く、雄略天皇崩御後の星川皇子の乱の時に『書紀』清寧即位前紀に見える。この乱に与した皇子の「資人」（舎人、従者）、三野県主小根から命乞いがなされ、難波来目邑を大伴室屋大連へ贖罪として献上した伝承が記される。このときの救命により、この流れも後へ継承された。

後裔の美努連一族では、律令時代は有能な学術・外交官僚として活動が見える。八世紀以降では、**美努連岡麻呂**（岡万）が第七次遣唐使の一員となり、従五位下主殿寮長になった。その六七歳での死去の二年後、天平二年（七三〇）の銅製墓碑が、明治期に奈良県生駒市青山台から出た。美努連浄麻呂もほぼ同じ八世紀前葉の官人で、その叙爵は岡麻呂よりも十一年早い、慶雲二年（七〇五）

のことである。翌慶雲三年には遣新羅大使になってその翌年に帰国し、和銅元年（七〇八）に遠江守に任じた。後に、大学博士にもなってわが国最初の漢詩集『懐風藻』に見え、一首を載せる。

このほか、『続日本紀』宝亀元年（七七〇）四月条には、外従五位下美努連財刀自及び正八位上矢作連辛国に宿祢姓を賜うも、歳月をあまり経ずに本姓に戻された。天平勝宝四年（七五二）の「造東大寺司解」（正倉院文書）等に「主典従七位下美努連奥万呂」が見えて、「判官外従五位下美努宿祢奥麻呂」となり、天平宝字二年（七五八）の「唐僧恵雲状」には左大史美努智万呂も見え、両者は近親か。三野連石守は、『万葉集』に名が見え（合計二首。大伴旅人の従者）、「正倉院文書」天平神護元年（七六五）には、若江郡人の大初位上美努連船長も見える。奈良時代末期頃の平城宮出土木簡には、「河内国　従六位上三嶋　従七上美努連……鴨祢疑…」という記事も見える（佐伯有清氏の「河内国歴名木簡の研究」、『研究と評論』所収。一九八九年）。

平安期になって、『続後紀』承和十二年（八四五）条には、筑前国宗形郡人の権主工従八位上難波部主足の本姓を改めて美努宿祢を賜い、河内国若江郡に貫されたが、これも同族か。美努連清名は、九世紀後葉の明経家で、長く明経道の直講（天皇への講義者）をつとめ、貞観十四年（八七二）に菅原道真とともに存問渤海客使になる。元慶三年（八七九）に叙爵し、同年閏十月には子女とともに若江郡から左京三条に本貫を移した（『三代実録』）。

平安中期にも、「信貴山資財宝物帳」には、延喜十七年（九一七）に美努常真・有貫などが若江郡三條竹村里を、承平六年（九三六）には美努忠貞が渋川郡三條里苅里を施入したと見える。長徳二年（九九六）に正六位上美努宿祢秀茂が左近将曹に任じた。翌長徳三年（九九七）六月付の「前淡路掾美努兼倫解」では、美努兼倫が、馬兵十五、六騎、歩兵廿余人により私宅が襲われ財物を奪われたとして、同族の美努公忠・惟友・吉平・秀友（秀茂の近親か）らを犯人として訴えている。

ほぼ同時代の十一世紀初頭前後の人に美努伊遠（美乃とも書く）がおり、検非違使右門府生、左大史とか外従五位下で『小右記』『御堂関白記』などに見える。同じ長徳三年に太皇太后宮史生美努真遠が見え、伊遠の兄弟か。上記の公忠の近親らしい公胤は、このころ伊豆前掾で史料に見えており、この一族が下級官人でかなりいて、武力ももっていた。

鎌倉期では美努一族はあまり史料に見えなくなるが、それでも教興寺の鐘銘に、「河内国高安郡教興寺洪鐘一口」が弘安三年（一二八〇）庚辰正月廿五日奉鋳する所也として、施主筆頭に美乃正吉の名が刻銘される。これらは皆、族裔か。

以上の動きのなかで、美努一族は河内国若江郡が本拠と知られるが、同郡には若江鏡神社（祭神が大伊迦槌火明大神＝大雷〔荒魂〕と火明命か）もあり、弓削神社・矢作神社もある。弓削連の祖かとみられる大麻比古命は、又名を津咋耳命ともいい、三島溝咋耳命の子であるから、三島県主や三野県主等の祖でもあったか。

これら系譜に関して、角凝魂命後裔の諸氏族である鳥取連・鳥取一族や倭文連・宿祢一族などの記事も『姓氏録』にはあって、「角凝魂命三世孫、天湯河桁命（天湯河板挙命）の後」とか「角凝魂命の男、伊佐布魂命（五十狭経魂命）の後」などと見える。ミノ（三野、美努、美濃）は天孫族にゆかりの深い地名で、その名の根源は筑後国の三野山地にあり、その北麓にいわゆる「高天原」（＝邪馬台国）があったとみられる。

角凝魂命の後裔としては、『姓氏録』ではほかに雄儀連（左京神別）や額田部宿祢一族が見える。後者は少彦名神系統ではなく、天津彦根命の後裔でも出雲国造族や物部氏族と同族とみられる。額田部瓶玉《みかたま》などの三氏では「明日名門命《あすなと》」を祖神と伝えるが、この神は天津彦根命にあたり、子の天目一箇命（＝天夷鳥命）の流れとなる。

三島神社の奉斎者

上記一族の系統は、三島神社を奉斎する傾向がある。全国には「三島」と名のつく神社は一万一千以上あるというが、その総本山は静岡県の伊豆地方にある三嶋大社である。伊豆国一宮であった三嶋大社は、『延喜式』神名帳には伊豆国賀茂郡に記載されるから、現在の鎮座地の田方郡へは、何時の時点でか遷座したとみられる。

この神社は、祭神が大山祇命とされることが多いが、元の祭神の名・大山咋命が転訛したものと考えられる。大山咋命とは、三島溝咋耳命の別名の故であり、近江南部の日吉神社で大山咋命を奉斎するのが鴨県主同族の祝部であったことが想起される。

さて、摂津に「三島神」があり、『三代実録』には元慶八年（八八四）十二月に神階が正六位上から従五位下に昇叙されたと見える。この「三島神」とは具体的にどこの神社を指すのかという問題がある。

三島県主の領域内では、いま大阪府高槻市赤大路町に鴨神社

三嶋大社（静岡県三島市大宮町）

がある。同社の創建は不詳で、社伝では、先住の鴨氏一族が創祀し、のち渡来系の三島一族が勢力を伸ばしたため、「三島鴨神社」とも称されたとするが、それでよいのだろうか。いま祭神を、大山積命、諾・冉両尊（イザナギ・イザナミ）及び鴨御祖大神とされる。『神社明細帳』等の諸書では祭神を大山積神とするが、当社が式内社・三島鴨神社に比定される説では、祭神は鴨氏の祖神とみる。当地は上古に三島県主が勢力を持った地で、その祖神を祭神とみる説もある（『姓氏録』では、三島県主後裔の三島宿祢〔右京神別〕と山城神別・賀茂県主とは同じ遠祖とする）。

平安中期の『延喜式』神名帳には、式内社に「摂津国島下郡 三島鴨神社」の記載がある。その鎮座地は島上郡域にあるが、祭神大山祇命で鎮座地はかつて島下郡だが、江戸期に島上郡へ編入されて、「三島鴨トモ…又三島神トモ申伝来」と天坊幸彦氏が指摘した（「三島郡の史跡と名勝」）。他の論社としては、同市三島江に三島鴨神社がある。当社は島上郡域にあることから、こちらが有力視される。一方で、『伊予国風土記』逸文には、大山積神が「津国の御島」から伊予・伊豆に移ったとあり、別称として「和多志の神」（渡しの神）と記すことから、河川から離れた鴨神社はこれに当たらないという指摘もある。いずれにしても、現在も式内社の特定には至っていない。

平安末期には、後白河天皇中宮・建春門院が皇子誕生の祈願で「三島神」に参詣をしたと伝わる。その結果が良く出て、のちの高倉天皇が誕生したことで、京都五条坂にも三島神社が創建されたという。

鳥取部の設置と鳥取造

鳥取《ととり》造・鳥取連の管掌のもとにおかれた「鳥取部」は愛玩用の水鳥を捕まえる「部」で、同じく

「鳥養部」は捕獲した鳥を飼育し養う「部」であった。

「鳥取」は、郷・駅・神社の名称としては、和泉のほか、河内・越中・丹後・因幡・備前・肥後に『和名抄』が鳥取郷としてあげ、下総（印播郡に鳥取駅）、伊勢（員弁郡に鳥取神社・鳥取山田神社）などにも鳥取が見られ、越中では婦負郡に白鳥神社がある。中央の上級の伴造は「造」（のちに連姓）で、下級の伴造では、出雲には「臣・造・首」の姓や部姓の者が多く見える。『姓氏録』には、右京・山城の神別に鳥取連、河内・和泉の神別に鳥取があげられる。右京に鳥取連嶋麻呂、河内国高安郡には鳥取連国万呂の名が『大日本古文書』に見える。このほか、美濃や武蔵・備中・讃岐に鳥取部（鳥取）の人々が見える。

記紀には鳥取氏の祖先伝承が見える。『古事記』によると、垂仁天皇の時、皇子の本牟智和気王《ほむちわけ》は成人しても長いこと言葉を発しなかった。ある時、空飛ぶ鵠《くぐい》（＝白鳥）を見て片言を発した。天皇は、「山辺の大鶙《おおたか》」なる者を遣して、紀伊・播磨・因幡・丹波・但馬・近江・美濃・尾張・信濃まで鵠を追いかけて回り（ちなみに、鳥取部は、河内・和泉・伊勢・美濃・武蔵・常陸・上野・越前・丹波・丹後・但馬・因幡・出雲・備前・備中・讃岐・肥後などに広く分布して、地域が若干異なる）、高志国（越）の「和那美之水門（その比定地は不明も、富山県北部に伝承地あり）」で捕獲し献上させたが、御子は物を言うことができず、その後の出雲での後日譚がある。

上記の捕獲地に関して、越中国新川郡に鳥取郷が掲げられ（『和名抄』）、越全域で見て唯一の郷である。この比定地を、上市町域で森尻・若杉あたりとか、白鳥神社の鎮座する黒部市北西部の荒俣辺りとかとみる説もある。一方、鈴木真年は、同国射水郡の鵠湊《くぐみなと》で、そこに鳥取村があるとする（『史略名称訓義』）。いまは射水市域に含まれるが、この場合は、旧・大島町域の大字鳥取よりも、その東北方近隣で旧・新湊市域の久々湊・久々江・鏡宮が捕獲地として妥当か。この鳥取〜久々湊の地域は、かつて「三島野」と呼ばれ（『和名抄』の三島郷）、大伴家持の鷹狩の歌（『万葉集』巻十七―四〇一二）でも知られる。越中国婦負郡の式内社に熊野神社があり、論社が富山市宮保にあるが、同社社家の「横越」氏の苗字は、白鳥追跡の故事に由来する。越中では、鳥取部一族は上記新川・射水・婦負郡を中心に広く分布して、上記古社や羽根山丘陵に王塚・勅使塚の二大前方後方墳などを含む古墳群を築造し（「越中の白鳥伝承」。拙著『越と出雲の夜明け』所収で詳述）、製鉄遺跡群がある。

『書紀』では伝承は若干違うが、垂仁天皇の皇子、誉津別《ほむつわけ》皇子は卅歳になり鬚が生えても言葉を何も発せず、泣いてばかりいたが、ある時、空飛ぶ鵠を見て初めて片言を発した。そこで天皇の命をうけ、天湯河板挙《ゆかわたな》が出雲国（あるいは但馬）まで追いかけて鵠を捕獲し、献上した。この鵠と遊ぶうち、誉津別皇子は言葉を話すようになり、捕獲者の「天湯河板挙」へは姓を鳥取造と賜り、併せて鳥取部・鳥養部・誉津部が定められた、とある（垂仁廿三年条）。記では、鳥取部・鳥甘部・品遅部と大湯坐・若湯坐と見える。

鵠を追いかけ捕獲・献上した者は、「天湯河板挙、山辺の大鶙」と記紀で名が異なるが、前者は祖先の名を、そのまま子孫で現実の行為者につけて呼んだものであり（鈴木真年も『史略名称訓義』で同様に説明。鴨氏祖先伝承に見える鴨健角身命の例も同様）、具体的な当事者の名は「山辺の大鶙」（祖系が不明）である。これより先、垂仁天皇の御子が「鳥取の河上宮」で太刀を千振造らせた、という記事が見える。この鳥取の河上宮は、『和名抄』に見える和泉国日根郡の「鳥取郷」にあり、現・大阪府阪南市域に当たる。

「鳥養部（鳥甘部）」は大和国添下郡、摂津国島下郡に見られ、地名などから見て、大和の軽・磐余、淡路国津名郡や筑前国・筑後国などの鳥養村・鳥養郷などに居住した。同様の性格をもつ「鳥部」は、山城国愛宕郡に鳥部郷（東山区の清水・清閑寺・今熊野あたりか）があり、越前国足羽郡に鳥部連豊名、額田郷鳥部村が見える。

山辺の大鵠の以降が垂仁朝頃から鳥取部・鳥甘部を管掌したとして、鳥取造の実際の賜姓時期は五世紀前葉頃かと思われるが、天武朝の八色之姓では連姓を賜与された。

鳥取氏の系譜や活動

次に、鳥取氏の系譜や活動であるが、鳥取部の遠祖・天湯川桁命（天湯河板挙）の位置づけは難解である。『姓氏録』には「角凝魂命の三世孫」とされ（「角凝魂命―高魂命―活玉命〔天照大神〕―天湯川桁命」と推される）、後裔のほうから見れば、葛城国造等の祖・天羽槌雄命かその近親の直系で結ばれる祖先神（一応、祖父神か）ではないかとみられる。摂津の三島県主や鳥取造が、その祖先を少彦名神と伝え、「天神本紀」には少彦根命が鳥取連等祖と記される。この両氏だけが、先祖として天湯川桁命を共通してあげる。

世代を踏まえて祖系を考えると、天湯川桁命は少彦名神の父神とみられる。三島県主・三野県主の支族の流れが鳥取造ではないかと推される。『神別系譜』には、赤鳥命の子に布久志足尼を置き、その子が大鵠命であり、布久志の弟の某が美努連の祖（三島県主・三野県主の祖か）と記される。

ところで、天湯川桁命の実体は、天稚彦（天若日子。天国玉こと天照大神の子）とみられる。この者は、高天原から「天鹿兒《かご》弓及び天羽羽矢」を賜って葦原中国へ派遣されたものの、そこで先方に取り込まれてしまう。長の顕国玉（大己貴神）の女婿となって本国への復命をせず、自らが雉（天探女）

を射た矢の、高天原からの返り矢に当たって死去した、と伝える。その殯のときには、川鴈をもって持傾頭者《きさりもち》及持帚者《ははきもち》とし、雀を春女《つきめ》とし（一に鶏を持傾頭者、川鴈を持帚者、あるいは川鴈を爲持傾頭者、持帚者とし、雀を春女、鷦鷯〔ミソサザイ〕を哭者《なきめ》、鵄を造綿者とし、烏を宍人者《ししひと》とするなど、凡て衆鳥に事を任すという）、八日八夜、啼哭し悲しみ偲ぶ、と『書紀』に見える。少彦名神についても、出雲に到着したときの衣服がミソサザイ鳥の羽でできていた（鳥の格好をしていたという意か）と『古事記』に言う。

鳥取氏の本拠の一つは、和泉国日根郡の鳥取郷かとみられる。同郡式内社の波太《はた》神社（大阪府阪南市石田。旧・泉南郡阪南町）は、古来「鳥取大宮」と称し、鳥取氏の祖・角凝命を主神で祀る。その旧地は、石田の南方近隣で奥宮のある阪南市桑畑で、そこ辺りが天湯河板挙一族の居住地だと伝える。石田・桑畑の周辺には、鳥取・鳥取中・鳥取三井などの地名も見える。この族裔とみられるのが樋口、桑畑などの諸氏である。末流の樋口淡路守雅兼は、秀吉・秀長に従って立身し近江で二万石弱を領したが、関ヶ原合戦では西軍に与して所領没収となり、それでも後に大坂冬・夏の陣で大坂方に参陣し船奉行をつとめた（その事績は大阪府泉南郡の『東鳥取村誌』に見える。同書には、「天湯河板擧命と鳥取部」の記事もある）。

波太神社（大阪府阪南市石田）

波太神社の相殿に祀られる応神天皇とは、上記の鵠伝承に見える誉津別（品遅別）の後身である。阪南市西部で、波太神社の西方近隣に箱作の地（日根郡箱作荘）があり、加茂神社があるが、筥作造《はこつくり》は鴨族で、この地に起った鳥取造の同族か。天武天皇十二年（六八三）には、勾筥作造が連姓を賜った記事が『書紀』に見える。

鳥取氏の活動では、『書紀』には、捕鳥部万《ととりべのよろず》が語られる。用明天皇二年（五八七）の物部守屋の乱の際に、物部氏の邸宅を防衛するなど追討軍に対して、おおいに抵抗した物部氏の資人《つかいびと》で、守屋滅亡後は、茅渟の有真香《あまか》邑（貝塚市久保付近）に隠れ、そこでも奮戦したという。同邑は式内社阿理莫《ありまか》神社の鎮座地で、物部氏一族の安幕《あまか》首の居地であった。天武十二年（六八三）には、鳥取造が連姓を賜姓するが、これらが『書紀』における鳥取氏の数少ない記事である。

ほかに、六国史に見える鳥取連・鳥取部関係の記事では、『続日本紀』天平神護元年（七六四）正月条には、外正六位上鳥取部与曾布を外正五位下、正六位上鳥取連大分を外従五位下へと昇叙があった。後者の大分は、神護景雲三年（七六九）十一月条に美濃大掾となったが、このとき同時に外従五位下美努連智麻呂は文章博士になっている。

奈良時代の氏人では、天平五年（七三三）の右京計帳に「左京五条四坊戸主大初位下鳥取連島麻呂」、天平十三年（七四一）の右京職移に「従七位上（刑部）大属鳥取連御扶」が見え、宝亀二年（七七一）の「経師労劇帳」に「散位従六位下鳥取連国麻呂（河内国高安郡人）」や経師に鳥取益万呂・鳥取国島、が見える。平安期では、天慶三年（九四〇）の伯耆国高草郡の主帳に鳥取（欠名）が見える（東南院文書）。

地方の鳥取氏では、下野国で藤原秀郷の母系の祖に見える（史生の鳥取業俊・鳥取豊俊）。両毛地域に若干の鳥取氏があって、栃木県庁の西北方近隣地域に鳥取の名字が見える。この鳥取氏が秀郷の実際の本姓とする見方は誤りである。上野国にも、勢多郡に「従三位鳥取明神」が見えるが、これら鳥取氏がどのような経緯で上野に移遷してきたのかは不明である。東国では、ほかに武蔵国豊島郡に鳥取部角・鳥取部万呂が見え、下総国印旛郡に鳥取駅があった。近時、東京都日野市の落川遺跡で、「和銅七年十一月二日　鳥取部直六手縄」の文字を刻んだ火山岩製の紡錘車が発見された（一九九五年八月四日付朝日新聞）。この鳥取部直は、直姓から見て、武蔵国造の一族とみられる。

このほか、美濃国本巣郡に鳥取部古尼売（本簀郡戸籍、大宝二年）、備中国賀陽郡板倉郷戸主に鳥取部伎美麻呂が見える（正倉院文書、天平十一年）、中世の備前国赤坂郡に鳥取庄があった。平城宮出土木簡では、丹波国氷上郡葛野郷の鳥取首赤猪・鳥取部真持が見え、八世紀前半に貢進がなされた。但馬国出石郡の宮内黒田遺跡から出土の木簡には、鳥取部公手・鳥取部衣女らの名が見える。

鳥取氏と鍛冶・金属

民俗学者の谷川健一氏は、金属精錬と鳥の伝承との間に深い関係があり、「誉津別命」・ホムチという名前が火の中で生まれたことを意味し（『古事記』にもいう）、関係する「湯坐」の語に「融解した金属の湯」の意味が隠されると指摘した。天湯河板挙と少彦根命との関連性などもあげて、雷神である饒速日命を祖神とする物部氏が鳥養部を管轄したのではないか、とみる（『白鳥伝説』）。鳥取氏が鍛冶・金属とも深い関係をもったと、山本昭氏の著『謎の古代氏族鳥取氏』でも指摘する。鳥取部奉斎の全国各地の諸神社の周辺には、鉱山や砂鉄の産地金属精錬に係る神々、製鉄炉や鍛冶遺構が存在し、天湯河桁命が金属精錬神だという（阿部真司氏にも同様趣旨の論考）。この辺は肯けるが、饒速日命が「雷神」というのは疑問で、鳥取部は広義の同族の物部氏に従うことが多かったのであろう。

山本昭氏は、出雲の神庭荒神谷の有名な銅剣等の出土地が、鵠捕獲伝承のある宇夜江（「江」は郷の略字と解するのが妥当）の近隣に位置し、鳥取氏に由縁が深いことを指摘した。付近には加茂岩倉遺跡もあり、多数の銅鐸出土で知られるから、これらを鳥取氏に直接結びつけてよいかは不明だが、いずれにせよ、鴨氏族の祖神一族が出雲の荒神谷や加茂岩倉あたりで活動したことは十分に考えられる。この辺は、先に鴨氏の源流で述べた。出雲西部の神門・出雲両郡には、天平年間の史料に鳥取部の人々が臣・首・造や無姓で多く見える。島根県出雲市東林木町の青木遺跡から出た木簡にも、鳥取部主万呂の名がある。

この鍛冶に関連して、畿内で鳥取氏の主要居地とみられる地域として、『姓氏録』鳥取が掲載の河内国大県郡があり、谷川健一・山本昭両氏が注目する。

河内国大県郡の式内社十一座のなかには、金山孫神社・金山孫女神社と天湯川田神社・宿奈川田神社があって、鳥取氏に関連しそうな四社も占める。これらが鎮座するのが、大阪府柏原市の高井田・青谷・雁多尾畑という大字をもつ地域であり、大和川北岸域で、『和名抄』の鳥取郷とその西隣の鳥坂郷にほぼあたる（『大阪府の地名』）。鳥坂郷に含まれた太平寺には、式内社の石神社もあり、同社に清浄泉の井戸（大師

金山孫（彦）神社（大阪府柏原市青谷）

の井戸）がある。

鈴木真年も鳥取氏に関し大県郡に着目して、高井田村に天湯川田神社ありとし、山辺の大鵠がいまの「土佐人樋口氏祖」だと記す（『史略名称訓義』）。たしかに、高知県には安芸市の大字川北甲には樋口の名字が多いが、これは和泉の上記樋口氏と同族の流れか。太田亮博士は、「土佐の剣士に樋口信四郎正虎あり」と記す（『姓氏家系大辞典』）。同人は、江戸後期の剣術家、長岡郡出身の土佐高知藩士で幡多郡中村の剣術道場で師範した。その子の真吉は、土佐勤王党で活動し（龍馬との接点もあり）、戊辰戦争には小監察として出陣した。

河内の大県郡には高尾山（鷹巣山）があり、山頂には巨岩が露出し、巨岩祭祀があったとみられ、山頂から延びる尾根の斜面から多鈕細文鏡も出土した。

上記の柏原市高井田には高井田廃寺（鳥坂寺か）の跡があり、同地にある天湯川田神社は天湯河棚命などを祀り、社家の鳥取氏が明治まで続いた。中世、六月の祭礼に神幸するのが比叡の森といい、古くは山王権現社があって川田明神の旧社地と伝える（現在、山王社は本殿すぐ右手に鎮座。鴨族との関係を示唆）。付近の宿奈川田神社（旧・白坂大明神）は宿奈彦根命（＝少彦名命）・高皇産霊命と風神の級戸辺命を祀るが、生駒山脈南端部に位置しており、古墳時代後期の平尾山古墳群・高井田古墳群もある。

天湯川田神社（大阪府柏原市高井田）

この高井田から上方の丘陵部で青谷・雁多尾畑→角凝丘→天湯川田神社→御野県主神社へと、鳥取造同族の三野県主（美奴連）まで祭祀が続く。雁多尾畑（もと賀美郷域か）に金山孫女神社があり、その付近から鉄滓が発見された。その集落から北東へ登ると「留所の山」と言われる「嶽山」が金山孫神社の旧社地（現在は青谷に鎮座）とみられている。

要は、当地の鳥取氏族が祖先二神を祀るとともに、鍛冶・金属業を営み金山毘古・金山毘賣二神をも奉斎した。「嶽山」が天孫族系統が列島各地に祭祀の山とする「御岳山」に通じる。こうして見ると、同じ鍛冶神でも金山毘古夫妻は、少彦名神系統の氏族に縁が深そうである。これに加え、記紀ともに五十瓊敷《いにしき》命（垂仁天皇の皇子とされるが、実体は景行天皇のこと）が刀剣一千口を作った地として鳥取の河上宮（茅渟の菟砥の川上宮）がいわれる。その比定地が阪南市（鳥取・和泉鳥取・鳥取中・鳥取三井の地名が残る）とされ、同市玉田山公園内に川上宮旧跡碑がある。

諸国を見ると、伊勢国でも、員弁郡の式内社に鳥取神社・鳥取山田神社があり（両社ともに三重県員弁郡東員町域）、ともに鳥取氏の祖神の角凝魂命や天湯河桁命を祀る。このほか、近江国には、神崎郡式内社に川桁神社（彦根市甲崎町）があり、天湯河板挙命を祀る。その近隣の東近江市萱尾町の大瀧神社も論社で、角凝魂命・天湯川桁命を祀る。同市神田町の河桁御河辺神社も論社で天之湯河桁命を祀り、神崎郡司玉祖宿祢磯戸彦により創祀と伝え、このほかにも論社がある。甲賀郡に鎮座の式内社・川田神社（名神大社。甲賀市水口町北内貴）は天湯川桁命を祀る。同社の弓矢神事で白鳥を射る「揚矢祭」にも留意される。

備前国赤坂郡に鳥取郷（岡山県赤磐市赤坂町）があり、石上布都魂神社（同市石上字風呂谷）の近隣に位置する。鳥取郷の一宮は沼田神社とされ、同名社が総社市の総社宮境内社としてあるが、元は当地・沼田里に鎮座して沼田天神といわれたところに総社宮が来たという。これが備中国賀陽郡鎮座の式内社・野俣神社とされ、その祭神が少彦名命ともいう。

先に触れた越中でも、鳥取郷のあった新川郡のほか、鳥取村のあった射水郡や婦負郡という三郡に鳥取部が古来、広く分布した。射水市(旧・小杉町)の太閤山遺跡あたりには、古墳時代から江戸時代にかけての製鉄遺跡群が知られ、中新川郡立山町の山間地、浄土山・一ノ越あたりは、鉄含有量が多い緑泥岩の埋蔵地という(『謎の古代氏族　鳥取氏』)。

鍛冶による金属工具によってか、鳥取氏が造船にも関与したとの伝承が『住吉大社神代記』に見える。それによると、神功皇后の新羅征討時に、播磨国賀茂郡の椅鹿山の樹木を用い良い船を造って献上したことで船木・鳥取の姓を賜ったとあり、これも紹介しておく。

二　伊豆国造と服部氏

伊豆国造一族の動向

三嶋大社を奉斎した伊豆国造の支配領域は、伊豆国（静岡県伊豆半島）の全域で、平安期頃から以降の本拠は、伊豆一宮の三島（三嶋）大社のある田方郡とみられる。現存の系図では、どこかで絶えたとみられる本来の国造家本宗の系統は不明である。当初の本拠は、式内名神大社が四社（といっても、二社が島嶼部にあるが）あった賀茂郡の伊豆半島陸地、賀茂郷・大社郷がおかれたあたりとするのが自然そうである。

賀茂郷は、賀茂郡南伊豆町上賀茂・下賀茂のあたりとみられ、下賀茂には式内社加毛神社に比定の加畑加茂神社があり、その近くに弥生後期から平安時代にかけての大集落跡・日詰遺跡がある。同社の境内社には、屋久氏神社（祭神が少彦名命）、馬込山王神社（同、大山咋命）や神戸神社（同、伊古奈比売命）、若宮神社（同、物忌奈命）なども見える。

大社郷があったとみられる下田市（南伊豆町の東北隣）には名神大社の伊古奈比咩命神社が鎮座し、もとはこの地に三嶋大社が鎮座した可能性もいわれる。賀茂郡三嶋郷のほうは、伊豆七島の伊豆大島か三宅島かとされるから、その場合は本拠としての考慮はいらない。賀茂郡の式内社には布佐乎宜《ふさをぎ》神社があり、これが河津町逆川にある三島神社（旧村社、祭神が布佐乎宜命）に比定され、社殿の横と背後に大岩がある（川畔の磐座祭祀の場という）。南伊豆町二條にも三島神社があって、式内社加毛神社の論社とされ、同郡川津郷には賀茂里もあった。このほか、伊豆半島には三島神社が多い。上記の伊豆奈比咩命神社（伊古奈比咩命と同神か）が下田市大賀茂上条の走湯神社に比定される事情もある。このように、伊豆国賀茂郡は鴨族の繁衍した地域であった。

伊豆国造と同族では、同じ東国の下総の香取連氏や、八意思兼神の後裔という武蔵の知々夫国造及び信濃国伊那谷の阿智祝が各々そうみられて、これら諸氏は後述する。

さて、「国造本紀」には、伊豆国造は神功皇后朝に設置され、物部連の祖・天䓲桙《ぬほこ》命の八世孫の若建命（若多祁命）が任じたと伝わる。系図には、「天足別命」（天児屋命に当たるか）の子という天御桙命が伊豆国造の祖とされており、「天䓲桙命＝天御桙命」としてよい。上記記事の「物部連」は、服部連の誤読か転訛とされる。

伊豆国造の族人は記紀には見えず、『続日本紀』になって初めて見える。それが、天平十四年（七四二）に外従七位下の日下部直益人が伊豆国造となり伊豆直姓を賜ったと記されるものだが、太田亮博士も言うように、これは本来は支族の出なのであろう。宝亀二年（七七一）には、外従五位下の伊豆国造伊豆直乎美奈《おみな》（系図では益人の子）に対して従五位下を叙位した。乎美奈はもともと女官（采女か）で出仕したのであろう。系図に拠ると、その弟、少万呂が伊豆国造、田方郡大領となり、その孫の古麻呂が大同二年（八〇七）に国造となり伊豆宿祢姓を賜った（この時期の宿祢賜姓には疑問も残るが、平安中期頃までに賜姓か）。その後裔が歴代、国造や田方郡領となって、平安中期から近世に至るまで、永く三島大社を奉斎した、と見える。当初からの伊豆国造本宗の姓は不明だが（普通には伊豆直姓か）、神功皇后朝以降は、この一族が大和王権に服属してきたことは確かであろう。

伊豆氏が三嶋神主となったのは、平安中期の伊豆貫盛のときとされる。系図によると、外祖父（「物部一族」の矢田部宿祢金差という）の譲りを承けた長和四年（一〇一五）のことで、それ以降、代々三嶋社の祭祀に奉仕してきた。貫盛の曾孫、久恒が神主になったが、無嗣のため、弟の国盛が「東神主」を、末弟の貞盛が「西神主」を称して、東大夫・西大夫が並び立ち三嶋社の社務を分担して後を継いだ。

国盛が康和五年（一一〇三）に大宮司に補任された文書は、「矢田部文書」のなかに残るが、検討の余地ある史料とされる。嘉承三年（一一〇八）の庁宣には「国守、貞守」と見えるという。西大夫家は二宮八幡宮の神主も兼務したといい、東・西の両大夫は代々継承されたが、南北朝期以降では西大夫家は衰えて断絶し、神主職は東大夫家のみとなった（西大夫家の支族は、武蔵国の飯倉神明宮司となり、当初は西東、後に武藤を称して続いた）。建武二年（一三三五）の「雑訴決断所牒」には、三島社神主盛親代実法が見える。

東大夫家の一族は、江戸期の元禄年間頃までに苗字を矢田部と改め、現在に至る。ただし、伊豆の「矢田部」については、平城宮木簡に天平年間の伊豆国賀茂郡賀茂郷戸主矢田部刀良麻呂など、多く見えるから、物部連一族ではなく伊豆国造族から出たものか。

幕末の明治維新に際してつくられた東海道草莽諸隊の一として豆州伊吹隊には、三島神社神主矢田部式部（盛治）・鶴次郎（盛次）親子とその子弟が参加した。矢田部盛治を中心に伊豆国の神官や社家等約七〇人で結成され、官軍の護衛や箱根路の案内役などをつとめた。三嶋大社境内には、矢田部盛治の像が残る。

伊豆国造一族の系図では、崇神朝に川原忌寸（『姓氏録』未定雑姓河内の倭川原忌寸）の祖が分かれ、仁徳朝に服部連の祖が分かれたと見える。平安中期に、三嶋神主伊豆貫盛の弟、厚盛が押領使となって比田二郎大夫と名乗って田方郡肥田に拠り、後裔は国衙の在庁官人の肥田氏となった。『東鑑』には、建仁元年（一二〇一）などの条に肥田八郎宗直、建長二年（一二五〇）三月条に「肥田次郎景明跡」などと見えるのは後裔一族である。この肥田氏は藤姓を称したが、一族には、賀茂郡八幡野村に居したものもある。

わりと最近、伊豆でも古墳がいくつか見つかり、国造一族の墳墓とみられている。それらが次のようなものであり、この諸事情からは国造本宗はやはり田方郡にあったか。

①向山古墳群：三島市北沢にある古墳群で、前方後円墳二基と円墳十四基で構成される。前方後円墳の向山三号墳は全長二五メートル、向山十六号墳は全長約六八メートルであって、古墳時代の前期前半とも後期（五世紀後半から六世紀）の築造ともいう。

②**瓢箪山古墳**：田方郡函南町平井にある全長約八七メートルの前方後円墳で、最近みつかり、古墳時代前期後半頃（四世紀代）の築造とされる。鏡（銘文なし）や管玉・鉄鏃の出土が知られる。天地神社（祭神は瓊瓊杵尊という）の近くの丘陵にあるが、同社は三嶋大社の東南に位置し、そのほぼ中間あたりに向山古墳群がある。

向山古墳群と三嶋大社とのほぼ中間に、式内社劔刀石床別《つるぎたちいわとこわけ》命神社（静岡県三島市谷田）があり、その背後の台地に古墳群が確認される（『三島市誌』）。同社は、もとは北東近隣の竹倉の地に鎮座し、三つの滝の嶽座、剱刀石床からの湧水の恵みを神格化したという。明治初年に神仏分離で御嶽神社と称したから、少彦名神にも関係するか。

③駒形古墳：伊豆の国市小坂にある前方後円墳で、後期古墳（六世紀前半）。現在は前方部が削平されており、後円部の直径が二七メートルとされ、大刀・埴輪の出土もあった。

三嶋大社などの奉祀

国司が政務を執る国庁が置かれた伊豆国府は、田方郡小河郷（三島市中央部を含む一帯）にあり、その近くに三嶋大社の現鎮座地があって、同社は賀茂郡から遷座があったとみられる。同社は伊豆国一宮であり、平安末期頃以降は現在地に鎮座だが、『延喜式』神名帳には賀茂郡にあげる。神名帳には、伊豆国に大社五座五社、小社八七座八三社の計九二座八八社が記載される。その地域密集度は、式内社の多い伊勢国・出雲国をも大きく上回る。大社五社は以下に示すように賀茂郡に四社あり、これらは全て名神大社である。

三嶋大社（静岡県三島市大宮町）は、神名帳に賀茂郡の伊豆三嶋神社と見える。

その祭神について、もとからある大山祇命説と、平田篤

三嶋大社のある静岡県三島市

胤が唱えて明治から有力となった事代主命説がある〔註〕。同社では、現在は両神を祭神と公称し、二柱の神を総じて三嶋大明神とする。しかし、これは長い期間のうちに、本来の「一柱の祭神」が転訛したか誤解されたもので、大山祇命ではなく、本来は大山咋命こと少彦名神であって、これがすなわち三島溝咋耳命だから、それに因んで神社の名前がある（こうした由来が古くに忘れられ、「三島」とは「御島」の謂とされ、「三嶋神」とは伊豆諸島全体とか、個別の大島、三宅島やこれら三島を象徴するとかの説もあるが、誤りである）。事代主命の名は「知恵、預言の神」に通じ、同様な性格の少彦名神は、中臣氏祖神の天児屋根命・天見通命にも混同された。

白井永二氏ら編の『神社辞典』では、三島神社の祭神について、一般には大山祇神か事代主神かで両神を合わせ祀る場合もあり、また大山咋神とする例もあると記す（ここでの事代主神の実体は、「天辞代主命＝少彦名神」か）。大山咋神・溝樴姫命を祭神とする三島神社もあり、静岡県賀茂郡南伊豆町二条の旧郷社は、祭神が溝樴姫命ほか三柱と記す。

〔註〕『二十二社本縁』の賀茂社の記事に、この神は、葛城の賀茂に坐す都波事代主乃神であり、伊豆賀茂郡に坐する三嶋乃神、伊予国に坐する三嶋乃神に同体、と見える事情もある（平田篤胤は、この記事の前半の誤りをうけて、解した模様）。

その後、三嶋通良や伊豆の研究者石井広夫氏が事代主命説に反対し、旧説の大山祇命を説いたとされる。とくに、石井氏は、山城・大和の両賀茂神の二大系統のほかに、三嶋鴨系と呼ぶべき神系の存在を認め、伊勢国度会郡に大山祇神裔の鴨神社があることを証拠にし、伊予国風土記逸文に伊予大山積神が摂津国御嶋に坐せりとあることを傍証として、伊予三嶋神社・摂津三嶋神社・伊豆三嶋神社とが同一系統で、かつ、三嶋鴨神の坐す所に必ず賀茂の地名が生ずることを説いた。基本的に、石井説の言う筋ではあるが、大山祇命・大山積神とは大山咋神の転訛だということに留意される。『二十二社本縁』の古写本にも、伊予と伊豆の三嶋神が、山城の賀茂と同じく天神系と明記されており、葛城鴨は地祇系であって、この違いもある。

三嶋大社の本地仏は薬師如来とされ、薬の神の少彦名神を思わせるし、末社の西五社のなかに酒神社もある。かつて三嶋大社に属した摂末社であるが、境外に所在の天神社（三島市川原ヶ谷和田）もある。『伊豆国神階帳』に「正一位 天満天神」と記載され、主神が少彦名命で、愛宕神・大山祇神を配祀する。いまも、末社の東五社のなかに天神社がある。

三嶋大社の主な神事に奉射神事、鳴弦式、流鏑馬神事があり、弓矢に関するものということで京都の賀茂二社の神事に通じる。宮司の矢田部家に伝わる「矢田部家文書」は五九二通もあり、平安時代から江戸時代にかけての古文書群である。

同じ賀茂郡では次の三社も、名神大社である。

①**伊古奈比咩命神社**：現社名も同じ表記（静岡県下田市白浜）で、もと白浜大明神という。江戸期の文化九年（一八一二）に当社の奥山から発見された鏡の裏面には、「嘉禄元年十二月　施主忌部能次」（一二二五年のこと）との針書がある。この鎮座地が賀茂郡大社郷とみられる（三嶋大社の本来の鎮座地も、この地に併設か、近隣の賀茂郷かという可能性がある）。

この祭神は三嶋神の後后で、武蔵国比企郡の式内社、伊古乃

伊古奈比咩命神社（静岡県下田市白浜）

速御玉姫神社（淡洲明神。埼玉県比企郡滑川町伊古に鎮座し、薬師は当社の本地仏なりという）の祭神にあたると言う。紀伊国海草郡加太之浦に鎮座する加太神社（現・淡嶋神社）の祭神淡島明神を分霊したとみられている。三嶋神の妻神でよかろう（そうすると、賀茂建角身命の妻、伊可古夜日女に当たるか）。同じ比企郡内で近くの滑川町の土塩・福田・山田・水房や、同郡嵐山町の太郎丸・勝田にも、淡洲《あわす》神社（阿和須、大雷淡洲の表記もある）がある。これら諸事情は、武蔵北部にも伊豆国造族が居住したと示唆する。武蔵の「比企」は日置の語韻に近く、日置部は忌部同族とみられて、安房にも長狭郡日置郷（鴨川市域）があった。

②物忌奈命神社：同じ表記で、次の阿波神社と同様に、伊豆七島の神津島に鎮座する。

③阿波神社：阿波命神社にあたり、祭神は阿波咩命とされ、神津島の開拓神と伝える。これが三嶋神の本后で、物忌奈命（②の祭神）は子神とされる。私見では、上記の淡島明神と同じく妻神が同一神で、妻の先後はなくてよいとみる。

田方郡では、ほかに④楊原《やなぎはら》神社（静岡県沼津市北田町）があげられ、かつては三嶋大社の境外摂社で、祭神は三嶋大社と同じく事代主命、大山祇命とされる。以上を見ると、伊豆では有力社がみな、三嶋神の眷属神を祀ることになる。

楊原神社（静岡県沼津市下香貫宮脇）

伊豆国造の系譜

伊豆国造などの先祖が少彦名神だとみられるが、現伝の系図ではそれが判別しがたい。私は、三十数年前に『古代氏族系譜集成』を編纂したときは、この一派は中臣氏の同族とする形での掲載を行った。というのは、太田亮博士が採録して『姓氏家系大辞典』に掲載した三嶋大社神主矢田部家所伝の「伊豆国造伊豆宿祢系図」には、「加理波夜須多気比波預命から始まり、多祁美加々命―天足別命―天忍雲根命」と続いて、天忍雲根命の弟に伊豆国造の祖・天御桙命や天表春命・天下春命兄弟（この兄弟は阿智祝や知々夫国造の祖とされる）をあげるからである。天足別命を祀る神社は陸奥にいくつかあり、上記の伊豆宿祢系図でも、「一云天見通命、亦名武乳速命、一云麻刀方命、天児屋命」と見えて、その子の天忍雲根命ともども中臣連の系統につながる。多祁美加々命も音の似た中臣氏の遠祖建御雷神につながりそうであり、伊豆国造支族の倭川原忌寸の系譜では、遠祖神として武甕槌神の名をあげる（『姓氏録』未定雑姓河内、及び『神別系譜』）。

ところが、この辺の部分は、中臣氏の初期段階の系図に、伊豆国造が系譜を付合させたとみられ、それが次第に分かってきた。こうした付合・架上は、ずいぶん早い時期になされたようで、伊豆国造同族の服部連でも、その遠祖神について熯速日命を経て天御中主神にする系譜を伝える。

なお、加理波夜須多祁比波預命を祀る伊豆の式内社が、現在は比波預天神社として静岡県伊東市宇佐美にあり（神の名の意味は不明）、比波預天神社は中世の「伊豆国神階帳」に見る「従四位上たまたの明神」に概ね一致するとされる。これは鎮座地の字「留田（とまた）」が「たまた」の遺称とみられることによるらしいが、元は「玉田」ではなかろうか。祭神についての異説もあり、加理波夜須多祁比波預命の「波夜須」から、天速日命や熯速日命とする見方もある（拙見では後者に相当しそうだが、これは祖系混淆の結果か）。

多祁美加々命を祀る同国賀茂郡の式内社もあり、その論社の一が下田市吉佐美の八幡宮境内若宮とされる（同神は、一般には新島に坐す神で仁和二年〔八八六〕迄に神階叙位を受けた伊豆神六柱の一柱とされ、伊豆三嶋大神の子神〔第三王子〕ともされており、伊豆半島側では南伊豆に祀る例が見える。その場合は系図上の位置と異なるが）。これら式内社の存在からは、「伊豆宿祢系図」だけがデタラメな神の名を創出、架上したものではない（服部連や御手代首も同様）。

『静岡縣神社志』には、「伝へ云比波預命は三島溝橛耳神の長子にて、上代海上より上陸して当地を開拓経営し…」との記事が見える。このような上古の時期に伊豆が開拓されたとは思われないが、「三島溝橛耳神の長子」の流れが伊豆国造だという所伝は、興味深い。同書には、続けて「…比波預命の孫多祁美加々命より五代伊波磯命は、伊豆国忌部（の祖）にして、それより十代美登乃直、それより九代火萬呂に至る、而して淳和天皇御宇、火萬呂の子生吹土主より玉田首に至る頃始めて社殿を造営すと云ふ」といい、比波預天神社の境内社として、山神社（大山祇命）や若宮社などをあげ、若宮社には多祁美加々命・伊波磯命・若多祁命・美登乃直・火萬呂が祀られる、と記される。

「若多祁命」は若建命とも書かれ、伊豆国造の祖で「伊豆宿祢系図」に見えるが、その後裔で伊豆忌部の祖という美登乃直は系図に見えない。伊豆に忌部があったかどうかも不明だが、直姓が名に付くのは、若多祁命の子に位置し伊豆国造本宗家の系統なのか。

もう一つ留意されるのは、田方郡の式内社に**荒木神社**（伊豆の国市原木〔旧・韮山町〕に鎮座）があり、天津日子根命を祭神とすることである。狩野川中流の東岸域にあり、『和名抄』の茨城郷の中心となる神社で、『国内神階記』には「正四位上あらきの明神」と見える。こうした要地で、肥田の東南近隣に位置するところから見て、この神（少彦名神の父神）を伊豆国造一族が祀ったと窺われる。同社は、蛭ヶ小島に流された源頼朝が、参拝の度に社前の木に鞍を掛けたとの伝承から「鞍掛明神」とも称され、茨木神社とも言った。ちなみに、摂津三嶋には島下郡式内社として天石門別神社があり、茨木村の氏神として現・大阪府茨木市元町に鎮座して、現在の茨木神社の奥宮とされる。この「天石門別神」は、天の岩戸を開いた手力男命とよく混同されがちだが、実体が天背男命（＝天津彦根命、天稚彦）としたほうがよい場合がある。

香取神宮の祭祀

伊豆国造と同族らしき氏族が下総北部の香取にもいたので、次いで取り上げる。

香取神宮は式内社で、同国一宮とされ、旧社格は官幣大社とされた。その東方に位置する常陸の鹿島神宮とともに「東国鎮守の神」、蝦夷を押さえる神とされる。『延喜式』では名神大社であり、特に「神宮」の称号を受けるが、これは皇太神宮（伊勢神宮）のほかでは、香取・鹿島の両宮のみである。千葉県の北東部、利根川下流右岸の下総国香取郡香取郷（現・千葉県香取市香取）の「亀甲山《かめがせやま》」と称される丘陵上に鎮座する。

主祭神は、伊波比主神（斎主神）とされ、『書紀』一書に「斎主神云々、此神今在于東国檝取之地」とあり、「檝取（楫取、か

香取神宮（千葉県香取市香取）

とり）＝香取」に祀ると記される。『続後紀』『文徳実録』でも同じで、『延喜式』所収の「春日祭祝詞」にも「香取坐伊波比主命」と記される。ところが、この神は往々にして経津主神（フツヌシ。布都努志乃命。一般的には物部遠祖神で、後述）と混同されてきており、『古語拾遺』では「経津主神云々、今下総国香取神是也」と記される。このように、史書が異なる記載をしたのは、祭祀氏族たる香取氏の本源が物部氏であったためとする説（大和岩雄氏）もあるが、これは当たらず、香取氏は物部氏族の出ではない。ほかに、香取神宮と物部匝瑳連氏との関係の指摘も当たらない（物部匝瑳連氏が陸奥鎮定に活躍して香取神の神威を利用したことはあっても、香取神の当地進出のほうが先であった）。

『書紀』では、天孫降臨に先立つ葦原中国平定にあたって、経津主神は武甕槌神（タケミカヅチ。鹿島神宮の祭神）とともに派遣され、天照大神の神意を奉じ大己貴命と国譲りの交渉を行なったと見える。『古事記』では交渉者にフツヌシ神は登場せず、実際に国譲りに際しては関与しなかったと考えられる（宣長の言う武甕槌神と同体説は誤り）。諸国を巡行して各地の荒ぶる神々を平定し、日本建国の基を築くことに大功をあげたともされるが、これも疑問である。ただ、陸奥におけるフツヌシ神の分布から見て、蝦夷地方面の征討・平定の事業にあたってはその関係者が鹿島・香取の神威を利用したことは考えられる。

香取神宮では、境内に三島神社があり、香取連三島命を祭神とするという。境内の西南方近隣に位置するのが、要石《かなめいし》という霊石である。当宮の鎮座する亀甲山の麓や付近神域には、御手洗井《みたらしのい》などを含め「十井《とおのい》」と称せられた神井・霊泉の湧出もある。

境外摂社のなかで、第一の摂社とされる**側高神社**は、香取神宮の東北近隣の利根川南岸部（香取市大倉）に鎮座し、天日鷲命や武雷命、経津主命など四柱の神を合祀する（『香取郡誌』では、主祭神を高皇産霊尊・神皇産霊尊とする)。その創祀は、香取神宮とともに古代に遡るという。利根川下流域には、「そばたか」と社名を読む神社が多く分布する。また、神宮の西方近隣に位置する**又見神社**(香取市香取)にも注目され、天苗加命及び武沼井命・天押雲命を祀る。祭神の天苗加命は経津主神の子神で、香取氏の祖神とされる。そのため「若御子神社」ともいう。武沼井命は鹿島神の子神で、天押雲命は天児屋根命の子神だから、この両神は中臣氏関係の神である。本殿右横には墳丘がない横穴式石室が露出して残り、「又見古墳」として香取市指定史跡に指定される。これは、七世紀中葉の築造とされる。又見神社の更に西方で、佐原に近隣する牧野には粟島神社も鎮座する。

香取神は、「斎主」(祭祀の主宰者)として祭祀にあずかるとともに、武神「経津主」(神剣の主)としての性格も有し、東国・陸奥の開発や鎮定に際し奉じられた。陸奥の式内社では、牡鹿郡に香取伊豆乃御子神社があり、論社の一つが現社名を伊豆神社とする(宮城県石巻市折浜に鎮座)。祭神もそのまま香取伊豆御子神とされる。同じ石巻市和渕町の和渕神社も論社とされる。栗原郡には香取御兒神社があって、宮城県栗原市築館字青野前久伝に石を祀るもの(社殿なし)が論社とされるが、同じ築館の字黒瀬後畑の鹿島神社に合祀ともいう。これら四つの論社は、いずれも塩竈神社の東北方ないし北方に位置する。旧下総国西部の利根川・江戸川沿い低湿地帯では、十世紀以後に開拓されるにあたって香取神が産土神として勧請された関係で、多くの分祠が分布する(『新修香取神宮小史』。志賀剛氏の「香取・鹿島・春日神社の関係」、『式内社の研究』第六巻所収、もご参照)。

「経津主神」とは、その神名が神剣「フツノミタマ(布都御魂、師霊)」の人格化ともされ、本来は物部経津主神(物部連氏の遠祖神で、同氏の氏神・石上神宮の主祭神)と同人かとも思われた。その場合、実体は天目一箇命をさす神だが、同族にあっても同様な神号が使われたということか。

六国史における神階奉叙の記録を見ると、宝亀八年（七七七）七月の正四位上の叙位に始まり（『続紀』）、以降は昇叙を重ねて、元慶六年（八八二）十二月に正一位勲一等となった（『三代実録』）。香取神宮を祭祀したのは、古くは香取連一族とされる（奉祀者に物部氏や下海上国造他田日奉部氏の祭祀を考える見方もあるが、疑問が大きい）。

その「香取大宮司系図」（『続群書類従』第七輯所収）等によれば、経津主尊の子の苗益命（天苗加命、朝彦命〔大麻比古に通じる〕）が始祖で、後裔の豊佐登が敏達天皇朝に香取連を賜り、文武天皇朝の雄足が香取社を奉祭し本朝鎮守棟梁とされたという。香取氏は経津主の神裔を称したが、その後に島尾が聖武朝、天平四年（七三二）の天下大旱のときに雨を祈願し降雨となった効果で社号から宮号となる。

その後の香取連五百島（島尾の子か）には子が無く、大中臣清暢を養子に迎えて香取大宮司職としたという。清暢の子という秋雄（系図は五百島の子におく）以降にも香取の系は続くが、中臣姓を称し、大中臣一族からたびたび養子を迎えたようで、大宮司職がつながる。ただ、この系図には混乱がいくつかある。香取連五百島は『続日本紀』に見えて、神亀元年（七二四）に私穀を陸奥国の鎮所に送った功績で外従五位下を授かり、一方、大中臣清暢は、奈良時代末期の右大臣大中臣朝臣清麻呂の四世孫（玄孫）で貞観期頃の人だから、五百島の子に清暢がおかれるはずがない。平安期に大中臣一族から養子が入ったとか香取宮司補任が事実だとしても、香取連氏の血はなんらかの形で後につながった。

香取神宮では、社務権を持つ六年任期の大宮司（神主）と、神事奉仕を第一とした大祢宜とが神官の中心に位置した。大祢宜が何時、できたかの時期は不明だが、平安末期までは大宮司・大祢宜とも大中臣氏が占めたようである。大宮司になった者の名が明らかなのは、平安末期の十二世紀からであり、香取神宮を氏神とする藤原摂関家（香取神領の本家としての地位を兼ねる）の氏長者によって大宮司が任命された。

平安時代以降、香取神宮では、下総国香取郡を中心に関東各地に社領を形成した。鎌倉期以降になると、千葉氏など武士による社領への侵略が相次ぎ、神職と社領はその係争対象となった。十二世紀半ばには、鹿島中臣氏の一族が神主に任じられることもあり、この対立だけではなく、大中臣氏一族内部でも大祢宜・大宮司の両職をめぐって争いが続いて、神宮の組織は大きく混乱した。十四世紀後葉には、大祢宜大中臣長房は、関白二条師良を通じて室町幕府に働きかけ、最終的に香取社の権利を回復した。長房は、長年の一族の所領争いにも勝ち抜き、大宮司職を吸収して、名実共に神官の長としての地位を固め、大祢宜による神官の統制を図った。大祢宜と大宮司の両職は、子の幸房に引き継がれ、以後その子孫の系統が両職を維持し、連綿として明治維新に至った。

香取連の祖系譜

「香取大宮司系図」では、香取氏の系図は経津主尊から始まるが、その初期段階では疑問な名で歴代が記される（そのため、拙著『古代氏族系譜集成』編纂の時は、香取連氏の系図を掲載しなかった）。すなわち、経津主尊の子に苗益命をあげ、その次に「若、武、忌」を冠した「経津主命」が三代続き、その子が伊豆豊益命、さらに斎事主命とつづくが、その孫の楫取太山命、その子におかれる国貴太楫取命となって「神功皇后大祭香取社」という記事があるから、この辺から「楫取《かとり》」が見えて香取氏らしくなる（この辺に史実原型がある場合には、崇神朝～成務朝頃の時期に同氏が起こり、かつ、香取神宮の創祀もあったか）。それでも、国貴太楫取命の孫に伊豆矛足命と「伊豆」がまだ名前に見えており、その子におかれる真押立連が仁徳帝から連を賜姓して、神主部となると記される。鹿島神宮関係の中臣氏が崇神朝頃から動きが見えるが、香取のほうはこれにすこし遅れたくらいなのであろう。

このように、香取氏の発生・初期段階時では、「伊豆」に関係が深く、下総国香取郡の香取神社のほか、式内社として陸奥国牡鹿郡に香取伊豆乃御子神社があり、伊豆国には那賀郡に布刀主若玉命神社（静岡県賀茂郡西伊豆町浮島）があげられる。「伊豆国造系図」にも、香取氏の分岐過程が見えないが、成務朝（神功皇后は、実際には成務天皇の皇后であったことに留意）の頃の前後までに伊豆国造家から香取連氏が分岐したのであろう。

香取神宮の西方近隣には、服部に通じる羽鳥の地名も成田市に残り、市の西北部の北羽鳥の地に香取神社と大鷲神社がある。大鷲神社は北羽鳥の西方近隣の印旛郡栄町安食にもあって、天乃日鷲命・大巳貴命・小名彦命（少彦名神）等を祀る。成田市に近い香取市鳥羽地区には妙見神社があるなど、下総の香取神宮あたりに妙見社がかなり多い。ネット上には、いろいろ示唆深い説もみられるが、香取神宮に祀られる斎主命（経津主命）が忌部の祖・天日鷲命にあたるとする見方もあり、この辺は拙見と同様である。

香取神宮付近の古墳では、北方一キロほどに神道山《しんどうやま》古墳群があり、前方後円墳一基（全長約四七メートル）を主墳に円墳十一基からなり、古墳時代後期（六世紀後半頃）の築造とされる。神宮の東南約七キロの地には、城山《じょうやま》古墳群（香取市羽根川。旧・小見川町域）がある。前方後円墳が多く、合計十一基ほどのうち、一部は小見川高校の敷地となって消滅したが、城山一号墳（全長六八メートルの前方後円墳で横穴式石室をもつ。調査後に削平・消滅）からは三角縁神獣鏡（下総地区で唯一の出土例）や金銅装環頭太刀四振、馬具、飾金具・耳環、玉類多数など大量の副葬品が出た。この古墳の主は、下海上国造か香取神宮関係一族かとみられる。

なお、小見川の地域には、三之分目《さんのわけめ》大塚山古墳という五世紀前半頃に築造された全長一二三メートルで三段築成の古墳もある。同墳は、利根川下流域最大の前方後円墳であり、周辺には三之分目一号墳・同二号墳など古墳時代後期の中小規模の前方後円墳があって豊浦古墳群を構成する。これらは、下海上国造一族の墳墓とされよう。

矢作氏の分岐

伊豆国造は、このほか、矢作連とも関連しよう。『姓氏録』には未定雑姓河内に矢作連をあげて、「布都奴志乃命の後」と記される。下総国香取郡には矢作の地名（千葉県香取市本矢作）もあり、香取神宮の西南約六キロという近隣に位置する。「正倉院文書」には、天平宝字六年（七六二）付けで同国相馬郡の大井郷矢作廣万呂とその戸口・矢作真足が見える。『万葉集』巻廿（防人歌）には同国結城郡の矢作部真長も見え、常陸や甲斐・相模・駿河・三河など、東国には矢作部が多く分布した。なお、常総あたりの矢作の地には、中世では坂東平氏を称した千葉氏支流がいくつかあったとされる。

東国でもとくに甲斐では、都留郡の郡領家で、貞観十四年（八七二）には都留郡大領外正六位上矢作部宅雄・少領外従八位上矢作部毎世に矢作部連の賜姓があった（『三代実録』）。これに先立つ、天平宝字五年（七六一）二月の「甲斐国司解」に、都留郡散仕矢作部宮麻呂も見える。なお、『諸系譜』第六冊には、甲斐の巨摩・都留の郡領家につながる矢作氏の系図が見えるが、上記史料に見える人々は登場せず、その信頼性も不明である（物部氏から出たように記す初期部分は系譜仮冒が明らか。

矢作氏になってからの系譜は、信頼できるのかもしれないが、中央の矢作氏なのか、元から甲斐に居た矢作氏かの判別もしがたい)。天平勝宝七年(七五五)十月の伊豆国田方郡の郡司主帳として外従八位上矢作部上麻呂が、依《え》馬《ま》郷(伊豆の国市域の江間)の委文大川の調(緋狭絁壹匹)に関し見える(『正倉院紀要』第二〇・四一号)。

矢作部は、矢作り(矢を矧ぐこと)に携わった職業部であり、平城宮出土の木簡では安房・上総あたりの人がかなり見える。安房郡の国分寺鐘銘には、弘安九年(一二八六)の大檀那矢作助定も見える。この安房あたりを路程として重視すれば、「伊豆―安房―下総香取」と路がつながることになる。安房につながる対岸の相模には、小田原市に矢作の地名が残り、三浦一族には三浦半島先端部近くの矢部郷(現・神奈川県横須賀市大矢部・小矢部)に因む矢部の苗字も見える。三浦義村の娘、矢部禅尼は、執権北条泰時の妻で、執権時頼の祖母で著名である。矢部の近隣には佐原の地名が見え、これは、香取市でも香取神宮や矢作の近隣に佐原市街地が位置することに通じる。小田原市の矢作の南西隣に鴨宮の地名があり、その東方近隣に酒匂神社があるが、当地に古く到来した人々が棚織を広めたことで「棚織社」等も祀られていた。

矢作部の伴造は矢作連であり、畿内での本拠は河内国若江郡矢作(大阪府八尾市域)とみられる。同郡に矢作神社が

矢作神社(八尾市南本町)

現在も大阪府八尾市南本町に残り、由義神社の西隣地域となる。矢作神社は主祭神が経津主命で、住吉三神・品陀和気尊・八重事代主神（少彦名神〔天辞代主命〕からの転訛か）を合祀する。矢作造辛国は、宿祢姓をもったが、宝亀元年（七七〇）にもとの連姓に復したと『続紀』に見える。これは、僧道鏡の没落に伴うものか。

『姓氏家系大辞典』には、この地の矢作氏は、家伝に「経津主命十四世孫伊波別命が石川の東辺に住み、矢作忌寸姓を称した」と記される。矢作連と同様に『姓氏録』の未定雑姓河内にあげる靫編《ゆきあみ》首も、先祖の「神志波移命」の実体や位置づけは不明なものの、靫（靭〔ゆき〕とも書き、矢を入れて携行する筒形道具）を作る職掌等から推すると矢作連の同族か。

下総国匝瑳郡の老尾神社

香取神宮の境内摂社として匝瑳《そうさ》神社があり、経津主神の父母神ともいわれる磐筒男神・磐筒女神を祭神とする。上記の香取大祢宜の香取連五百島は、引退後は下総国匝瑳郡の地に居したと伝える。匝瑳には物部氏族の物部匝瑳連も居て、坂東を征して征夷活動に大きな役割をした者、物部小事も出したが、それよりも老尾神社の由来のほうが古そうである。

その老尾《おいお》神社は、千葉県匝瑳市生尾《おいお》にある。崇神天皇七年の創建と社伝にいい、式内社で、旧社格は郷社であった。香

老尾神社（千葉県匝瑳市生尾）

取神宮の南方に位置し、その祭神・経津主命の御子神という阿佐比古命（朝比古命）を老尾神社は主祭神とする。鈴木真年は、「祭神大麻比古命ナリ、神戸ニ忌部氏アリ」（『古事記正義』）、また、「大麻比古命ヲ匝瑳郡生尾里ニ斎祀ス、老尾神社是ナリ」（『日本事物原始』）、と記すから、「阿佐比古（朝彦）＝大麻比古」となり、この見方に基づけば、その父神の香取祭神たる経津主神（実は斎主命）とは実体が天日鷲命となる。

下海上国造の領域の式内社は、老尾神社の他は香取神宮のみであり、下総国匝瑳郡で唯一の式内社で同郡惣社とされ、匝瑳大明神とも称された。配祀が磐筒男命・磐筒女命（経津主神の父母とされる）というから、服部氏系統の関係神でもあるか。古くから匝瑳氏が代々の宮司を務めてきた（現在は、香取市新里の八重垣神社宮司も兼務。安房忌部一族の出ともいう）。近隣に飯高神社（匝瑳市飯高）があり、もとの名が妙見宮で、御中主命を祀る。

香取郡には「麻績《おみ》」に通じる小見郷（現・千葉県香取市小見）もあり、当地発祥の小見氏（小海氏）はいわゆる房総平氏の出とされる。主なところは、匝瑳党小見氏と呼ばれる上総氏の流れや千葉常胤の弟・胤隆の流れであり、系譜は知々夫国造に関連して後述する。

ここまで見たように、経津主神の周辺をいろいろ当たると、『姓氏録』関係にあっては、「経津主神」について、実体を少彦名神（斎主命）とみるのが妥当である（その後裔の神武朝の由布津主命（阿波・安房の忌部の祖）とする場合もあるか）。この神の後裔という氏族は、伊豆国造や玉作部・忌部などと同流とみられ、担当職務の関係で河内国若江郡にも居たが、むしろ常総・伊豆・甲斐など東国に多く分布した。

服部氏の系譜と分布

伊豆国造の系図で先に触れたように、国造一族から服部連の先祖・麻羅宿祢が出た。服部とは、機織りという職業部に因む姓氏・部民であり、時代の経過と共に訓みも少し変わるが（ハタオリ、ハトリベ、ハトリ、そしてハットリ）、同訓の羽鳥とも表記される。伊豆の西隣、駿河国安倍郡に服職庄があり、中世には駿河に服部氏が多く、府中浅間社家に服部氏があった。現在も、静岡県東部の静岡・焼津・富士・沼津の各市に多い。

服部氏は、機織りを管掌する服部の伴造氏族であるが、古代史料には殆ど現れず、六国史では、『書紀』天武天皇十二年（六八三）九月の連賜姓の記事（倭直……山背直、葛城直、殿服部造……錦織造…鳥取造…語造の卅八氏）、同十三年（六八四）十二月の宿祢賜姓記事（大伴連……弓削連、神服部連、額田部連……玉祖連、新田部連、倭文連……田目連……間人連…美濃連…の五十氏）があり、次に『続日本紀』文武二年（六九八）九月条には、以無冠麻績連豊足を氏上、無冠大贄を助となし、進広肆服部連佐射を氏上、無冠功子を助となす、と見える。さらに、『日本後紀』延暦廿四年（八〇五）八月条に女官たちの官位昇叙記事があって、正六位下服部三船らが外従五位下に叙され、同書の同年十一月条には、隠岐国人の外従八位上服部松守・釆女外従五位下服部美船女等三人に臣姓を賜うと見える（隠岐には「隠岐国正税帳」に天平三年の智夫郡郡司主帳外大初位上服部在馬も見え、国造族か）。『三代実録』には、元慶四年（八八〇）三月条に出羽国軍士白丁の神服部連貞氏等十一人に勅して弓馬を習わしめたとある。なお、皇別の服部真人があり、『続紀』の宝亀三年（七七一）四月条に無位服部真人真福等を本姓の大原真人とすると見えるから、天武天皇の後裔とみられる。

ほかに、『播磨国風土記』（讃容郡中川里条）には、仁徳朝の服部弥蘇連が見えるくらいである。このとき、伯耆・因幡の豪族二人（国造族か）の奢りが甚だしいとして、朝廷が怒り二人の一族を拘束し問責するなか、玉を手足に纏う女子二人がおり、これを怪しんで身柄を問うと、「服部弥蘇連が因幡国造阿良佐加比売を娶りて生んだ宇奈比売・久波比売」だとの答えがあり、これは執政大臣の娘だとして驚いて、直ちに送還したとある。

奈良時代では、年代欠の「作金堂所解案」に「木工服部広国……服部種麻呂」、宝亀二年の「経師丸部豊成解」に仕丁（廝丁）の服部敷万呂、天平勝宝三年の「奴婢見来帳」に「舎人坊神服部虫女」や、天平五年の「隠岐国正税帳」に隠岐国智夫郡の「主帳外大初位上服部在馬」、天平十一年の「備中国大税負死亡人帳」に都宇郡撫川郷の服部首八千石、天平宝字七年の「愛智郡司解」に近江国愛智郡の外少初位下服部直綱公、同じ年の「楽具損破注文」に倉人の呉服部息人、天平神護二年の「越前国司解」に坂井郡余戸郷の戸主服部子虫、敦賀郡鹿赫郷の戸主服部否持など、があり、これらが「大日本古文書」に見える。

平安時代では、『平安遺文』には「延喜二年阿波戸籍」に服部を名乗る人々が多く見える程度である。平安中期の長保五年（一〇〇三）五月に宮内少録正六位上服連近利がおり、勝蓮華院造仏料により修理大属に任じた（『除目大成抄』）。ほぼ同じ頃に内匠属服時方もいた（『権記』）。以上に見るように、奈良・平安時代を通じ目ぼしい中央官人は出ていない。

『姓氏録』摂津神別の服部連条には、熯之速日命の十二世孫の麻羅足尼の後で、この者が允恭朝に織部司に任じて諸国の織部を管掌したので、これに因み服部連と名乗ると記される。「伊豆宿祢系図」には、弥蘇連の子に麻羅が見えており、年代的世代的に両者は符合する（この辺に関する『姓氏家系大辞典』ハトリベ第三五項の服部連の記事には、太田亮博士の誤解がある。それも、彼の見た「伊豆宿祢系図」が不十分で誤記があったせいであろう）。

畿内では、『姓氏録』に大和や摂津の神別に服部連があげられ、河内神別には服連があって、いずれも熯《ひ》之《の》速日命の後とされる。この神は、十拳《とつか》剣で頸を斬られた迦具土神（火神）の血から化生したと記紀に見え、武甕槌神の父とも伝えるから、山祇族系の中臣氏の系につながる。「伊豆宿祢系図」に見える「多祁美加々命」が音の近い武甕槌神に当たるとしたら、同系図ではその父・加理波夜…命から十三世孫の位置に麻羅が置かれる。

神服神社（高槻市宮之川原元町）

麻羅足尼の後の服部氏の歴代はまったく伝えられず、本宗家がどこに居たかも不明である。神亀三年（七二六）の「山背国愛宕郡雲下里計帳」（正倉院文書）には、同郡大野郷の戸主服部連阿閉が見えるから、これを含め、本拠は畿内のどこかであって、『姓氏録』などを踏まえると、摂津の可能性が高い。摂津国島上郡の服部郷にある式内社の神服神社（高槻市宮之川原元町）あたりが、服部氏の本拠とみられる（『大阪府の地名』に同説。これが多数説）。南方近隣に大蔵司の地名も見えており、当地も服部郷域で、文武天皇大宝元年（七〇一）の令では、織部司は大蔵省におかれた。

神服神社では服部熯之速日命・麻羅宿祢などを祀り、合祀の上宮神社には服部大連公が祀られる。もとは服部神といったが、十世紀前葉の延喜年間に「部」を削り、上に「神」の字を加えて、現在の社名になったと伝える。

同社北西方近隣にある塚脇古墳群（約五〇基の群集墳で後期古墳群）の被葬者には服部連に関係する氏族が想定される（高槻市教育委員会の「塚脇古墳群」）。その北方近隣の帯仕山《おびしやま》の古墳群からは紡錘車が出た。なお、帯仕山の西側に位置する三好山には、戦国時代前期に幕府管領の細川高国が能勢頼則に命じて芥川山城を築かせており、高山飛騨守（高山右近友祥〔長房、重友〕の父で、名は友照という）により廃城になるまで重要な位置を占めた。中世の芥川流域に見える称平姓の芥川・真上一族は、あるいは古代服部氏の族裔か。

『姓氏録』では、摂津・河内の服部氏は熯之速日命の後とされ、大和神別の服部連は「天御中主命十一世孫天御桙命之後」と記される。大和では、『和名抄』に山辺郡に服部郷が見え（斑鳩町服部を中心とする地か）、『東大寺要録』にも服部荘を載せる。城下郡式内社に服部神社（磯城郡田原本町蔵堂）があり、いま村屋坐弥富都比売神社の境内摂社として残る。『大和志』に「大安寺村に在り、波都里神と称す」と記され、現・田原本町大安寺にある森市神社の北にある小字・ハツリカミ（波都里神）の地を指し、そこに服部神社があったとみられている（『式

服部天満宮（大阪府豊中市服部元町）

内社調査報告』）。その祭神は天御中主神・天御梓命とされ、前者に通じる妙見信仰の根源が星辰信仰（北極星信仰）にある。摂津の服部氏関係者が祭祀したとみられるのが大阪府豊中市服部元町の服部天神宮であり、同社では少彦名神と菅原道真（後に合祀）を主祭神として「足の神様」とされる。

この服部連のほか、「繊維・衣服」の職能に関係する多くの諸氏を伊豆国造・三野前国造の同族から出した。これらに関係する部族には麻績部、長幡部、倭文部や綾部、衣縫部などがあり、それぞれを管掌する姓氏として長幡部、倭文連、神麻績連などが見えるが、中でも服部関係が最も多そうである。その中央で管掌した伴造の服部連は、伊豆から出て来て、畿内や全国の主要地に配置され、その居住地で部民の服部を管理し、「服部・羽鳥」の地名で残る。服部氏は、山城・大和・摂津・河内・伊賀・伊勢・三河・武蔵や阿波などで、地名や活動が見える。

服部関係では、殿服部、呉服部、神服部などもある。神服部連（後に宿祢姓）は、浜松市北区三ヶ日町岡本の初生衣神社の現在まで続く神主家で知られるが、「天孫本紀」尾張氏系譜の記事「神服連・海部直二氏の祖・建田背命」などから考えて、海神族系統で磯城県主族裔の丹波道主命の後裔とみられる（「建田背＝丹波道主命のこと」）。呉服部・呉服造は、服部とは別系統の百済渡来系だと『姓氏録』河内諸蕃に見えるが、殿服部造の系譜は不明である。中世では、戦国時代の伊賀忍者を出した服部氏一族が名高いが、祖系として具体的にいわれるのは源平争乱期頃までで、古代に遡る祖系は知られない。

伊賀・伊勢の服部氏―伊賀の服部忍者

摂津や山城の服部について先に触れたが、伊賀服部氏の後という服部氏も山城におり、系図に「大膳貞長—時貞—貞信（美濃別当、伊賀国呉服明神の神職、後に山城国宇治田原に住す、後家康に属す）—貞富」とされ、家紋が車輪竪二本矢、七本矢などとする。京都の人に服部元喬（南郭）があり、荻生徂徠門の儒者・漢詩人・画家で、伊賀服部より出、越中高岡の彦左衛門元炬の子だという。

ここまで見てきたように、中世以降、最も著名なのが**伊賀の服部氏**である。同国阿拝郡の服部郷（現・三重県伊賀市の服部町、服部川あたり）を本拠とした武家である。ところが、その古代の祖系は不明で、どのような経緯で伊賀に来住したかも含めよく分からない。

阿拝《あへ》郡服部郷の式内社、小宮神社（現・伊賀市服部町）の神主家も服部一族がつとめたと伝わるも、何時からこの地に在ったかは不明である。同社は伊賀国二宮とされ、服部氏の氏神、惣社という。服部氏の祖・呉服比売命が主祭神とされ、「呉服明神」というのが古代からの祭祀だとすると別族にもなるが、同神の名は転訛かもしれない。小宮神社の境内社の狭伯社は、粟島社等三社が明治期に合祀され、少彦名命（粟島社）など三柱が祀る。

ともあれ、中世では服部氏一族が繁衍して、伊賀全土に散在するといわれる。その祖という伊賀平内左衛門尉家長が『源平盛衰記』等に現われ、平家の家臣として著名なため、服部一族を桓武平氏とするものが多かった。『東鑑』の文治二年六月条には、平傔仗時定（『平家物語』には、服部六郎時定）が、大和国宇陀郡で伊豆右衛門尉源有綱（義経の婿という。伊豆守仲綱の男）と合戦して打ち敗り、有綱は自殺し、残党五人を搦め捕るとの報告がある。

伊賀の服部氏には三流とか七流があったという。この区別・整理の事情は史料が乏しいため不明だが、一応、次のように伝え、代表的な家紋は「矢筈」「矢車」とされる。

①漢服部は伊賀平内左衛門尉家長が相続し、平氏と称。紋は丸に横二つ切り竹矢筈。

②呉服部は服部六郎時定が相続し、源頼朝の従士として源氏とも称。紋は左一つ巴。

③敢服部は一ノ宮たる敢国神社の神事（古祭「くろうとう」）を勤める一族で源氏と称。紋は八つ矢車。

伊賀平内左衛門尉家長についてもう少し記すと、平知盛（清盛の四男）の家臣で、壇ノ浦合戦では冑を二領着て、乳兄弟ともいう知盛とともに入水した。服部村あるいは荒木村に住み、五人の男子があって、後裔に竹野屋（荒木に住）、宮田（丸柱に住）、高畠（高畠に住）、杉本（湯舟に住）、小泉（依那具に住）があるという。姓氏を神服部連ともいう。しかし、神服部連に二つの異系統があるのでなければ、たんに服部連であろうか（「神」は敬称的に付加されたか）。「家長の五男子」というのも疑問が大きく、服部氏と称するものに五流あるくらいか。家長は平家に殉じ壇ノ浦に入水したから、その後に男系が伊賀に残ったとも思われ難い（女系・一族を通じる後裔なら、話しは別。家長が実際に服部氏の祖かも疑問大）。

むしろ、源氏に属して軍功があった服部六郎時定の系統が伊賀服部氏の本流の可能性もある。服部時定館は、服部町の現・台上寺境内の地に築かれて、それが末裔の宮城氏の居館となったという。平康行が寿永二年（一一八三）十月、源氏に味方して活動した史料もあり、康行の子の服部馬允康兼の活動も承久三年（一二二一）八月に見える。この親子（保行・保兼とも表記）の子孫とされるのが、正安四年（一三〇二）の「東大寺文書」に見える伊賀国御家人の服部弥平次保忠の子息、孫五郎遠保（入道道二）である。遠保の甥（姉の子）が次の服部持法である。この系統が服部本宗とも考えられる。

敢国神社鎮座の伊賀市一之宮の南方近隣、服部川の流域には、いま東側から荒木、高畑及び服部町の大字が見え、服部町の南方には依那具《いなぐ》が位置する。阿拝郡服部郷の高畠村（三重県伊賀市高畑）に居た**服部持法**は、苗字を高畠といい同地に館跡を残すが、後に道秀と名乗り、南北朝期の北伊賀地方の悪党張本、有力御家人服部氏の惣領とされる。嘉暦・元徳の頃（一三二六〜三〇）、南伊賀地方黒田荘の悪党討伐の命が、六波羅探題より御使服部右衛門太郎入道持法に対し屡々下されたが、終始消極的で悪党に手ごころを加えた。持法は、建武三年（一三三六）頃には、北伊賀の東大寺領玉瀧庄（伊賀市北部）などを押領し、阿拝・山田両郡の悪党といわれる小武士を組織して国人一揆を結成した。建武・暦応年間は守護仁木氏の守護代もつとめた。玉瀧の木津氏はその後裔といわれ、土豪屋敷が残る。俳人芭蕉の弟子、服部土芳も木津氏の生まれという。上記の「湯舟」も、湯船郷として荘内にあった（玉滝の東方近隣）。黒田にも服部支族がおり同地の悪党と共に活動したが、天正九年（一五八一）の第二次天正伊賀の乱でこの地の惣領高山十郎保光は滅亡した。

上記三流のどの流れか不明も、伊賀市下阿波に「伊賀阿波氏館（下ノ館）」があり、館主の阿波氏は服部氏一族といわれるが、同地に白髭大明神（山田郡式内の阿波神社。杉尾明神とも）があるから、実際には古族の流れかもしれない。『三国地志』には阿波越後守の名が見え、天正伊賀の乱の阿波正高か。なお、同書（伊勢・伊賀・志摩三国の地誌）の編集は、江戸中期の伊勢津藩士で伊賀上野城代をつとめた藤堂元甫・元福親子により行われた。元甫は「伊賀国一宮社記」も撰した。

戦国末期の伊勢国司北畠氏の配下の豪族には、伊賀衆として福地伊予守宗隆が柘植城にあった。第二次天正伊賀の乱では織田信長方につき、伊賀侵入を手引きも、信長没後に伊賀衆残党に裏切者として攻められ、国外へ逃亡した。

次いで、**伊勢の服部氏**にも触れると、『和名抄』では奄芸郡に服部郷がある。古代では、桑名郡の人、服部東□（服部〔東〕末呂か）の名が見える木簡が平城宮跡から出土した。伊勢国多気郡に麻績神社と並んで、服部伊刀麻神社・服部麻刀方神社があげられ（両社の祭神は多いが、大山咋神・天津彦根命などもある）、服部氏・神麻績氏がともに神御衣を奉って伊勢神宮に仕えた。また、松阪市大垣内町には、式内社の神服織機殿神社があって、天御桙命・天八千々姫（神服部連の祖と織子の祖）を祀る。伊豆国造の系図などに拠ると、伊刀麻命は天御桙命にあたり、麻刀方命はその父となるという（その場合、「服部麻刀方命＝天白羽鳥命」か）。この多気郡の服部氏の後裔は知られない（伊賀に遷住した可能性もあるか）。

同国の度会郡二見郷（現・伊勢市二見町域）にも服連がおり、長徳三年（九九七）の同郷刀祢で高宮御塩焼太神宮行事に従七位上服連福時（「光明寺旧記」）、寛弘七年（一〇一〇）の髙宮御塩焼内人正七位判官代服有世（「二見郷文書」）が見え、両者は近親か。度会郡玉城町山神には、式内社の鴨神社（皇大神宮内宮の摂社）があることに留意される。

戦国期の永禄中には、尾張国海部郡鯏浦《うぐいうら》（現・愛知県弥富市域）に服部左京進友定（友貞）があり、伊勢長島砦を修して城主となり長島一向一揆を主導したが、織田信長により打ち破られた。伊勢国奄芸郡が発祥という。信長に属し桶狭間戦で今川義元に肉薄した服部小平太一忠もいる。父・平左衛門は津島に居たとされ、小平太は後に従五位下采女正となり、伊勢松坂城主で三万五千石を領し、文禄の役にも従軍するも、関白秀次に連座し改易、自害した。子の平兵衛一元以降は代々、岡崎藩本多家に仕え、次男の勝長は大崎氏の養子となり紀伊徳川家に仕えた。これらは服部半蔵とは別系統と伝える。

その**服部半蔵**の家が三河の服部氏であり、家長の後裔と称し、将軍義晴の臣・服部半三保長（石見守）が三河に来て松平清康・広忠に仕え、その子が有名な半三（半蔵）正成であり、伊賀組を率いて家康に仕え、石見守になり遠江国で八千石を領した。その子が石見守正就（改易後、大坂夏の陣で討死）、弟・伊豆守正重（半蔵・三千石。妻は大久保長安の娘。後に、兄嫁の弟・桑名藩主松平定綱の家臣）だと「服部系譜」等に見える。『寛政譜』には、家紋が「八桁車の内竪矢筈二、十六桁矢筈車、十六葉菊、むかい蝶矢車」と記される。この家は、中服部の流れの千賀地家（伊賀市中西部の予野を本拠）の出で、服部嫡流ではなかった。半蔵同族で予野生まれ、父・服部則直が保田氏出身の藤堂采女元則は、伊賀上野の城代家老世襲の藤堂采女家を興した。その孫が上記の藤堂元甫である。予野には服部一族の氏神・花垣神社があり、式内社平美祢神社を合祀する。

伊賀者の服部平太夫正尚は、徳川家康の天正の伊賀越えを助けた働きを賞されて、「蓑笠之助」の名を授かったとされるが、その子・正長は慶長十八年（一六一三）に大久保長安の罪に連座して一時士籍から離れ、大和猿楽の宝生座に入って無役の猿楽師となった。その子孫の正高が幕臣に復帰し、子孫は奈良五條代官などを務めた。将軍秀忠の生母西郷局（於愛）が、蓑笠之助の妻の連れ子である娘だという。

伊賀流の上忍三家の一つ、藤林氏は服部家の支流とされ、伊賀北東部の阿拝郡東湯舟郷（伊賀市東湯舟あたり）を治めた。戦国期の藤林長門守（名は正保〔保豊〕か）は上忍の一として著名であり、その後裔の藤林保武は忍術書『万川集海』を著した。

陸奥弘前藩家老の服部氏は、関ヶ原戦に津軽為信に属した服部康成（長門守）が、大垣城攻めの軍功などで筆頭家老となったものだが、半蔵正成の一族（年齢的に正成の甥くらいか）とみられるも、系譜は不明である。その家督を継いだ成昌は、弘前藩内に船橋騒動が発生したことで、この事件を契機に離藩したが、弟・安昌は弘前藩に残留した。

上記の伊賀家長と同様に、平家の池大納言頼盛に仕えた**柘植弥平兵衛尉宗清**がおり、宗清は平治の乱後の頼朝助命に関与したが、阿拝郡柘植を本拠とする一族の祖とされる。この後には、柘植・福地・北村のほか、松尾・坂戸などの苗字が見え、後裔の柘植三之丞清広は家康の伊賀越えに助力し、子孫は旗本に残る。俳聖松尾芭蕉もこの末流と伝え、能楽の観世家の祖・観阿弥清次が伊賀服部氏一族の出との伝承がある（柘植の流れか。父は不明で、信清とも元成ともいう）。仇討ちで著名な荒木又衛門も、本姓が服部とされる。家長も宗清も、祖系を伊賀平氏に架上するが、実際は伊賀古族の末裔かとみられる（伊賀、柘植は、ともに服部同族かも疑問で、或いは、各々が伊賀君、阿閉臣〔敢臣〕の後裔ではなかろうか）。

このほか、服部氏一族からは菊山・中林・千才《せんざい》などの諸氏が分出したという。

その他各地の服部

東海道や東国など各地に服部の分布が多いが、主なところを次ぎに概略述べる。ただ、各地すべての服部が服部連に関係したとは思われず、なかには海神族系の神服部など異系の服部に関連するのもありそうだが、その辺は截然とはなしえない。

遠江の服部は、長上郡に服職神社、榛原郡に服織田神社があり、ともに古代服部関係者の奉祀した神社とみられ、長上郡に服部氏の名族があった。駿河の服部は先に述べた。

他の諸国の服部の主なところでは、

1　武蔵の服部：『和名抄』では国都筑郡に高幡郷・幡屋郷、男衾郡に幡々郷、久良郡に服田郷が記載されるから、服部の部民が当国に多かった。『万葉集』巻廿にも、都筑郡の上丁服部於田《うえた》・服部呰女《あざめ》夫妻の防人歌が各一首、見える。後世、久良岐郡の名族にあって、『新編武蔵風土記稿』に弘明寺村の服部氏をあげ、「先祖を玄庵道甫と云う。村内寶林寺の開基なり。相伝う、元は伊賀国名張の城主なりしと云えど、正しき伝えはなし」と見える。足立郡にも服部氏があり、二本矢を家紋とする。

2　両総や陸奥の服部‥『和名抄』に下総国埴生郡に酢取郷をあげるが、後世、成田市域に羽鳥村の名が残るから、「羽鳥」の誤記か転訛とみられている。現在、羽鳥の名字は、埼玉県北部から群馬県にかけての地域に多い。下総の北の常陸国では、真壁郡に羽鳥郷があり、陸奥でも磐城国標葉郡・岩代国会津郡などに羽鳥の地名がある。多賀城跡（宮城県多賀城市）からは、服部意美麻呂の名が見える木簡が出土した。

3　近江・美濃の服部‥『和名抄』では、近江国野洲郡に服部郷、美濃国安八郡に服織郷をあげる。奈良県の飛鳥池遺跡北地区から出た木簡には、天武六年（六七七）付で三野国刀支評（土岐郡）の人、服部枚布が貢進の米五斗について春米作業をしたと見える。

4　北陸道の越前・加賀の服部‥天平神護二年（七六六）の「越前国司解」に坂井郡余戸郷戸主の服部子虫、敦賀郡鹿蒜郷戸主の服部否持が見え、『和名抄』では今立郡に服部郷をあげ、いまも服部川（鞍谷川の支流）の地名が残る。『延喜式』神名帳には加賀国江沼郡の服部神社（石川県加賀市山代温泉。旧地が一キロほど西方という）があげられ、天羽槌雄命を祀る。上荒屋遺跡（金沢市上荒屋）から出土の木簡には、服部安万呂の名が見える。

5　因幡・隠岐など山陰道の服部‥丹波国氷上郡の服部万見の名が見える木簡が山垣遺跡（兵庫県氷上郡春日町棚原字山垣）から出た。『和名抄』に因幡国法美郡に服部郷をあげ、延喜神名式でも同郡に服部神社（鳥取市福部町海士）を載せる。同社は天羽槌雄命・天棚機姫命を祀るから、近隣の美歎神社（鳥取市国府町美歎。経津主命・武甕槌命を祀る）ともども、当国の服部・倭文部が奉祀したか（高草郡に服部が居住し、平安中期の相撲人も史料にある）。中世に宇倍宮領の服部庄もある。

隠岐にも服部が多く住み、六国史や大日本古文書に見えるほか、平城宮出土の木簡にも主に貢進関係で多く見えており、次のようなものがある。

①服部臣百嶋…隠伎国智夫郡大結郷前野里の人で、天平七年（七三五）に調を四斤貢進。

②服部比都自…同年に、隠伎国周吉郡山部郷市掃里の人で、調で烏賊を六斤貢進。

③同じ天平年間に隠伎国の市掃里の人、服部□が鮑を四斤貢進。

④養老四年（七二〇）に、隠伎国周吉郡奄可郷吉城里の人、服部屎人が軍布六斤を貢進。

6　山陽道では、備中国都宇郡撫川郷鳥羽里に服部首八千石が見え（正倉院文書）、平城宮出土の木簡に美作国勝田郡塩湯郷の人、服部足倍の庸米貢進記事も見える。備前国邑久郡に服部郷があり、『東鑑』宝治二年条には、備前国住人の服部左衛門六郎が、御所中の奉公を志願し却下された（同書記載の唯一例）。戦国期の浦上氏・浮田氏の配下に服部が見える。四国の阿波国板野郡田上郷の服部は、阿波忌部に関連し延喜二年戸籍で先に触れた。

長白羽神の後裔諸氏―麻績部と服部

麻糸を紡ぎ麻布を織ることを職掌とするのが麻績部であり（『令義解』神祇令、神衣祭条）、これを管掌したのが麻績氏であった。部民の麻績部（神麻績部、若麻績部、大麻績部も含む）も全国に広く分布し、伊勢のほか、美濃、信濃、遠江、上総、下総、常陸、下野、陸奥や肥後などで史料に見える。

伴造は神麻績連で、この氏だけ『姓氏録』右京神別にあげられ、鳥取連・三島宿祢の前に置き、「天物知命の後」と記される。「斎部宿祢本系帳」には、天日鷲翔矢命の子、大麻比古命の弟に天白羽鳥命（一に云、長白羽命）をあげ、その子に天物知命（一に云、天八坂彦命）をあげて、神麻績連の祖と記される（上掲の系図参照）。

『旧事本紀』の「天神本紀」には八坂彦命が伊勢神麻績連の祖と見え、同書「神祇本紀」に「麻績祖の長白羽神は麻を種う」とあり、『古語拾遺』にも「長白羽神、伊勢国麻績祖」と見えて、これら所伝が符合する。長白羽神の別名の天白羽鳥命は、名前から見て服部連の祖（直系ないし傍系）と推されるから、両者は同族なのであろう（太田亮博士は『姓氏家系大辞典』麻績部条で、信濃国麻績御厨に麻績氏が起り、本姓服部という と記す）。両氏はともに伊勢皇大神宮に奉祀しており、『延喜式』伊勢太神宮条に「右和妙衣は服部氏、荒妙衣は麻績氏、……祭に供す」と見える。先に見たように、『続紀』文武二年（六九八）九月条には、麻績連氏と服部連氏について、氏上・助が定められており、麻績連では無冠豊足を氏上に、無冠大贄を助にと任じられた。

『姓氏録』では右京神別に神麻績連をあげるものの、その本拠は、伊勢国の多気郡麻績郷（三重県多気郡明和町の中海・佐田あたり）なのであろう。当地には式内社の麻績神社があり（いま主神を豊城入彦命とするのは疑問。『伊勢國誌』は長白羽神とする）、多気郡明和町中海に鎮座する。その東方近隣、同町佐田には大海田水代大刀自神社が鎮座し、現社名を織殿神社として、天八千々姫命を祀る。同社を麻績氏が創建したと伝え、この麻績郷あたりで麻績氏の人々が伊勢神宮へ奉納する衣の生産を御機殿で行い、神宮の神御衣祭《かんみそさい》に荒妙を供える神麻續機殿《はたどの》神社（松阪市井口中町）に奉仕したという。その原料の麻糸は、北伊勢の員弁郡麻生田村（現・いなべ市北勢町麻生田）で紡がれたが、ここに麻生神社（天白大明神）があって、この地の江上家が麻績氏の末裔として知られる（野本三吉氏「天白論ノート」）。同社の近隣には、鴨神社・賀毛神社や八坂神社がある。

麻績氏や麻績に関し、史料に見えるところでは、次のようなものがある。

古くは、『書紀』崇神天皇七年八月条にあり、倭迹速神浅茅原目妙姫（百襲姫のこと）、穗積臣遠祖大水口宿祢、伊勢麻績君の三人ともが同じ夢を見て、昨夜の夢では、一貴人が出て来て誨《おし》え曰うには、大田田根子命を大物主大神を祭る主にせよ、と口々に奏言した。

次に見えるのは、継体天皇の后妃のなかに息長真手王の娘・麻績娘子が見え、荳角《ささげ》皇女（伊勢斎宮となったという）を生むとある。更に、『書紀』天武天皇四年（六七五）四月条には、三位麻績王に罪有りて因播《いなば》に流し、その二子もまた伊豆嶋・血鹿嶋に配流した、と見える。この麻績王の系譜は知られず、その名の由来も不明である。

『続紀』文武二年（六九八）九月条には、無冠麻績連豊足を氏上となし、無冠大贄を助となすと見える。同書の神護景雲三年（七六九）二月条に左京人正六位上神麻績連足麻呂・子老や右京人神麻績連廣目女など廿六人に対し、摂津国島上郡人正六位上三嶋県主廣調らと並んで宿祢を賜姓したが、同年十一月には宿祢賜姓の全員がもとの神麻績連に戻されている。延暦十年（七九一）正月には、献物により外正六位上麻績連広河が外従五位下を授かった。その後、『文徳実録』天安元年（八五七）正月条には、女官の叙位のなかに従七位下麻續連真屋子がいて外従五位下を授かり、『三代実録』には元慶七年（八八三）十月条に多気郡擬大領で麻績連豊世が見える。

このほか、毛野氏系統とされる麻績氏の改賜姓や叙位の記事が六国史にあり、『続紀』延暦元年

（七八二）五月条に下野国安蘇郡主帳外正六位下若麻績部牛養らが軍粮献上で外従五位下を授かり、『続後紀』承和十二年（八四五）九月条に下野国芳賀郡人の大麻績部総持・足利郡少領外従八位下大麻績部嗣吉が下毛野公姓を賜わる。『三代実録』貞観五年（八六三）八月条では、伊勢国多気郡百姓の外少初位下麻績部愚麻呂・麻績部廣永等十六人が豊城入彦命の後として本姓の中麻績公に復した。同書の貞観元年（八五九）十二月条には従六位上麻績部清道などが私馬を官馬に換えたことを赦免された。下野国芳賀郡に若績郷があり、信濃でも水内郡の善光寺に若麻績部君東人とその後裔一族が長く関与した。

以上が、「麻績」の人名に関して六国史に見える。大和国広瀬郡に広湍神麻績連があったが、系譜や活動は不明である。木簡には、上総国（安房）平群郡狭隈郷の若麻績部麻呂（平城宮出土）や遠州の神麻績部真虫女（浜松市域の伊場遺跡）が見える。『皇太神宮儀式帳』には、伊勢の竹村屯倉（多気郡に置かれた竹評の屯倉）の督領麻績連広背が見える。多気郡竹郷の伊勢斎宮の跡地付近に式内社の竹神社があり、祭神を長白羽神とするから、同書に見える竹首吉比古は竹評の長とみられ麻績氏同族か。竹首は後に竹連姓を名乗る。

鎌倉時代でも、『民経記』寛喜三年（一二三一）八月条に伊勢神宮に関し、「政所兄部麻績高清」が見える。それより先の時期であるが、『神宮雑例集』巻第二に所収の大神部の神服連公道尚らによる嘉応二年（一一七〇）九月付けの解状には、「神御衣勤めの者、掛畏天照坐皇太神が天原に御坐之時、神部等遠祖天御桙命を司と為し、八千々媛を織女となして奉織之間、御垂跡之後、今もその勤誠は厳重無双也」、「御糸奉納人面重次（八千々媛孫）」と見えるので、平安末期頃には神麻績・神服部の奉仕があったと知られる。太田亮博士は、伊勢内宮祠官家に脇田をあげ、小内人諸職掌人家

麻績神社（長野県飯田市）

系に見え、神麻績神部脇田氏は古記を蔵す、と記す（『姓氏家系大辞典』）から長く続いたことになる。

信濃では、諏訪神建御名方命の妃神が八坂斗女と伝えることで、その父と伝える天八坂彦命は、伊勢神麻績連の祖で、長白羽神や天物知命や天白神と同体とされ（『諏訪旧蹟誌』）、天白信仰に係る祭祀が伊那郡・水内郡などを中心に多く分布し、甲斐や駿・遠にも見られる。この辺の諸事情は、『古諏訪の祭祀と氏族』に多く取り上げられる。

中世武家で東国の麻績氏にも簡単に触れておくと、①信濃国更科郡麻績郷、現在の長野県東筑摩郡麻績村にいた麻績城主に服部左衛門清信が知られ、供養塔が残る。この地に鎌倉ないし室町時代に先祖が伊勢、三河から来たといい、清信の弟で海善寺の住職の海順坊が兄の清信・清正親子の菩提を弔うために建てたと伝わる。この地の麻績氏は、小笠原氏の庶流にもあった（阿波守長房の男、四郎長親が称したという）。麻績村宮本には麻績神明宮があり、伊勢内宮の神領たる麻績御厨の総鎮守として創祀され、天照大神を祀るから、当地の服部氏は伊勢方面から到来したとしてよかろう。信濃には、伊那郡にも麻績郷があり、麻績神社（明治の改名で、もとは八幡宮）がある現・飯田市の座光寺・飯沼あたりとされる。

②両毛地方には藤原姓の小見（麻績、尾身）氏があり、藤原秀郷を祖とする藤原姓足利氏の庶流佐野氏の流れをくむ。戦国時代の末に、佐野秀綱の弟・是綱が下野国安蘇郡麻績郷（現・栃木県佐野市小見）を領し小見是綱と名乗ったのが始まりという。もともと古代には、毛野氏族の麻績部（大、若）があり、この流れを男系ないし女系でうけた可能性もあろう。下野、栃木県の旧粟野町（現・鹿沼市域）では野州麻という日本一の大麻生産地域があって、四百年超の歴史をもち、四国の阿波から来たという（一に安房忌部族の最終到達地ともいう）。武蔵国埼玉郡小見邑（現・埼玉県行田市小見）発祥の小見氏とは同族とされる。

三　思金神の後裔氏族

知々夫国造と阿智祝

少彦名神と同様の性格で、知恵の神とか学業成就の神とされるものに「思金神《おもいかね》」がある。この神は、大工が家を建築する時に最初に行う「手斧初」（ちょうなはじめ）の儀式の主祭神ともされる。高御産巣日神の子と伝える系譜も少彦名神と同様で、異名が常世思金神、思兼神、八意思兼神ともされるから、常世国に行ったという知恵神の少彦名神に通じる。天照大神の天岩戸隠れのときは、高天原で知恵神と名高い同神がいくつかの案を出し、そのなかには「常世の長鳴鳥」（ニワトリ）を多く集めて、鳴かせるという策もあった。

『旧事本紀』の「神代本紀」では、高皇産霊尊（亦名が高魂尊）の児、天思兼命は信濃国に天降りして阿智祝部等の祖となるとし、同「天神本紀」では、思兼神は信乃阿智祝部の祖（子の表春命の後）や武蔵秩父国造の祖（子の下春命の後）になると記される。

このうち、まず武蔵の知々夫国造について言うと、「国造本紀」知々夫国造条には、瑞籬朝の御世（崇神天皇朝）、八意思兼命の十世孫、知々夫彦命を国造に定め、大神を拝祠せしむと見える（この辺の系譜は後述）。

次いで、『高橋氏文』には、景行天皇が東国巡狩をした時に、知々夫国造の上祖「天上腹天下腹人」が供膳奉祀をしたと見える。「天上腹天下腹人」という名は、先祖神の名を承けてのもので、明らかに実名ではない（同様の例は、鴨健角身命や天湯河桁命でも先に見た）。同書の景行五七年条には、「武蔵国知々夫大伴部上祖三宅連意由」と見えるが、これが「天上腹天下腹人」の実名か近親かとみられ、中田憲信編著の『神別系譜』には、「知々夫彦命―宇並命―意由」と記載がある。大伴部は朝廷への供膳奉祀に因む姓氏（膳大伴部）であり、『万葉集』巻廿には「秩父郡人大伴部少歳」が見えて、後世にも存続した。鈴木真年は、入間郡屯倉の管掌に因むのが三宅連だという（『日本事物原始』）。

秩父神社（埼玉県秩父市番場町）

知々夫国造一族が奉斎した**秩父神社**は、同郡中村郷にあり（同郷は埼玉県秩父市市街地あたりで、当社は番場町に鎮座）、八意思兼命・知知夫彦命を主神とし、天之御中主神を配祀する。境内には「御神降石」と呼ばれる巨石がある。天之御中主神はもとの大宮妙見宮の名残りで、同社に北辰・月神の祭祀が見られる。中世以降は、関東主要武士団の源流の一つ、いわゆる「秩父平氏」（平良文流と称した）が奉じる妙見信仰と習合して、長く「秩父妙見宮」として隆盛を極めた。同社の世襲宮司たる薗田氏は、知々夫国造の嫡裔か。

同じ秩父郡式内社の**椋《むく》神社**は、郡内各地に同名の論社が五社（蒔田、皆野など）ある。なかでも、井椋五所大明神と呼ばれた秩父市下吉田の社が有力で、猿田彦大神・武甕槌命・経津主命などを祀る。主祭神を「猿田彦」とするが、それが、天孫降臨出迎えの神と同神なら疑問が大きい。同名諸社の社伝などから見て、天下春命や金山彦命、八意思金命も候補となる。倭建東征の時に伊久良の地に御鉾を立て「嚮導した大神」を祀ったといい、それが天孫道案内で著名な猿田彦神に転訛したか（秩父では、「猿使いの日吉神」大山咋命か近親神を意味しよう）。神殿のほうは、和銅三年に「芦田宿祢守孫」が造立したという。

関連して言うと、武蔵秩父あたりで道に迷った倭建命一行を狼が案内し、「大口真神」となって御岳山にとどまった、ともいう（武蔵御嶽神社）。秩父の三峯神社でも同様の伝承を伝え、御眷属の「お犬様」（狼）のお宮（「お仮屋」という）もある。秩父郡内では、このほか宝登山《ほどさん》神社、両神神社、龍頭《りゅうず》神社などで、お犬様が祀られる。

椋神社（秩父市下吉田）

上古の知々夫国造の領域は、秩父郡に限られるのではなく、もっと広域で武蔵北部地域や西部の多摩郡も含まれたとみられる。武蔵国入間郡に住む三宅氏は、上記三宅連の後裔と伝える。多摩郡の布多天神社（調布市調布ヶ丘。布田五宿の総鎮守）や阿豆佐味天神社（西多摩郡瑞穂町。武州村山郷の総

布多天神社（東京都調布市）

鎮守）、穴澤天神社（東京都稲城市矢野口。祠からは名湧水が出る）などが、少彦名神を祭神として知々夫国造一族が祭祀した。少彦名神（及びその眷属神）を主祭神とする神社が「天神社」と呼ばれる例は各地に多い。また、多摩郡式内社の小野神社は、論社の二社（多摩市一ノ宮と府中市住吉町とが、多摩川中流を挟み左岸と右岸に鎮座）ともに、天下春命を祭神とするから、これも知々夫国造一族の祭祀にかかるものか。

平安後期頃から現れる武蔵や両総の諸武家では、桓武平氏を称する秩父党・千葉氏などが、知々夫国造の流れを汲むとみられる。具体的には、秩父・畠山・河越や千葉などの一族は、共通して**妙見信仰**を長くもつこと、祖先という平良文からの系譜の流れに不自然さがあることなどの事情を考えると、実際には知々夫国造の族裔であろう（『将門記』に見える平将門の部将・多治経明の後か）。武蔵の野与党・村山党の諸氏も、千葉氏と同流と系譜にいう。丹党も、知々夫国造同族の流れをなんらか汲むとみられる。小野朝臣姓と称する横山党及び猪股党も、中央官人の小野朝臣氏の出とするのは系譜的に疑問であり、小野神社を奉祀した知々夫国造族裔の大伴部（ないし大伴直の後裔）の出かとみられる。これらを含め、東国の武士で知々夫国造の流れを引くものが、実際には相当多かったと思われる。

秩父・畠山の一族は、武蔵権大掾将恒（上記多治経明の子か）の流れであり、武蔵を中心に居住も、鎌倉初期には本宗的な存在の畠山・稲毛・河越の諸氏が各々衰亡してしまい、それ以降では江戸・豊島くらいが武蔵に残った。鎌倉期以降では一族が各地に分散して、葛西は陸奥で、渋谷は薩摩で、秩父は越後で発展した。室町期の武蔵南一揆の構成員、小宮氏は多摩郡小宮村（現・あきる野市の西端部の養沢・乙津あたり）に起こるが、『風土記稿』では橘樹郡の今井村に小宮氏館跡があり、秩父次郎重忠の一族、小宮筑後守入道重康が住んで、その鎮守が山王の社だという。重忠の父・重能は、椋神社を奉斎したと伝える。

十二世紀前葉に関東で反乱を起こした**平忠常**は、武蔵国押領使や上総介などをつとめ、桓武平氏良文流と称したが、系譜的なつながり（「良文の孫」という）には疑問がある。その後裔の千葉氏・相馬氏の一族が全国各地で長く妙見信仰、北辰信仰を保持した事情などから見て、実際には知々夫国造族裔ではないかと推される。鎌倉時代以降、千葉氏の一門の守護神として崇奉したのが千葉妙見宮（現・千葉神社。千葉市院内町）であり、祭神を天之御中主命・経津主命や日本武命として、もと「星の宮」とも称した。福島県の相馬三妙見も著名で、相馬中村神社（相馬市中村）は日本三大妙見の一つに数えられる。

忠常の家は、初め下総国香取郡大友（現・香取郡東庄町域）に居り、嫡流は本来、上総介広常の系統のほうかともみられるが、頼朝による広常殺害の後、千葉介一族が本宗となって跡を襲い（このため、同じ苗字が両系統で複雑に生じた）、中世の両総や肥前で大いに栄え、多くの苗字を出した。なお、陸前・陸中には千葉一族と称した薄衣《うすぎぬ》千葉氏系の諸氏（東山、伊沢など）がおり、多くは中世に葛西氏に属したが、これら諸氏はその系譜の初期段階に疑問が多く、早くに分れた千葉同族か別族かは不明である。

信濃の阿智祝の祭祀

天表春命の後裔諸氏は、「阿智氏族」として一括されよう。天神系では珍しく、八意思兼命の後裔と称する氏族であるが、この系統は信濃南部の伊那郡及び武蔵西北部の秩父郡という東国にのみ存続した。その発生段階で中臣氏族、服部氏族と同族の関係にあったとする伊豆国造の系譜があるため、鈴木真年は中臣氏族に一括するが、阿智氏族は、実際には発生・初期段階で伊豆と関係が深く、むしろ伊豆国造と同族の流れ（中臣氏族ではなく、別系）とみられる。太田亮博士は、『姓氏家系大辞典』アチ条で、「勢力ある氏なりしや著しけれど、其の後裔の詳かならざるは惜しむべし」とまで書く。

阿智祝部は、実際には伊那郡南部に後裔を長く存続させており、それが「小町谷系図」として鈴木真年が明治期に採集して現在まで伝えられる（その著『列国諸侍伝』に「信乃国阿智祝系図　阿智祝」と原典が見える）。これと社伝により、当該氏族の実態が概ね知られる。

伊那郡には式内社が二社あったうちに、阿智神社があげられ、その論社が下伊那郡阿智村の智里《ちさと》（昼神）と駒場にある。いま智里の地に阿智神社の前宮と奥宮があって、祭神を天八意思兼命・天表春命とし、建御名方命・大山咋命を配祀するというが、一説に、「昔は駒場の社（現・安布知神社）を前宮、昼神（現・阿智神社）を奥の宮と言へり」と記すものがある。これが正しければ、当初鎮座の地が昼神で、これが後に奥宮（元宮）になるものか。江戸時代は「山王権現」と称した事情もあり、これは現在、配祀とされる大山咋命に因むとみられ、鴨族との同族性を示唆する。

㊤阿智神社　㊦阿智元宮の磐座
(長野県下伊那郡阿智村)

智里では、阿知川(天竜川支流)左岸の小丘の上に前宮が鎮座し、この前宮から阿知川に沿って二キロほど進んだその上流部(黒川)と本谷川との合流点の「山王の森」に奥宮(「山王さま」と呼ばれる)がある。社殿の奥の高所の小丘を、阿智族の祖・天表春命の墳墓として「河合の陵」(川合陵)と呼ばれ、丘の頂、玉垣に囲まれて苔蒸した巨石(高さ・幅が各々一メートル余)の露頭がある。かつて大場磐雄博士により磐座(上代における祭祀遺蹟)だと認定された。社伝(後述)には、敏達天皇十一年、春に阿智宮の河合陵が損壊したので御殿を改め造り、秋には、阿智宮主の八葉別大人、大御食社の大足葦津彦とが共に御神霊(八意思兼尊）を移し、神酒・御食や種々の物を奉じて七日七夜、お祭りした、と見える。

これらの諸事情から、奥宮の地が阿智神社の祭神、八意思兼命・天表春命の鎮座地だと窺われる。阿智祝は吾道祝とも書き、同族で同じ伊那郡の北方の大御食社の神主家と通婚・養子縁組など密接な関係をもって系を長く続けた。ただ、一族の大御食社社家などの史料にも、文徳朝の斉衡三年（八五六）に「吾道之祝」となった千幡彦のあとは動向が見えず、十世紀中葉の村上天皇の天暦年間（九四七～五七）には、後裔（の一部か）が北信濃の水内郡、戸隠社へ移ったとも、分祀したとも伝える（戸隠は修験の山だが、阿智村の西境が修験の山で知られる恵那山。山頂の恵那神社には一言主神・天目一箇命も配祀）。戸隠で神楽を伝えた社家が後裔の徳武氏であり、阿智元宮にも「篝薪《かがりび》神楽　吾道太神宮」の碑がある。

阿智に残った神主家は、中世には原氏といい、後継がなかった室町前期に大御食社家から後嗣が入って続いたと系図に見える。また、智里から三キロほど阿知川で下った駒場の安布知神社は、祭神を天思兼命等とし、江戸時代には新羅明神と呼ばれた。

阿智族は、上古代の伊那谷西南部一帯を開拓したとみられる。阿智村の地は、古代東山道の阿智駅がおかれた交通の要衝であり、駅馬三十頭をおき、西隣の美濃国に通じる険難な神坂峠《みさか》に備えた。この阿智駅の守護神とされるのが当社で、古来、重要な位置を占めた。『万葉集』には信濃国埴科郡の神人部子忍男の歌に、「千早振る神の御坂に幣《ぬさ》まつり斎《いは》ふ……」と見える。神坂峠には国指定史跡の「神坂峠遺跡」があり、滑石製品を主とした祭祀遺物が出土した。この峠の麓の同村園原に神坂社が鎮座する。その境内には、「日本武尊の腰掛石」と呼ばれる巨石や武尊お手植え伝承の老杉もある。同社はかつて住吉社と呼ばれ、祭神は住吉三神（筒男三神。穂高見命が神坂越えのおり祖神を祀るという）とされるが、これにはやや疑問があり（海神なら鹿に化身をするのかという疑問）、同社で天津日子根命を配祀と言われて、阿智祝が関与したのなら、このほうが妥当であろう。なお、関連してそうな御坂山神社が駒ヶ根市中沢にあり、祭神を大山津見神（大山咋神の転訛か）とする。

阿智神社が鎮座する昼神は、いま南信の温泉地として著名である。これは、昭和四八年（一九七三）、昼神湯ノ瀬地区でトンネル掘鑿による温泉湧出で発見された、歴史の浅い温泉だと認識されている。しかし、江戸中期頃に、昼神一帯で温泉が出たとの記事が、阿智神社神主の原清太夫家文書にあって、これが後に土砂崩れにより埋没し、所在不明になっていた（現在の温泉と合致するかは不明）、という。それより早い、正徳元年（一七一一）に「湯屋権現」の記載もあり、古代からなんらかの形で温泉の湧出が知られていた可能性もある。前宮の看板には「奥宮近くの河原から、昔、暖かい水が出てきたといわれている」と記される（吉川宗明氏）。少彦名神が「温泉神」とされてきた事情も、想起される。

さて、地名の「昼神」の由来には二つの説がある。一つは、倭建命が信濃坂（神坂峠のこと）で白い鹿に化身して現れた悪神に対し、噛んでいた蒜（ひる。ニンニク）を投げつけて退治したことが『書紀』景行四十年条に見え（『古事記』では、科野坂の神を言向けたとのみ記す）、この伝承に由来するとみる説である。この故事から峠を越える人々は、悪い神気を避けるため蒜を噛むようになり、「蒜噛み」、「ヒルガミ」、「昼神」へと変化したといわれる。もう一つは阿智神社に祀る天思兼命に由来するという説で、天岩戸を開けて闇世界から昼の明るさの取戻しに貢献したことで、「昼神」の名ができたとするが、一般には、前者が通行する。なお、峠神の殺害で道に迷い難渋したが、白い犬に助けられ美濃に出たといい、倭建命は、武蔵秩父でも道に迷い白狼に助けられたとの伝承が残る。阿智村では、寺尾の伊賀良神社前宮で大山咋命を祀り、栗矢の八幡社で日鷲命を祀り、春日の春日社で経津主神を祀ることにも留意される。

阿智神社の南方、下伊那郡の南端部近くには、南宮神社（天竜川中の巨大な奇巌の島である中ノ島に鎮座。同郡泰阜村温田）や伊豆社（伊豆権現。同郡阿南町新野）もあって、これら神社は阿智族との関係が窺われる。こうした諸事情があるから、同じ「アチ」でも、韓地渡来系の阿智使主一族と阿智祝とを関係づけるなどの見方は論外である。

大御食社の祭祀・社伝と日本武尊

先に触れた伊那郡赤穂（現・長野県駒ヶ根市赤穂）にある大御食神社は、明治頃までの神官家が小町谷氏であった。同社は、古社でも式内社にならず、明治前期に郷社に列した。

その創祀については、社伝によると、大足彦忍代別天皇御代（景行朝）に、日本武尊が蝦夷征伐の帰路に当地に立ち寄った際、仮宮を設けて饗応した里長、赤須彦（赤津比古命）が「御食彦（みけつひこ）」の名を賜り、後に、その饗応の地、美しの杜（美女森《うつくしのもり》、美女ヶ森）の神木「御蔭杉」のもとに日本武尊を祀って祠、「大御食ノ社」を創建したという。武尊は里長

大御食神社（長野県駒ヶ根市赤穂）

の娘・押媛命（押姫）を愛でて召され、赤須里に三日三夜過ごしたという。その摂社では、御食津彦社に八意思兼尊・御食津彦等を祀り、植継社には吾道赤須彦を祀るほか、秋葉社（祭神が迦具土神）、諏訪社（同、建御名方命）、二木社（日本岐社。同、天之御中主神）、山神社（同、大山祇神）などもある。

当社には、桐板にいわゆる「**神代文字**（阿比留草文字）」で書かれた社伝記が伝えられており、「美しの杜社伝記」（「大御食ノ社　昔事年代記」）とも呼ばれる。この「神代文字」を、明治初期に伊那県大参事の落合直亮（平田派国学者。直文の養父）の弟・落合直澄（一平）が解読して、『美社神字解』『美女森社伝記』として刊行した（直澄はさらに神代文字研究を続けて、『日本古代文字考』も一八八八年に刊行）。社家の系図も残されており、これらを「小町谷系図」「美杜　信濃国伊那郡赤須社旧記」として、鈴木真年が明治前期頃に採録し、『百家系図稿』巻一・巻十六に所載する。最近までに、櫻澤重利氏・伴崎史郎氏など、かなりの研究者がそれぞれ当該神代文字社伝記や関連研究を手がけており、各々に著作もある。

当該社伝記には、景行天皇朝の日本武尊伝承から村上天皇の天暦五年（九五一）までの期間、赤須彦などの系譜及び大御食社の祭祀や神木、阿知ノ宮主などの経緯が記される。その主な記事は次のとおり（「神代文字」はヒラカナにほぼ相当し、適宜、これらに漢字が当てはめられる。年代も「軽島明宮御世」などの表記だが、これも含め記事の意味を分かりやすく記した。なお、学界で否定される「神代文字」だが、それを用いて書かれた記事が直ちに否定されるわけではない）。

①応神天皇三八年に、祭神のお告げにより尾張熱田宮から草薙剣の御霊代を迎え祀るに当たり、御食津彦の裔、瑞健彦、こと「阿知真主（宮主か）」篠建大人、と阿知島里に住む大武彦が相談

した件‥このとき、祭神から共に住むと言及された「イツイラツヒメ」は、多様に訳され（厳郎女〈姫〉、厳色姫とか五郎姫とも）、多く尾張国造族の宮簀姫に当てられるが、このヒメを熱田宮から迎えたというのは、誤伝か転訛とみられ、美杜に坐す者（美女ヶ森に祭祀）は、日本武尊が愛でた押媛とするのが妥当であろう。熱田宮から迎えたのは、草薙剣の御霊代だけということである。

②同朝四二年に、近隣の上穂里に天照大神と諏訪神建御名方命を迎え、「相殿」に奉祀して五十鈴社という件‥後ろで取り上げるが、どこの社の「相殿」かが問題となる。

③仁徳天皇四年に、御食津彦の裔、八玉彦は片桐里人と議し、建御名方命を迎えた件。同廿年には、同神を中沢里、石曽根里、宮田里など六か所に祠を建て祀った。‥阿智族が諏訪神も篤く奉斎したことに留意される。現在の大御食社では、境内社の御渡社・諏訪社などで諏訪神を祀る。これら六か所は、宮田村・駒ヶ根市・飯島町にある。

④允恭天皇八年に、大草里黒牛（現・上伊那郡中川村大草黒牛）に坐す風神（現・風三郎神社）の祟りで五昼夜も嵐・雨が止まず、八十上津彦が、大御食社の神に伺いをたて、阿知ノ宮主牛足彦や大草里長武彦らと相談し、お告げ通りにしたら鎮まった件。

⑤雄略天皇十一年に、御食萬彦が大御食社の屋根を修補して、御饗を奉った件。

⑥敏達天皇十一年に、阿知宮の「河合の御陵」が破損したため御殿を改めて築き、阿知宮主八葉別大人と大御食社の大足《おおたり》芦津彦とで、八意思兼命も遷して七日七夜お祀りした件‥この「河合の御陵」がどこにあるかが問題で、昼神の奥宮の地なら、このときには阿知宮奥宮が昼神に鎮座していたことになる。それまで、天表春命だけを奥宮が祀ったのを、八意思兼命も奥宮で祀

るようになったと解される。

⑦文徳天皇の斉衡三年に、神木の杉が枯れたため、神のお告げにより、赤須彦（の子孫）が阿知宮祝・千幡《ちはた》彦、大草里長の徳麿らと相談して、神殿の建替えと杉の植継ぎを、片桐・大草・市田・鵜沼・阿島・知久・育良（伊賀良）・中沢・宮田・小出などの地域や、赤須・石曽根・上穂・田切などの地域の諸里氏子たち合計百二十余人と共に行った件：この時に名が見える伊那郡の諸里は、阿智族の祭祀圏、勢力圏を示唆する。これは、駒ヶ根市を中心に、北は伊那市・宮田村から、南は中川村・喬木村・飯田市あたりまで及ぶ広域である。そのうち、赤須・石曽根・上穂・田切などは、お膝元の駒ヶ根市・上伊那郡飯島町の区域にある。現在でも氏子は小町屋・福岡・赤須、町一～四区に及び、御蔭杉植継ぎの祭事には、下伊那郡北・南部と上伊那郡西春近以南の村人が参列するという。

⑧陽成天皇の元慶三年に、山城の石清水八幡から八幡神の分霊を勧請して、美ノ社の相殿に祀った件…現在の大御食社の相殿に八幡大神が祀られ、その木彫座像（御神体）もある。八幡神の実体がわが国天孫族の始祖神・五十猛神とみれば、阿智族の大遠祖を祀ることでもある。

⑨宇多天皇の寛平三年に、大和の春日社から流鏑馬・騎射を遷して、大御食社の祭りで行った件：流鏑馬は、社の東方の宮の原で行われたが、今は矢を配るだけ祭事になったという。たしかに春日大社で流鏑馬が行われるが、信州諏訪社でも、京都の賀茂両社や伏見稲荷社でもなされるから、どこの神社の例に倣ったのかは確かめがたい。

⑩村上天皇の天暦五年に、稲に虫がついたので駆除の祈りをした件。これが最後の記事。

このように社記伝の内容を見ていくと、内容的にはとくに不自然なところはなく、概ね信頼してよさそうである。当該社伝記を表記する「阿比留草文字」が、李氏朝鮮の世宗制定の諺文（ハングル）を基礎として作られたものであるならば、十五世紀以降に同書が記されたことになるが、その辺の事情は不明である。

阿智祝族の伊那到来

阿智祝氏一族の長い歴史は、上記社伝記と「小町谷系図」（以下、本項・次項で「系図」と記す）の意味するものとを踏まえ、地元の地理事情などを総合的に勘案すると見えてくる。私はかつて『古代氏族系譜集成』を編纂したときに、阿智族をそれなりに検討はしたものの、今回、改めて最近までの種々の研究を踏まえて総合的に見直してみると、鈴木真年翁も、かつての拙見も、あるいはその他で見える見解も、若干間違っているのではないかと思われてきた（そういう反省・自戒を込めて、以下の記事を書くことにする）。

問題は、阿智氏族がいつ信濃伊那の地にどこから来て、その主要居地はどこか、阿智社奉斎の系統と大御食社奉斎の系統は、いつどのように分岐したか、ということである。

まず、伊那への移遷に関し、社伝では、第八代孝元天皇五年春正月に、天八意思兼命が御子神を従え信濃国に天降り鎮座したのが創祀という。これは祖先神の名前で事件を表したものだとして、若干の疑問あるも、崇神前代に阿智氏族が伊那に来住したと窺われる。

というのは、系図では、天表春命から始まるものは、その子の「阿豆佐美命―加弥夜須命―伊豆弖命―阿智別命―阿智山祇命」と続けるが、阿智別命より前の三代は、名前などから伊豆に在ったとみられ、崇神朝の人の二、三代前になって「阿智」の名が現れるからである。「阿豆佐美、加弥夜須」は、共に伊豆国賀茂郡の延喜式内社の名に見える。まず、同郡の阿豆佐和気命神社が阿豆佐美命との関係が窺われる。同社は、論社が二社あるも、熱海市西山町の來宮《きのみや》神社が主に考えられ（他の一つは東京都利島村に鎮座）、祭神・五十猛神などで上述した。加弥夜須命に関しては、同郡に「加弥」神社及び「夜須」神社がある。

これも先に触れたが、武蔵国多摩郡式内社に**阿豆佐味天神社**（東京都西多摩郡瑞穂町殿ケ谷）があり、知々夫国造関係者が奉祀したとみられ、これで、伊豆国造と知々夫国造・阿智祝の同族性が示される。同社は狭山丘陵南麓に鎮座し、湧水を祭祀対象にするとされ、祭神は少彦名命・素戔嗚命などで、宮司家の宮崎氏は五十代を重ねるという。この地は、武蔵七党の村山党の本拠地であったが、村山党は野与党と同族で、平忠常の子・胤宗の後裔と称した。平忠常の流れの諸氏では妙見信仰が著しかった、と先にも見た。

次ぎに、「阿知命―阿知山祇命」は社伝記にも名前が見えており、「阿知宮に祀る思兼命の御子表春命の末裔に阿知命があり、御子阿知山祇命の末裔が赤須彦」と記される。

前者（阿智別命）は系図に「伊賀良彦の女を娶る」と記事があることに注目される。いま阿智村東南部の

阿豆佐味天神社（東京都西多摩郡瑞穂町）

入り口に近い大字伍和に伊賀良神社があり、同社の勧請が一に中世の十六世紀代で下条氏によると伝えるが、その祭神に天御中主命・大山咋命などをあげることから見て、古代から当地にあったものであろう。いま飯田市街地西南方に伊賀良地区（松尾、代田などを含む）があり、もとは伊賀良村といったから、伊賀良彦はこのあたりの族長か。伊賀良の西南近隣に久米の地（飯田市域）・久米川があり、阿智村との境近隣に位置するが、阿知山祇命にも「久目彦の女を娶る」と記事があって、阿智別命と阿智山祇命とは同人かもしれない。ともあれ、崇神前代の阿智別命のころに伊那郡に到来したものか。

こうした阿智族の伊那到来ルートを考えると、その先祖は、諏訪神建御名方命の東遷と行動を共にしてまず東国伊豆に行き、次いで、そうした縁由で信濃南部に来たものとみられる（大和王権の先兵で諏訪に敵対としてという事由ではなかろう）。阿智祝一族も、大御食社において篤く諏訪神の奉斎をしたが、これが境内社の存在で知られる。

阿智祝氏の一族後裔

系図では、阿智山祇命に二子あり、長が味見命、次が味津彦命として、味見命の子が**知々夫彦命**とされるが、その後は記さない。ここでは、天表春命の七世孫（八意思兼命からは八世孫の位置）におかれるが、「国造本紀」には知々夫彦が八意思兼命の十世孫とされる。この辺について、他の古代氏族諸氏の各世代と比較すると、「思兼命の七世孫」とするのが妥当なところであろう（「国造本紀」の「十」は「七」の誤解か誤記か。「小町谷系図」では、初期段階の人々に関して、一世代重複がある可能性も考えられる）。また、「小町谷系図」により見れば、「天表春命＝天下春命」というのが実態であったのだろう。上記の「天下腹天下腹人」という表示も、これを示唆する。

次ぎに、知々夫彦命の弟を欠名にして、この者が「阿智宮主（阿智宮之祝）」の流れの祖だとし、かつ、味津彦命の孫が日本武尊を饗応した赤須彦だとして、この系統が大御食社を奉祀して長く明治まで系図を伝えたとされる。阿智宮主の祖・欠名者の流れは、その九代後の八葉別まであげるが、系図では歴代に欠名が多い。私は、『古代氏族系譜集成』編纂の時は、これを系図記載のまま受け取っていた。

しかし、今回考え直すと、この阿智宮主の流れの記事は、誰か（小町谷家の先祖か）が別の所伝（上記社伝に見えない者も系図に見える）に基づき後世に書き込んだものではないか、と思われた。というのは、倭建命（日本武尊）の時代には阿智祝の本拠は、伊那郡中央部の天竜川沿岸の平野部、駒ヶ根市の赤須あたりに居て、赤須彦は大御食社家の先祖ばかりではなく、併せて阿智祝の先祖でもあるとみるのが自然だ、と思い直したからである。

その根拠は、①阿智宮主の表記が赤須彦以前には社伝に出てこず、赤須彦の後裔になって出てくること、②倭建命に退治された信濃坂の神が赤須彦の同族なら、行動として不自然なこと、そして③社伝の応神朝の尾張熱田宮から草薙剣の御霊代を迎える記事の読み方、などである。その記事には、「御食津彦の裔、瑞健彦《みずたけひこ》、阿知真主篠建大人、阿知島里に住む大武彦と議して」とあるが、「瑞健彦＝阿知真主篠建大人」として先に見たように、両者の間に同人を示す「すなわち」が入るとみる。『神別系譜』でも、赤須毘古の子孫に吾道真主篠武大人や阿智宮主牛足彦が記される。

大御食社の祭事には、駒ヶ根市赤穂を中心とする天竜川中流沿岸部の諸里からの参加が古来からあると伝えるが、それ以外の記事にも阿智宮主が諸祭事に参加したと見えており、現在の阿智神社奥宮のある昼神に居たのなら、地域が離れすぎて参加はやや不自然だと思われる（大御食社は、『延喜式』の式内社の格付に漏れるが、これは近くに阿智神社があった故か）。

応神朝には、上穂里に天照大神と諏訪神建御名方命を迎えて、「相殿」に奉祀し五十鈴社（伊鈴社）と名づけたという記事も手掛かりとなる。この五十鈴社は、いまも上穂地区に大宮五十鈴神社として存在し（ただし、現在の地名は大御食社と同じく大字赤穂）、応神朝四二年の創祀を伝える（明治四〇・四一年には、近隣の八劔社・日枝社〔山王社〕など「上穂八社」を合祀して現社名を称した。その神主白鳥家〔白鳥俊明氏〕は、神職後嗣が不在となった大御食社の神主も兼ねている）。この「相殿」という本殿が阿智神社の前社で、その鎮座地・上穂里に阿智宮主が居たとみられる。大御食社の社記に阿智宮主が見える最後が文徳朝・斉衡三年（八五六）であり、この時に阿智宮祝の千幡彦が御蔭杉の植継ぎに参加している。

あるいは、その前に阿智宮主の八葉別が見える七世紀前葉の敏達朝十一年（五八二）まで約二七〇年もの長い期間があるから、この間に阿智神社のほうが昼神に遷座し、五十鈴社だけが元の鎮座地に残ったことも考えられる（この場合は、六世紀代の遷座か）。

伊那郡南部には、かなり多くの古墳が築造され、最古級では、飯田市松尾代田《しろだ》にある代田山狐塚古墳が四世紀代の築造、次いで代田一号墳（代田獅子塚）が壺形埴輪の出土もあり、五世紀初頭頃と推測されている。前者は前方後方墳で全長が四二㍍、後者は前方後円墳のようで全長が六五㍍とされる。次ぎに記す「飯田古墳群」とは別にみられており、その中間に同市竜丘地区の兼清塚《けんせいづか》古墳が入るともみられる。全長約六三㍍で画文帯神獣鏡や倭製の斜縁二神二獣鏡・四神四獣鏡・内行花文鏡、硬玉製勾玉などの出土品から見て、五世紀後半とみる説が多いが、最古の狐塚古墳に次ぐくらいの築造年代か。

伊那谷最大の古墳としては高岡一号墳（飯田市座光寺）がある。高岡一号墳は、円筒埴輪・馬具・装身具（玉類、金環）等を出土の全長約七二メートルの前方後円墳で、横穴式石室をもつ六世紀前半の築造とみられる。この古墳を含め、飯田市域（座光寺・上郷・松尾・竜丘の地）には前方後円墳十八基、帆立貝形古墳四基の計廿二基があって、「飯田古墳群」と総称され、五世紀後半～六世紀末に築造されたとみられている。

特に馬具など馬の飼育・管理関連の出土品に特徴があり、埋葬馬が伊那谷で近年相次いで見つかる事情（五世紀中葉から後半、末頃とみられる馬の歯や骨。伊那谷全体で三〇例にも及ぶ馬葬例がある）もあって、諸古墳は伊那谷の馬の生産を背景に財力を蓄えた結果ともみられよう。飯田市松尾の茶柄山古墳群から馬の埋葬（殉葬、犠牲の土壙）が十か所も発見されており、当該松尾地区周辺の台地に馬匹の生産・飼養集団が居住した。しかし、平安中期の『延喜式』に「信濃十六牧」の一（うち上伊那に三牧）、『東鑑』に信濃廿八牧の一とあげる伊那郡笠原牧があるものの、飯田を含む下伊那郡には官牧や著名な馬牧が見られなくなる。伊那での古代馬牧の運営主体は具体的には知られないが（奈良時代の神護景雲二年〔七六八〕に、信濃国牧の主当として伊那郡大領金刺舎人八麿〔科野国造族〕の記事はある）、この五世紀代頃には、阿智祝の本宗は伊那郡の南方に展開して、馬産に関わった可能性もあろうか。

さて、応神朝の瑞健彦が、阿知真主（宮主）篠建大人と同人（御食津彦の孫）だとしたら、ここまでは阿智祝の系が一本であって、その次の代、仁徳朝頃以降に（允恭・雄略朝頃か）、阿智祝本宗で阿智社奉祀の家と大御食社奉祀の家との二系統に分かれたことが推せられる。

前者の系統は敏達朝の八葉別までが知られるが、その後の約二七〇年間の動向は社伝等に見えず、不明である（そもそも、「阿智祝」の姓氏すら不明である）。中世には原という苗字をもち、江戸中期にも原清大夫の名が史料に見える。戸隠の徳武氏を分岐したと伝えるが、その他の支族分岐は知られない。

後者の大御食社奉祀家は、南北朝期に赤須を苗字としたが、十五世紀前葉頃に赤須里のなかの地名の小町谷（現在、赤穂の小字に小町屋あり、「御待饗」に因むという。この名のＪＲ駅もある）を名乗るから、赤須本宗は絶えたものか。支族には、九世紀後葉頃に分かれた長岡・川野・稲部がある。南北朝期にも伊那郡小井弖《こいで》郷（小出郷。赤須の八キロほどの北方で、現・伊那市西春近あたり）に因む**小出氏**が分かれたが、後に室町中期頃に越後国蒲原郡に行き上杉氏に仕えた。同じ小出氏では、藤原姓（南家藤原氏為憲流）を称するものが尾張国愛知郡に行き、幕藩大名（但馬出石藩、丹波園部藩など）にもなったが、その実際の系譜は諏訪神家一党（諏訪上社五官の一の小出氏と同族。神人部宿祢姓）となんらかの所縁ありか。ただ、諏訪神党の系譜のなかに小出氏の分岐が見えず、神家一族が主に用いた梶葉紋を小出氏が用いないのも、本来は諏訪神族とは別族という傍証かもしれない。幕藩大名の小出氏は、父祖が尾張中村の出であり、藩祖の小出甚左衛門（播磨守）秀政は同郷の豊臣秀吉の縁者といわれる。甚左衛門の「甚」は神に通じ、神姓の者の通称、称号に見える。

小出のすぐ南には原（伊那市南端部。阿智祝本宗家の苗字）という地名も見えるから、このあたりの伊那郡には阿智祝一族が繁居したと窺われる。伊那郡赤穂に起こり橘姓と称した上穂・宮田・赤津・小平（古平）の一族も、地理的な近住と上記社記に里名が見える事情から見て、同族の出かとみられる。

戸隠山の思兼神一族祭祀

長野県長野市街地の西北方に位置する戸隠山（標高一九〇四メートル）の戸隠神社にも、思兼神が祀られる。戸隠連山は、全山が凝灰質集塊岩の険しい絶壁からなっている。

この「戸隠」という地名は、天照大神が弟・スサノヲの乱暴を嘆いて隠れた「天岩戸」の扉石を、手力雄命が投げ下ろしたものが化して山になり、その子孫がこの地に来て祖先天手力雄命を祀ったことに因むとされる。また、『阿裟縛抄《あさば》』の戸隠寺縁起によれば、大石窟で法華経を誦む学問行者と九頭一尾の龍との逸話もあり、嘉祥二年（八四九）に行者が入山し、先住の九頭龍神を山の守護神として岩戸（大磐石）で封じ隠し、戸隠寺を建てたともいう。この神道系と仏教系の二つの説話が「戸隠」の由来というが、前者のほうが古いようで、『旧事本紀』にも見える。

戸隠山（長野市）

　龍神は水を司る神であり、戸隠山・妙高山あたりの山容が龍に

戸隠神社および九頭龍神社参道の杉並木

も喩えられ、似たような話が秩父の両神山についてもいわれる。九頭龍の伝承は、箱根権現や和泉・葛城山、近江・三井寺霊泉などにもあり、箱根では、芦ノ湖の九頭龍を調伏し、九頭龍神社（箱根権現の摂社）を建立して九頭龍（水神）を守護神として祀ったという。

ともあれ、戸隠神社は古来、入口的位置で標高の低い場所にある宝光《ほうこう》社、次に中社、奥社という三社（近世まで「戸隠三院」と呼ばれる）からなり、そのうち、奥社（本社）に祀る天手力雄命が全体的な主祭神とされてきた。これが、仁明天皇の嘉祥三年（八五〇）の創祀という。宝光社は、当初、天暦三年（九四九）に奥社の相殿に祀られ、康平元年（一〇五八）になって別殿とされ現在地へ遷座といい、これら二社に遅れて、中社が寛治元年（一〇八七）に創建されたという。中社の祭神が八意思兼命で、その子・天表春命が宝光社の祭神とされる。昼神の阿智神社の社伝にいう「天暦年間に戸隠に分祀」とは、宝光社の創祀のことかとみられる。

この戸隠山は阿智祝部一族が開いたと近世にもいわれ、江戸中期の別当顕光寺の乗因が「阿智祝部修験一実道士」と称し、現に明治初期まで阿智氏の子孫という徳武氏が社家を続け、太々神楽の舞で奉仕してきた。いまでも徳武の名字は、長野市戸隠（旧・戸隠村）あたりに多く見られ、分布の中心が同市大字戸隠宝光社である。この名字の由来として、愛知県東部で徳川氏、山梨県で武田氏の家臣だった住民が徳川の「徳」、武田の「武」を合わせて、弘治三年（一五五七）に阿智姓から改姓したとも伝える。この由来が正しいかどうかの確認はできないが、阿智氏の子孫という所伝は厳然とある。祭神の天表春命は、学問や技芸、裁縫、安産や婦女子の神とされるとのことである。

ちなみに、上記三社のほか、地主神という九頭龍大神（あるいは天岩戸守神）を祀る九頭龍社、天岩戸の前で舞った天鈿女命を祀るという火之御子社（日之御子社）の二社を加えて、戸隠神社を五社から構成されるとの見方も、最近ではある。九頭龍大神は天手力雄命の荒魂と言われるから、戸隠神社で祀る神々は皆、天岩戸神話に関わるという。

主祭神天手力雄命は山祇族の系統で、紀国造や大伴連等の祖神である。天手力雄命自身が九頭龍神ともいい、紀州名草郡には九頭神社（九頭明神社。紀ノ川下流北岸の和歌山市福島）がある。信濃には、倭建東征に随従して東国に来た大伴氏一族が長く残り、国内各地に繁衍して馬牧の経営に携わり、中世武家として大きな活動をした。これが、後に滋野氏とか清和源氏とか称した望月・海野・根津の一族の実系で、幕藩大名で残った真田氏もこの流れである（この辺は、本シリーズの『大伴氏』ご参照）。山祇族の流れは、火神・月神の信仰をもったから、火之御子社（火祭の神事あり）の本来の祭神は、天鈿女ではなくて、火雷神の子神かとも思われ、その意味では全体の辻褄がほぼ符合する。

しかし、戸隠神社は延喜式内社にはあげず、平安末期から修験道の名道場であり（『梁塵秘抄』に四方霊験所七個所として伊豆走湯・伯耆大山などとともに見える。戸隠流忍者の里ともいう）、江戸末期までは寺社一体の「戸隠山顕光寺」（比叡山延暦寺の末寺）と呼ばれた事情や、大伴氏一族の分布がこのあたりにあまり多くない事情（近隣の飯縄明神別当の仁科氏は大伴末流だが）もある。これらを考え併せると、戸隠神社を阿智氏主体で考え直すことも必要かもしれない（阿智族は手力雄命の男系子孫ではないが、鴨族には火雷神祭祀がある。女系を通じる手力雄命の子孫ということは、十分ありうる）。その場合、伊豆国田方郡の式内社・火牟須比命神社の論社の一つが伊豆山神社（静岡県熱海市伊豆山）といわれ、古来、江戸期までは伊豆権現とか走湯権現と呼ばれたこととも関連しよう。

ちなみに、中世から江戸末期のもう一つの社家で、徳武氏の上位にあったのが中世の別当家の流れの栗田氏である。この氏は長野善光寺の別当に任じた毛野氏族の出（若麻績部君東人（いわゆる誉田善光）を女系の遠祖にもつ丈部姓。水内郡栗田に起こり、称清和源氏）とみられる。栗田氏は、戸隠山領千石のうち二百石を分けられ、火之御子社に奉仕した。

ここまで信濃の阿智氏族を検討してきて、天表春命の後裔という系譜を称しても、実体は少彦名神後裔の流れを引いたと分かる。伊那にも大山咋命を祀る山王信仰があり、伊豆国造・服部連と縁由が深くて同族とみられ、伊那にある麻績里や松尾という地に多くの古墳を築造した事情も併せ考えると、伊勢の麻績連同族の流れとみるのが自然である。

伊豆山神社（静岡県熱海市伊豆山上野地）

第四部

少彦名神後裔のその他同族

鴨氏族から初期段階に宇佐国造が分かれ、そこから更に息長氏族（応神天皇や継体天皇の出身母体）が出たとみることは、既に本シリーズの『息長氏』で記述している。ここでは同書で記さなかったことを主に取り上げるとともに、少彦名神の後裔諸氏のうち、ここまでに触れなかったり、殆ど取り上げなかった諸氏についても記すこととしたい。

宇佐氏の概要と九州諸国造・息長氏の分出

豊前の宇佐八幡宮（大分県宇佐市南宇佐）の神主家を長く続けて近代に至る宇佐氏は、神武天皇の東征を迎えたと記紀に見える菟狭津彦命を初祖として、宇佐国造家であった。「国造本紀」には、「橿原朝、高魂尊の孫、宇佐都彦命を国造に定める」と見えるが、この当時の段階で地方官の「国造」を定めるのは不自然である。北九州の歴史の流れを踏まえて考えると、景行天皇の九州巡狩を迎えた者の近親者（五十狩君あたりか）が成務朝に国造になったとみられる。この辺を含めて、七世紀以前の宇佐氏の歴史は不明なことが多い。

所伝や系図などでは、宇佐都彦の十九世（十四世ほどが妥当か）の諸石が八幡大神に供奉したのに八幡祭祀がはじまるといい、それが欽明天皇朝廿九年で八幡

宇佐神宮（大分県宇佐市）

大神が宇佐郡菱形山麓に鎮座した時とされる。元明天皇朝の養老五年（七二一）六月に、沙門法蓮が医術に優れた功により三等以上の親族とともに宇佐君の姓を賜わったが（『続紀』）、その時に祢宜年魚麻呂（法蓮の兄弟）も賜姓に預かるという。その五世孫の宇佐公活守が平安初期の仁明天皇朝に大宮司に補せられ、その子の権大宮司式佐の時に宇佐宿祢姓となったという。その一族後裔は大神氏とともに八幡宮の宮司など主要職を占めたが、のち大神氏は衰えて（大宮司を宇佐氏に譲ったものの、祝職などの祠官家としては近世まで続く）、宇佐氏が大宮司を世襲した。

寛弘六年（一〇〇九）には宇佐宿祢相規の大宮司任命が『類聚符宣抄』に見えており、平安末期の大宮司公通のときに朝臣姓を賜わり（一代限りか。清盛女婿という。従四位下豊前守）、その子の公房（宿祢姓で見える）、その嗣の弟・公仲以降も宇佐氏一氏が永く大宮司職を世襲した。鎌倉後期の大宮司宇佐公世（公仲の曾孫）は、元寇に際して加持祈祷で活躍し社領回復につとめて中興の祖とされた。その子の代、鎌倉末期から二系統に分かれ、兄の公敦が宮成家を号して宇佐本宗家であり、弟の公連が到津《いとうづ》家を号し倒幕や懐良親王擁立に活動した。この両家がその後ほぼ交互に大宮司職を継ぎ（支流の岩根、安心院、出光からの就任もあるが）、明治に至って両家は華族（男爵）に列した（その後に、宮成は宇佐を苗字とした）。

宇佐氏は時代により盛衰があるものの、多くの一族諸家が明治にまで八幡宮祠官として続いたことで、各々系図を伝える。神武朝の菟狭津彦命より前の祖系は不明で、平安中期頃までの系図にも諸説ある。多くは祖先を「天三降命」とするが、この神の神統譜が知られず、宇佐国造一族は、現在の所伝では中央の古代氏族からは系譜上孤立した存在である（同族関係をもつと伝える氏族は他に見えない）。太田亮博士は宇佐氏族を地祇に区分する。

ところが、九州の諸国造などの検討の結果、阿蘇・火（肥）・大分などの多くの国造家・県主家は、宇佐国造の支流の出とわかった。火国造の祖・建緒組命の流れから息長氏が出て、この系統から応神天皇や継体天皇、また、薬神後裔に相応しい宮廷医官世襲の和気朝臣などを出した（宇佐氏・宇佐八幡宮及び息長氏については、本古代氏族シリーズの『息長氏』〔宇佐氏はその「五　宇佐八幡宮と応神天皇」で記したので、本書ではごく簡単に触れるに止める〕）。

宇佐氏の祖系

宇佐氏の祖神「天三降命」には別の名があり、それが中央の雄族のどれかにつながる可能性が強い（具体的には天目一箇命の後裔諸氏など）。宇佐の神が鍛冶に縁由の深い神だと、谷川健一氏（『青銅の神の足跡』）などが指摘することも、その祖先系譜を示唆する。

この関連の神では、中臣氏族の祖、天児屋根命の遠祖として後世に架上された神の「天三下命」が見えるが、表記は似ても天三降命とは別神とみられる。『姓氏録』には宇佐同族という氏は全く見えないようだが、摂津神別の天孫に掲載の羽束《ハツカシ》は宇佐同族か。その記事に、「天佐鬼利命の三世孫、斯鬼乃命」の後裔とあるが、これには殆ど手がかりがない。天佐鬼利命とは天狭霧命で、サギリがサフリ（天三降命）に通じそうである（斯鬼乃命に手掛かりがなく、判断がつかないが、羽束（土器）から見て、鴨氏族か出雲氏族土師連同族か）。『姓氏録』大和神別の踰部大炊が「天之三穂命」の後とされ、この神とも関係があるかもしれないが、不明である。

宇佐国造の祖系に関連しそうな諸事情をあげると、次のようなものがある。

①宇佐神宮に北辰殿（北辰神社）が祀られる。『託宣集』によると、小倉山（小椋山。神宮が鎮座の亀

山の別名）に先住する地主神で、そこに八幡神が来て一緒に住んだとされる。この北辰神をもたらしたのが「渡来系の秦氏につながる辛嶋《からしま》氏」だと谷川健一氏はみる（『四天王寺の鷹』）。それ以前には、福岡県田川郡の香春にあったとみて、そこには妙見社、妙見山や妙見金鉱山・鷹巣金鉱山があり、妙見信仰と鉱山との関係も考える。拙見では、宇佐氏が八幡信仰・妙見信仰をともに当地にもたらしたと考える（後述③を参照）。

②八幡神にも擬せられる応神天皇は、神武・崇神から続く初期皇統の簒奪者であり、出身母体の息長氏の祖系が阿蘇に在った健磐竜命（阿蘇国造の祖で、武国凝別命と同人）まで遡るから、これが宇佐の八幡大神の後裔であった場合、ここに応神が宇佐に結びつく。そして、鍛冶・祭祀などの諸事情を考えると、健磐竜命はまさに八幡大神の後裔であった。その又名に見える「凝」が金属塊の意味であり、少彦名神の後裔たる安房忌部などの系譜では、始祖神の名を「角凝魂命」と伝えており、これがわが国天孫族の祖・五十猛神（八幡大神）に相当する。

③**辛島勝氏**の系譜は、宇佐祠官家のなかでは珍しく、五十猛神（素戔嗚神）の後裔と称する。その系譜は、宇佐関係史料や大分県史料集などに見えるが、かなり混乱があるものの、遠祖を五十猛神とする系譜所伝は正しいとみられる。五十猛神は韓地の伽耶から日本列島に渡来したわが国天孫族の初祖であり、辛島勝（辛嶋勝）は発祥地や奉斎神からみて、宇佐国造の初期分岐とみられる（分岐過程は不明。先祖という「豊都彦・豊津彦」が大分国造等の祖の「豊門彦」に通じるとした場合、その初期分岐となるか）。

④宇佐地方の固有信仰は、**馬城峯《まきのみね》**（**御許山、大元山**）を巡るによるシャーマニズム文化ともみられている。小椋山に鎮座の宇佐神宮の南東方、御許山頂には奥宮として三つの巨石を祀る大元神社が

あり、豪族宇佐氏の磐座信仰の当初形態とみられる。

御許山は、比売神が地上に最初に降り立った地とされ、上記巨石を比売神の顕現として祀るというから、はじめは比売神がこの地の土豪宇佐氏の氏神として発展したとの見方も出る。巨石の崇拝・祭祀で言えば、八幡三座を祀る妻垣神社（宇佐市安心院町）の奥宮が巨石の磐座であり、安心院町の佐田神社は環状列石（佐田京石）の近隣にある。国東半島の猪群山《いのむれやま》の山頂には、巨石によるストーンサークルが有名である。

⑤宇佐氏の初期歴代の名前に「タマ（珠、玉）」の文字が多く含まれており、別本の系図ではあるが、常津彦耳命の兄弟に「八井耳玉命、忍代玉名命」も見える。近隣の、国東半島には真玉・御玉・玉津などの地名もある。

⑥国造の遠祖に関し、「高皇産霊尊―天活玉命―天三降命」という系譜所伝もあり、天活玉命が天照大神（実は男神で、生国魂神のこと）に当たり、天三降命が訓みがやや似る天狭霧《さぎり》命かとみられる事情、及び「玉、鍛冶」という宇佐氏の特色を考えると、天狭霧命は天照大神が素盞鳴神との誓約に関し、天安河の河原で吹かれた狭霧のなかから誕生した諸子神（天照大神の子とされた）のうちの天津彦根命（天稚彦）に当たりそうである。その後の系譜は、玉作部・鴨県主の系統につながるようで、「少彦名神（天湯津彦命）―天羽槌雄命（鴨県主・葛城国造等の祖）」という二世代が菟狭津彦命の父祖に置かれよう。

⑦宇佐あたりには、山城の鴨神社とも関連深い貴船神社が多くあり、『宇佐市史』下巻に拠ると、市域に二五社ほど、合祀まで合わせると三十社を超える。旧封戸村には五社あり、旧北馬城村では三社あって、旧小向野村の産土神も貴船神社であった（いま小山田神社に合祀）。「貴船神」の実

体は、水神の罔象女神《みずはのめ》（五十猛神〔すなわち八幡神〕の妻神）とされる。少彦名神を祭祀する粟島神社・三島神社や、天孫系の熊野神社といった神社や金屋の地名も宇佐周辺に見える。

これら祖系に関連しそうな諸事情を見ると、宇佐国造は、当初は出雲（意宇郡忌部郷、玉作湯神社辺り）にあった少彦名神の流れとみられる。鴨族の一派が南下して安芸（阿岐国造は「国造本紀」に天湯津彦命後裔と記）に行き、ついで西方の周防の佐波（佐波郡の玉祖郷・玉祖神社や玉作部が居住。山口県防府市）を経て、瀬戸内海を南西方面に渡海し、宇佐に至ったのであろう。一方、鴨族主流のほうは和泉から大和葛城に東遷し、その地で葛城国造や鴨県主・忌部首・玉作連などを出した。

景行の九州巡狩のときの宇佐国造一族は、大和王権と接触したはずだが、端的には『書紀』に見えない。しかし、周防の佐波《さば》（佐波郡佐波郷）から南方に船出した景行一行を、服属のしるしで三種の神器を船に架けて海上で出迎えた**神夏磯媛**《かむなつし》は、宇佐国造一族の女酋とみられる。宇佐氏の系図では、菟狭津彦命の八世孫になる真咋命が景行朝に供奉したと見えるから、これが当時の宇佐族長だとしたら、その妻か近親であろう。

宇佐には駅館川東岸台地上に川部・高森古墳群がある。三角縁神獣鏡等の銅鏡を出した赤塚古墳・免ヶ平古墳などの前期古墳を含み、これらは四世紀中葉頃の築造とされる（一般に赤塚のほうが宇佐最古とされるが、両墳はほぼ同時期か）。**赤塚古墳**から出た三角縁神獣鏡は、京都府の椿井大塚山古墳、同じ福岡県の石塚山古墳・原口古墳からの出土鏡と同笵（同型）とされており、石塚山・赤塚から出土した供献土器が布留式古相に並行する。三角縁神獣鏡は、大和王権が各地の首長に配布したとみられ、これは景行巡狩の時期と符合する。**免ヶ平古墳**からも、三角縁神獣鏡・斜縁二神二獣鏡や勾玉・碧玉製管玉・石釧、多数のガラス製玉などと若い女性人骨が出た。同墳は神夏磯媛との関連も考えられる。

伊勢内宮の荒木田神主

伊勢神宮では、神宮祭主（祭官）・大宮司のほか、内宮・外宮の祢宜家も、古来、大きな勢力を持った。宮司の下で、実際の祭祀や事務万般を取り扱ったのが祢宜である。

祭主は中臣意美麻呂の子孫から選ばれ、神祇大副もしくは神祇権大副が祭主を兼ねる慣例もあり、戦国時代以降、大中臣朝臣姓の藤波家が祭主を世襲するところとなり、明治に及んだ。大宮司家も大中臣朝臣姓の河辺家であった。祢宜は、内宮（皇大神宮）の荒木田氏と外宮（豊受大神宮）の度会氏が主であった。度会神主は中臣氏同族という伊勢国造の分岐と称したが、これは系譜仮冒で、実際には海神族の出の磯部（石部）姓が改姓したものであり、丹波道主命の後の丹波国造族の出であった（本シリーズの『尾張氏』参照）。

一方、**内宮の荒木田氏**は、中臣氏同族の大貫連の出とされ、垂仁天皇に随従して来て神宮に祢宜で奉仕し、成務天皇のとき荒木田神主の姓を下賜された（「荒

伊勢神宮・内宮（三重県伊勢市）

木田」とは新開墾田の謂われ）といい、天見通命の後裔と伝える。その活動が大化前代から見えるが、奈良時代の初め頃に、荒木田氏は主に一門と二門の二流に分かれ、それがさらにいくつかの家に分かれた。それらは、内宮祢宜となれる家（重代七家：一門が沢田・薗田・井面、二門が中川・世木・藤波・佐八）と権祢宜となれる家（地下権任家）などの区分があった。このほか、内人・物忌の職も占めた。一時期、たんに「神主」とのみ称したこともあったが、氏人が太政官に訴えて元慶三年（八七九）五月にもとの荒木田神主に戻った（『三代実録』）。

荒木田氏一族からは、戦国時代の連歌師・俳人として著名な荒木田守武（生没が一四七三～一五四九。薗田家の出で、一五四一年に一祢宜となる）や、江戸中・後期の国学者荒木田久老《ひさおゆ》（内宮権祢宜で、従四位下。賀茂真淵門下。度会〔橋村〕正身の子、荒木田久世の嗣）や、ほぼ同年代の神宮学者荒木田経雅（中川家。祢宜、従三位）などが出た。

江戸時代には三位以上に昇る者もかなり出した（貞享四年〔一六八七〕以降、三六人が公卿となるという）。明治廿三年（一八九〇）には、荒木田泰圀が男爵を授けられて華族に列し、大正七年（一九一八）に沢田から荒木田に改姓した。ちなみに、度会神主でも、二門の流れで度会春彦（祢宜。白大夫。菅原道真の傅役）の後裔の松木家が明治に男爵となった。

荒木田神主の系譜

上記のように、荒木田神主の系譜伝承にはいろいろ疑義があり、検討してみる。

まず、祖の伊己呂比命が景行天皇の時に「大貫連」の姓を賜るというのが疑問である。このような早くにカバネ賜姓があったはずがないし、大貫連という姓氏は各種史料に見えない。この「大貫」

は、現・度会郡度会町大野木（宮川中流域西岸域。旧・内城田村域）の地名に因むとされる（『神道大辞典』）。小社神社の南方近隣の地であり、その西北近隣には鴨神社（玉城町南部）が大字「山神」の地にあることに留意される。

この鴨神社では大水上神の御子神を祀るとされ、大日山の中腹に鎮座し、神体は石とされる。斎宮遺跡の発掘の進展により、付近には斎宮の氷室跡があって、主水司の鴨氏との関連が指摘される。鴨神社から東北方二・五キロの地（同町勝田）には、内宮末社の鴨下神社もあり、祭神は同じである。ここで問題となる「大水上神」については、『神道大辞典』では大水神や大山祇神と同一神と認められるとし、『皇大神宮儀式帳』に皇大神宮摂社の大水神社の祭神を大山罪乃御祖命と記す。拙見では、「大水上神＝大水神」は妥当でも、大山祇神は大山咋神の転訛と考えられ、しかも大水上神は大山咋神の近親くらいではないかとみる（先述したが、真年は鴨武津之身命を「神櫛玉大水神ノ子」と記し、これが妥当で、玉城町鴨神社の祭神はまさに鴨建角身命となる）。ちなみに、讃岐国三野郡式内社、大水上神社（香川県三豊市高瀬町羽方）は祭神を大山積命等とし、本殿横に大岩に囲まれた龍王淵がある。

鴨神社の西北近隣には、津布良《つぶら》神社があり、当社も内宮の末社で水の神を祀り、内宮祢宜を務め

鴨神社。内宮摂末社の一つ（三重県度会郡玉城町山神岡谷）

鎮座地周辺を開拓した荒木田氏との関係が深い（かつて荒木田氏を祀る「先祖祭」が行われたという）。鎮座地の玉城町積良《つむろ》には、二門の山宮・津不良谷があり、績良に由来か。なお、大貫という地名は、下総国香取郡に見え（平安末期、応保二年六月の「香取大祢宜家文書」に「大貫里」）、千葉氏一族に大貫氏がある。称小野朝臣姓横山党にも、大貫があった。

次に、祖先という「天見通命」の実体である。この者が中臣氏の巨狭山命の子とされ、『太神宮儀式帳』には、倭姫の時（垂仁・景行朝）に祢宜となって以降、子孫は祢宜職を世襲したというが、これも疑問が大きい。垂仁朝に五大夫の一人に任じたと『書紀』に記される中臣氏大鹿嶋命の孫なのに、同じ垂仁朝に祢宜になるのは年代的に疑問が大きい。そのそも、倭姫のときに伊勢で皇祖神を祀ったわけでもない（『倭姫命世記』は鎌倉期に成立した伊勢神宮の神道書で、いわば偽書。伊勢神宮での祭祀は、雄略朝より前は疑問）。名前に「天」が冠されるのは神代〜神武朝の人までであるから、その子にあげる「天布多由岐命」ともども、神武以前の神名である（子神フタユキのほうは、武蔵の布多天神社に関係ありか）。『百家系図稿』巻六の「卜部系図」には、天種子命の祖父で、天押雲命の父の武乳速命（＝天児屋根命）について、「一名が天見通命」と見える。

初期段階で、天布多由岐命の子という「大貫連伊己呂比命―大荒命（大阿礼命）―波己利命（一に岐己利命）―荒木田神主最上―佐波―葛木―已波加祢（一に己波賀祢）……」と続く系譜をもつことについては、疑問が種々ある。応神朝という已波加祢《いわかね》（石金の意味か）以降になって、歴代の活動時期と世代とがほぼ符合する（それでも、大化前代時期のどこかで数代の欠落がありそうである）。天智朝に祢宜で奉仕したという石敷の子、佐祢麻呂・田長兄弟の代になって荒木田氏に一門・二門の流れができ、以降はこの二系統が祢宜を務めることになる。石敷の弟、石門の流れも内人・物忌などで長く続いた。石敷の父は、荒木田神主への復姓のときに名をあげられる首麻呂（「進大肆神主」で、斉明朝に奉仕し神主姓となる、と系図に見える）だから、この者から以降の系図は概ね妥当か。

なお、氏神とされた小社《おごそ》神社は、伊勢神宮内宮の摂末社である。水の神という高水上命（鴨建角身命の父で、大水上神に当たるか）を祀る神社で、その神体は石とされる。内宮祢宜の荒木田氏が本拠を置いた地、度会郡の城田郷あたり、城田村（現・伊勢市西南部）・外城田村（現・度会郡玉城町東部）一帯のうち小社曽根（現・玉城町小社曽根）に鎮座する。戦国時代になると武家勢力が侵入したため、荒木田氏は内宮鎮座の宇治へ移り、小社神社は衰退した。小社曽根は一門の本拠で、その西側近隣の田辺（各々、現在の玉城町域）が二門の本拠とされる。

田辺は、現在、小社の西北近隣の玉城町の上田辺・下田辺を中心とする地域だが、南方の田宮寺が二門の氏寺とされるから、その勢力圏はもっと広域で南方の矢野あたりまで含み、荒木田氏の「氏神社」が田乃家神社にあたる（＝田辺神社か）と考えられよう。御巫清直は、氏寺たる田宮寺の境内にあった天神と称する祠が当社の遺構と推したが、これが、中世に廃絶して再興後の田乃家神社現在地の東北東方近隣に位置する。

同社は内宮の摂社で、いま玉城町矢野に鎮座する。この矢野地区は、斎王・稚足姫皇女（雄略天皇の皇女で、伊勢神宮の斎宮となったが、讒言で自害に追いやられたと『書紀』に見える）の最期の地だという伝承があり、同社境内には古墳が四、五基ある。祭神は大神御滄川神《みさむかわ》とされ、天照大神の和魂で、水霊だとの解釈もある（度会延経）。

こうした諸事情くらいだから、荒木田神主氏の祖系の原型を探るのはなかなか難しい。真弓常忠氏は、宇治土公氏と同じく磯部氏から出たという在地豪族説を説く（『古代の鉄と神々』）。しかし、拙見では、田乃家神社あたりの地名や鴨神社とか、伊己呂比命の又名が「八佐加《やさか》刀部」と伝えることに注目される。この又名が神麻績連の祖・天物知命が天八坂彦命ともいわれることと併せ考えると、少彦名神後裔の神麻績連の同族とするのが妥当ではなかろうか（この見方が妥当な場合、「天見通命＝少彦名神」「天布多由岐命＝天白羽鳥命」ともなる。武蔵の布多天神社を知々夫国造族が奉祀したとすれは、この意味でも、神麻績連・荒木田神主と阿智祝・知々夫国造の同族性が傍証される）。

少彦名神の位置づけ

ここまで見てきたように、本書の記事には、少彦名神があちこちで名前、姿を変えて顔を出すものだから、その位置づけは難しい。この神が系図で端的に見えるのは、三島県主の系図だけであり、他の氏族の先祖神や系図では多くの異名で登場する。その異名というのが、結論的に言えば、鴨氏の祖・賀茂建角身命であり、忌部氏の祖・天日鷲命であり、葛城国造の祖・陶津耳命、知々夫国造等の祖・思兼神である。「猿田彦」の一人でもあったか。

具体的に関係系図を見ると、賀茂氏関係の系譜では、「神皇産霊尊―天神玉命―天櫛玉命―加茂建角身命（八咫烏、鴨武角身命）―鴨建玉依彦命―五十手美命（賀茂氏祖）」とされ、陶津耳命の系譜では、「高皇産霊尊―天活玉命―天押立命―陶津耳命―玉依彦命―生玉兄日子命（賀茂氏祖）」とされる。『諸系譜』第十一冊所収の「難波田使首系図」には「高魂命―伊久魂命（天活玉命のこと）―天押立命（神櫛玉命）―陶津耳命―玉依彦命」と続く。これら系図に拠り、なんとか整理してみれば、「高魂命―天神玉命（天活玉命、伊久魂命）―天櫛玉命（神櫛玉命、天押立命）―加茂建角身命（八咫烏、陶津耳命）―鴨建玉依彦命（玉依彦命）―五十手美命（生玉兄日子命）」という形になる。

賀茂建角身命の娘には、神武天皇の皇后たる比売多々良伊須気余理比売の母・勢夜陀多良比売（活玉依毘売、玉櫛媛、玉依姫命、建玉依姫命）がいる。この系図を言い換えれば、加茂建角身命は、神武天皇皇后の母の父にあたり、賀茂建角身命が神武道案内の八咫烏と同神とすると、世代関係が二世代もズレて大きく矛盾する。このため、実際に神武天皇の道案内をしたのは、賀茂建角身命の孫（生玉兄日子命）とみると同世代で符合する。

『国史画帳大和桜』の神武東征

当該「八咫烏」は、記紀の神武東征譚に登場するが、『書紀』では同じ東征で、「金鵄（金色のトビ）」が長髄彦との戦いで神武天皇を助けたと伝え、賀茂両社の伝承でも「金鵄＝八咫烏」とされる。忌部氏の系図などに見える「天日鷲命」の別名が天加奈止美命（かなとみ＝金＋登美）であり、その名称が「金鵄（かなとび）」に通じるから、金鵄を天日鷲神、八咫烏鴨武角身命と同一視する説を、平田篤胤なども唱えた。これは、ほぼ妥当な見解であり、「日鷲」とは陽光をうけ金色に輝く猛禽の意か。「登美」は「富」でもあり、東征案内の「賀茂建角身命」とは、鴨氏の祖・活玉兄比古が実体で、忌部の祖・天富命とも同神である。高山家蔵の『安房国忌部家系』には、天富命が「天止美命」とも記される。

少彦名神について異名同神を探るための大きな手掛かりは、

諸氏の系図に先祖として多くあげる天日鷲命との同神性の問題である。そこで、総括的にもうすこし記しておく。

1　少彦名神とは、大己貴命と力を合わせて天下を経営したとされるが、その功途ばにして熊野の御碕から常世の国に行ったとも、淡島（粟島）で粟茎に登ったところ、その茎に弾かれて常世の国に行ったともいう伝承があり、また、海上より出雲の五十狭狭《いささ》の浜に着いた小男で、薬草カガミの皮で作った舟に乗り鷦鷯（ミソサザイ）の羽根で作った衣を着ており、高皇産霊尊の子でその指間から落ちた神とも伝えられる（『書紀』神代紀第八段一書の第六）。『古事記』でもほぼ同様で、少彦名神の性格としては、酒神、医薬神、石神、温泉神などがあげられる。『弘仁私記』にも「少彦名神、是造酒神也」と記される。

一方、天日鷲神は、神代紀には二箇所見えて、天岩戸事件のとき粟国忌部の遠祖でその作った木綿を祈祷のため天香山の真榊に掛けたこと（第七の宝鏡開始の段の一書第三）、高皇産霊尊が作木綿者としたこと（第九の天孫降臨の段の一書第二）が記される。

2　神統譜では、少彦名神の後裔氏族は『姓氏録』に見えないが、高魂命（高皇産霊尊）の孫・天日鷲命の後裔が多く記載され、弓削宿祢、天語連、多米連・宿祢、田辺宿祢等があげられる。具体的な系図だと、少彦名神の後裔には鳥取連、三島県主があげられ、天日鷲命の後裔に粟・安房の忌部、神麻績連、倭文連、長幡部、神宮部造などがある。

とくに安房の忌部の子孫となる洲宮神社祠官小野家所蔵の「斎部宿祢本系帳」には、天日鷲翔矢命の子の天羽雷雄命（一云武羽槌命）の子孫として委文宿祢・大椋置始連・鳥取部連・美努宿祢の祖と記載される。天羽雷雄命の後裔に関し、「麻殖氏系譜」では鳥取部連・美努宿祢を記さず、「長幡部・神宮部造」を記すことに留意される。ここであげる四氏のうち、美努宿祢・鳥取部連は『姓氏録』には美努連・鳥取連として記載され、ともに「角凝魂命の三（一説に四）世孫の天湯川田奈命（天湯河桁命）の後」と見える。同書には、右京神別に神麻績連、鳥取連、三島宿祢、天語連が一連であげられ、記載内容は現存版が抄本のためあまり共通ではないが、これら諸氏が同族だという系譜を伝えた。鳥取連を通じて、少名彦命と天日鷲命とが同じ系統にある神だと分かる。

3　記紀神話にある所伝をよく検討すると、少名彦命と天日鷲命の両神が粟・粟島（淡島）を通じてつながる。阿波国はもと「粟」と書かれた地域で、古来、繊維の麻の産地であり、当地の開拓者たる忌部が製作にあたった。その祖・天日鷲神が木綿の製作者として記紀神話に見えることと符合する。衣服・繊維氏族の倭文連・長幡部も忌部の同族であった。

衣服・繊維氏族であった服部連も、これらの同族であり、出自が伊豆国造一族で、同国造一族が古来、同国賀茂郡で三島大社を奉斎してきた。同郡の式内社阿波神社が、いま神津島に鎮座して三島大神とその后神阿波比咩神を祀る。伊予で多くの三島神社（その中心が今治市大三島の大山祇神社）を奉斎した越智国造は、物部連一族の出で、大山咋神・少彦名神の同族後裔であった。摂津国島下郡の三島県主は、三島鴨神社を奉斎した。

4　結論的に言えば、同じ天孫系の氏族系譜の流れのなかにあり、かつ、世代が同じ（神武世代の二世代前の世代で、高魂命の曾孫世代）でもあって、少名彦命と天日鷲命とが同一神であることは確実である。天日鷲命にあたるとすると、名前に「鷲」をもつことで、同じ猛禽類の鷹を操って白鳥などを捕る職掌をもった鳥取連の祖に、少名彦命が相応しい。

少名彦命は、ほかにも別神の名前を多く持ち、三島溝咋耳命・鴨健角身命・陶津耳命・八意思兼神とも同じ神であり（天辞代主命もそうか）、葛城国造や賀茂県主・鴨県主などもその後裔氏族に当たる。これら氏族は、本来みな天孫系の氏族（高魂命の後裔氏族）であって、「鴨」「三野（美努・美濃）」などの地名や氏族とも深い関係を持った。

〔補論〕鴨族など天孫族の巨石・聖泉の信仰

少彦名神後裔氏族にあっては、巨石や聖泉の信仰・祭祀が顕著に見られ、水取に関与したことを本書では、諸氏について縷々述べてきた。この辺をもう少し記しておく。

安房忌部の後裔諸氏のなかに「神余《かなまり》」、それから転訛の「金丸」という苗字がある。「神余」に由来するとみられる「金丸」の地が能登国鹿島郡にもあり（鹿島郡中能登町金丸）、その地に式内社の宿那彦神像石神社が鎮座する。少彦名神の神霊を霊石に留めて、当地に鎮め守護神としたが、崇神天皇朝にこの霊石を当社に奉祀したと伝える。同社宮司が兼務の神社のなかには、同じ金丸谷内の産土神とされる貴布祢神社や、羽咋市酒井町の洞谷山に大山咋神を祀る日吉神社もある。金丸には、式内社の能登生国玉比古神社もあり、多気倉長命等を祀るが、その娘の伊豆目比売命は少彦名命の妃として菅根彦命（金鋺翁）を生み、これが金丸村主（金丸村長か）の遠祖で、後裔が上記諸社神主家の梶井氏だと伝える。

能登国の西部には羽咋国造があり、雄略天皇御世に三尾君祖石撞別《いわつくわけ》命の子、石城別命が任じられた（「国造本紀」）。石撞別命は垂仁天皇の皇子とされるが、実際には三尾君を含め息長氏族（鴨族の分流）の出であった。石川県羽咋市の市街地川原町に鎮座するのが、羽咋郡式内社の羽咋神社で、祖の磐衝別命、磐城別命などを祀り、境内の犬塚（羽咋七塚の一）の上には少名彦名神社が祀られる。金丸村主は羽咋君一族とみられそうである。

羽咋国造の領域、羽咋郡志賀町のはずれ笹波には、巨石信仰の祭祀遺跡で知られる高瀬宮があり、社殿を持たない。約五メートルの巨石を神体石（男石）としており、付近に女石、子石と呼ばれる巨石などもある。同じ志賀町の富来七海には、機具《はたご》岩と呼ばれる巨岩（又名が能登比咩織島）があり、能登比咩神社（当地から南東方面約三〇キロに位置する中能登町能登部下に鎮座）の祭神が持つ機具を海中に投じた痕跡と伝える。能登比咩神は、能登上布という麻布の祖神とされ、機織り道具を作り妙衣を制作し天尊に供えたという。羽咋国造にもこうした機織りの伝承があることが知られる。

巨石信仰の祭祀遺跡。高瀬宮（石川県羽咋郡志賀町）

能登北部には石仏山の祭祀遺跡（鳳珠郡能登町柿生）もあり、「前立、唐戸、奥立」より構成される巨石群である。前立は大己貴命の依代、奥立は少彦名命の依代とされる立石で、唐戸は組石状の巨石である（この遺跡は、『能都町史』第三巻歴史編に詳しい）。

このように、鴨族関係には巨石祭祀が共通して顕著に見られる。同じ天孫族の出の出雲国造、葛城国造など同族と同様である。そこで、先の拙著を踏まえ、簡単に触れておく。

鴨族の当初の畿内での本拠、大和の葛城山には夥しい巨石群があり、役行者が岩橋を架けようとして一言主神に集めさせた石という伝承もある。御所市の平野部の独立低丘陵には、**石光山**《せっこうざん》**古墳群**（御所市元町）という群集墳があり、葛城国造族関係の古墳群かとみられる。この古墳群に取り囲まれて、丘陵尾根東端には長さ三、四㍍ほどの岩石からなる巨岩群があり、人の手が加わった石室状の構造物もある。

古墳と岩石信仰が同じ空間に存在する例は各地にあって、京都市内では右京区の**梅ヶ畑遺跡**や西京区の**松尾山**が顕著である（吉川宗明氏著『岩石を信仰していた日本人』）。前者には、山腹・山頂に巨岩があって、近隣の谷間や尾根に古墳時代後期の御堂ヶ池群集墳（総数二六基）が築造され、後者では、山頂直下の急斜面上に松尾大社鎮座以前の祭祀場と伝える磐座があって、山頂尾根上には古墳時代後期の松尾山群集墳（総数約五十基）がある。これら両群集墳ともに、鴨族関係の墳墓の可能性が考えられる。

上賀茂社等にも、巨石信仰が見られる。同社の北約二キロの**神山**（衣笠山。標高約三〇一㍍）は、祭神が山頂に降臨したと伝えて、賀茂信仰の淵源地で「降臨石」（巨岩が環状に並ぶ「垂跡石」）がある。山頂とその近隣の合計三ヶ所に巨石群が露出すると報告される。下鴨社の神体山とされる御蔭山（御生山。比叡山西麓で標高一四六㍍）にも降臨伝承や磐座・湧水がある。左京区松ヶ崎林山の岩上神社は、社殿を設けず天然の岩を神石とすることで、その名があり磐座信仰の地とみられる。近江の日吉神社でも巨石祭祀が顕著である。

大和の三輪では、大神神社の摂社、狭井神社（狭井坐大神荒魂神社。神水が湧く「薬井戸」がある）の隣に磐座神社があり、少彦名神が単独で祭祀される。伊賀の阿閉臣氏や服部氏が祭祀に関わった敢国神社では、その南方二百㍍付近にかつて大岩（大石明神と呼ばれる「黒岩」）が存在し、これを磐座として南宮山を遥拝する祭祀が行われたと推測されている。

まとめ―少彦名神の後裔諸氏の主な総括・課題

少彦名神の後裔諸氏は、実に難解な箇所が多くある。『古代氏族系譜集成』編纂後の三十数年超にもわたり種々、検討してきたものの、同書でも、また本シリーズの先に刊行した書でも、若干の誤りを記したことを気づかされる。このような実に厄介なところが、この関係諸氏や祖先神にある。これら先行書と差違のある記述については、お詫びすると共に、本書の内容のほうを重視して受けとめていただくよう、お願いする次第でもある。

本書をいろいろ試行錯誤を繰り返し、手探りをしながら書き上げていく過程で、重要な認識をした一つは、河内の三野県主が、少彦名神後裔系譜のなかで重要な役割を果たしたことである。阿波・安房の両忌部も、その淵源地が三野県主の本拠たる河内東北部にあったようで、この辺が次第に浮かび上がる。また、山城北部の久我国造と間人連との関係にも驚き、聖徳太子の母の名から「間人＝渥部」に気づいて驚いた。

歴史の大きな流れのなかで、鴨族を総合的合理的に考えることの必要性を痛感する。しかし、生玉兄日子から景行朝頃の世代までの間に入る鴨県主祖系の歴代が定まらず、この五世代ほどで百数十年という初期段階期間に分岐した諸氏の系譜も知れない。その後も、大化までの系図が不明に近い状況で、主に祝部系統の系図所伝に頼ることになる。

こうした長い期間、鴨県主系統になぜ系譜が残らないのかが不審である。上古から応神朝頃までにかなり多くの氏が分出しても、例えば大椋置始連などの系譜も難解である。乙訓郡の**身人部連**（後に六人部連と表記）も、系譜が難解である。その職掌（主水部で水取が本務。諸説あり不明とされることが多い）に由来する姓氏、祭祀や美濃・丹波・越前に分布が多い事情等から見て、火明命後裔と称する系譜（海神族系の尾張連支族）をもつが、原態が伊福部連・伊与部連と同族で、これら諸氏とともに鏡作連の初期分岐という可能性がある（ないし鴨同族。六人部氏関係史料は偽書が多く、要注意）。ともあれ、鴨氏族の起源・経緯を考える場合、カモ両社のある愛宕郡よりも西側の乙訓郡地域や、職掌・祭祀が重視される。


少彦名神後裔諸氏族の関係地には、巨石・霊水への祭祀があり、「妙見信仰」が割合よく見られるという特徴もある。後者は月星祭祀にも絡むものでもあり、この系統が母系（天稚彦を通じる母系か）の山祇族から取り入れた祭祀ではないかとみられる。

祭祀・祖系にあらわれる「大山祇神」「事代主神」等の意味など、同神異名、同名異神（同名が複数者）の神々を表記・文脈等からよく見極めて、関係氏族との系譜を考える必要がある。それでも判断がつきにくいものがある。例えば、三島県主の祖の建日穂命は、駿河国の式内建穂神社の鎮座地から見て、服部連の祖にもあたりそうだが（上述）、服部連は、麻績連と同族としたら、その祖は天白羽鳥命（長白羽命）が妥当かとも思われ、天白羽鳥命は系図に兄弟とされる大麻比古命と同神かという可能性もある。天辞代主命（天事代主命）の位置づけも難しいが、少彦名神と同神か。鴨族と本拠近隣の丹波との関係も不明な点が多く、こうした留保的な案件が、少彦名神後裔とみられる古代諸氏に多様にあって、謎が尽きない。『古語拾遺』や風土記（逸文）の記事でも、史料そのままの形で信じずに問題意識を持ち続けねばならない、というのが終わりにあたっての感触で残る。

おわりに

本書で取り上げる諸氏族は、副題にも記した「少彦名神の後裔」とみられる諸氏族である。これら諸氏は、織物や玉作、弓矢製作、鳥取、水取など古代の様々な重要技術を伝え管掌したものの、総じて中小勢力で産業関連の古代氏族であったため、これまで学究からは殆ど取り上げられなかった。これら諸氏が大和王権初期から支族分岐を重ね、祖先神を別々の名（いずれも本人在世中の名とは異なるはず）で長い期間、伝えており、互いの同族性認識がかなり欠如していた。そのため、これらの整理・検討は、たいへん難しい。神統譜・上古系譜と神社祭祀の変遷の丁寧な検討が欠かせず、全国各地の多くの神社・氏族を取り上げてきた。

各地の神社の祭神について言えば、江戸期以降の国学者や神道研究者が気づかないような、「同神異名」「同名異神」の例が随分多く見える。こうした神道関係の著作では、最高水準の内容をもつ宮地直一・佐伯有義監修の『神道大辞典』（一九三七年初版）には、本書執筆の過程で随分有益な教示・示唆を与えられた。その同書でも、少彦名神と多くの異名に関し的確な整理をまだし切れていない。それは、国学の大家平田篤胤でもそうだし、江戸・明治期に数多くの系図を収集し整理した鈴木真年・中田憲信でも同様である。いまから三十数年前に、私が『古代氏族系譜集成』を編纂した時も、その後の検討でも、気づかなかった多くのことを、今回の本書著作のなかで如実に知った。その辺を整理して、適宜、記述しようと試みたが、それでもまだ、本書の内容に分かりにくい個所が残る。そのあたりをお詫びしつつも、古代氏族シリーズの最後の著作として、書き込みたかった多くの物事があった。少彦名神の流れは、中世武家の諸氏にも種々の縁由でつながり、本稿では信長・秀吉・家康や明智光秀・前田利家にまで言及することになった。その関係する範囲は実に広範多様であったことを、本書でご理解戴けたらと思う次第である。

最後に、本古代氏族シリーズをここまで導いてくれたのは、なんと言っても、明治期の鈴木真年・中田憲信両先達等の系図研究と史料収集であって、彼らの歴史研究へのご貢献にまず深く感謝いたしたい。とくに、最終段階で憲信編著の『神別系譜』に出遭ったことは、大きな衝撃であった。ここまで多少触れてきたように、彼の編集・整理にも疑問がある個所もいくつかあって、私としてはなんとか同書をこなして記事に取り入れたつもりではあるが、まだ課題も種々残ると感じる。例えば、三野県主や倭文連の系譜には見極めがつかない点が多々あるし、本書表題の鴨県主の大化前代の系譜も同様である。とくに倭文神・天羽雷雄命とその子に置かれる味大多命の実体がよく分からず、前者が兄弟という天白羽鳥命と同神の可能性も考えられる。そうした意味で、課題は多くあるし、拙見による本書記事にもいくらかの留保や疑問をご寛恕いただきたい。

最近までの氏族・苗字の検討に当たっては、上記『神道大辞典』や佐伯有清氏の氏族研究、ネット上のＨＰ「日本姓氏語源辞典」に随分多くの教示・示唆を得られており、併せて、深く感謝申し上げたい。本シリーズを長く見守り、ご支援いただきここまで続けられた青垣出版の靍井忠義様についても、同様である。

資料編

1　少彦名神後裔氏族の系図試案

①鴨氏族の遠祖系図（推定試案）

②鴨氏・忌部氏及び同族諸氏の系図（推定試案）

〔留意点〕掲載系図は略系図であり、各諸氏の始祖への係属部分等に関しては、筆者の推定など一部に推定を含む試案である。推定箇所など今後更に検討を要する所に☆マークを付した。

第1図　鴨氏族の遠祖系図（推定試案）

※一部に推定・試論を含む。長幼の順は不定。☆は要検討箇所。

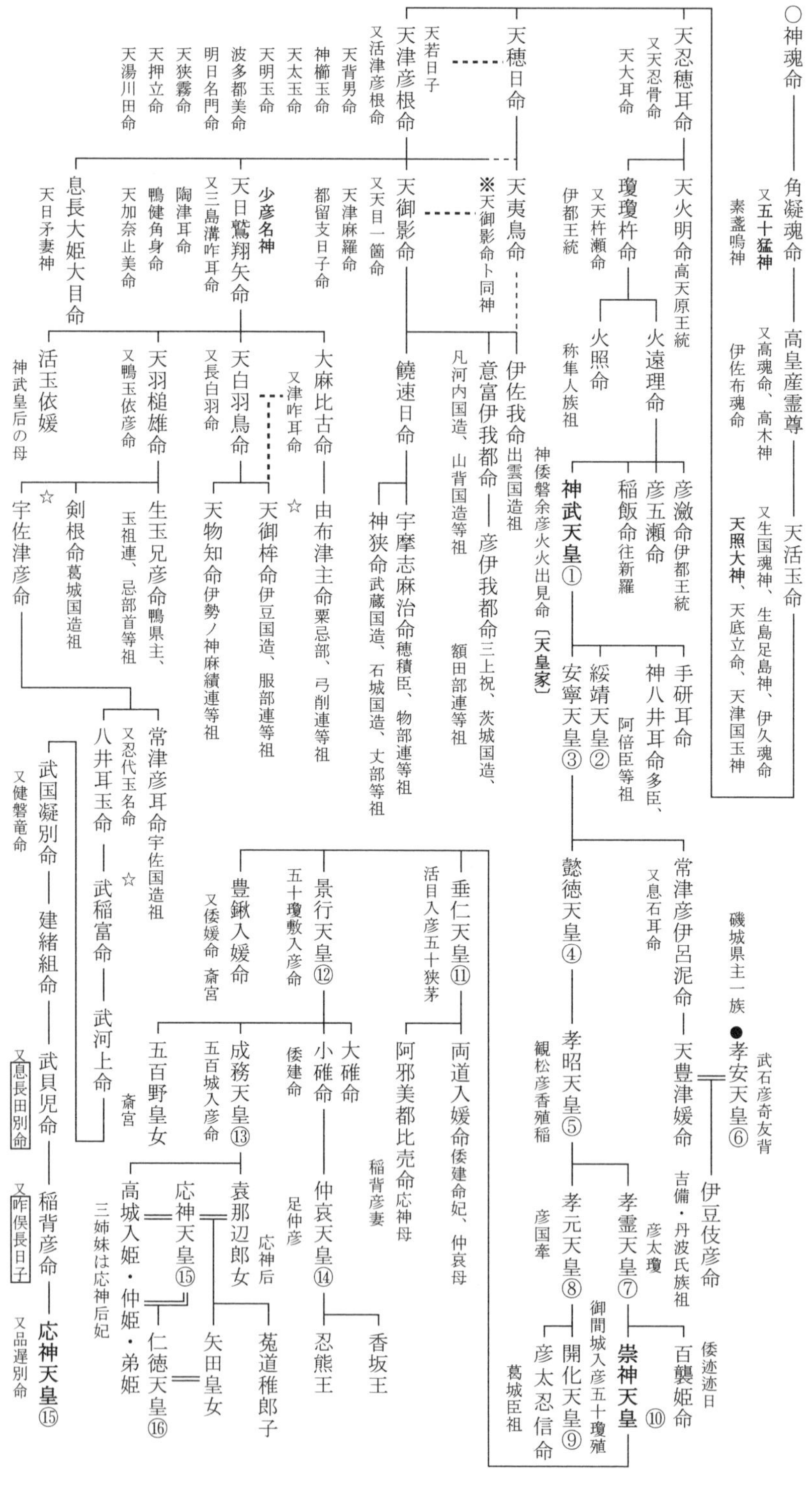

第2図　鴨氏・忌部氏及び同族諸氏の系図（推定試案）

※一部に推定・試論を含む。長幼の順は不定。☆は今後の要検討箇所。

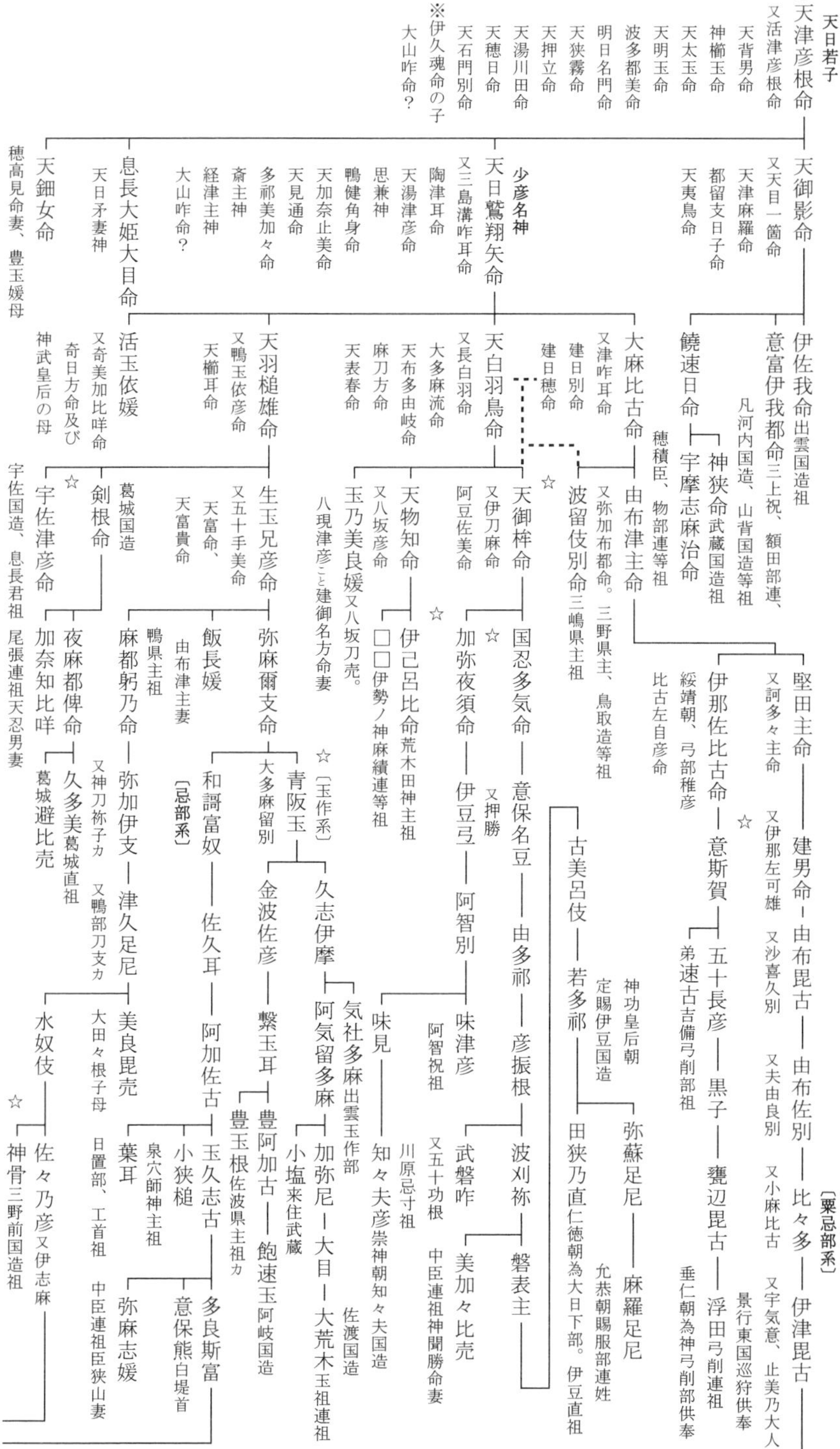

〔鴨県主〕

大伊乃伎命（崇神垂仁朝奉祀）―阿波伎命（成務仲哀朝奉祀）―伊多足尼―伊賀多足尼―賀弖足尼―真床―鳥子―櫛麿―□□―宇志（大津朝廷山末大神祝仕奉 庚午籍負祝部姓）

推古朝常道国新治郡鴨部神戸祀鴨大神御子神主玉神社矣 ☆

阿波伎命―伊幣命

阿波伎命―伊奈目足尼

伊多足尼―鹿志麻足尼

伊賀多足尼―為弖足尼（中島県主、中島連祖）

賀具夜媛命（垂仁廿七年祭大神斎祝奉仕）

大伊乃伎命―伊奈世命（又大屋奈世 成務朝定賜鴨県主 御祖神宮祢宜）

大伊乃伎命―小屋奈世命

伊奈世命―大二目命―大止知命（☆鴨山守部腹）―兄人之知命―止知与―与之比古

大二目命―小止知命（☆鴨祢宜白髪部腹）―大山足尼―大角（妻秦酒公妹丹意媛）―伊己代―多々良―久弖―久治良（大山下 推古舒明朝主殿寮 舒明朝祝仕奉）

大山足尼―女子（物部加祢古妻、葛野羽衝母）

伊奈世命―小二目命（丈部、税部等祖）―荒熊―荒木―長屋―麻作

荒木―多々加比（西遅部祖）―酒屋

多々加比―黒日子

黒日―吉備―豊国―鯛主

豊国―継麻呂

吉備―主国

板持（大宝補祢宜）―東人

五百依―呰麻呂―国嶋

五百依―麻呂―津守

五百依―孫継女（宝亀十一年賜姓賀茂県主）

酒屋女（秦忌寸都理妻）

加比伎命―建爾比命（矢田部祖）

加比伎命―大多伎命―多祢弖命―美都伎―宇豆古（間人宿祢祖）

久麻己理命（神直祖）

蓑麻呂

氏主―広永―永主

氏主―広友―益雄

真蓑〔下社祢宜系統〕鴨県主（大同四年叙爵）―氏継

広雄―時主（貞観五年叙爵）―千継（貞観十六年叙爵）―真吉―惟秀―正秀（村上御世）―清明―久清―久澄

清明―惟清―惟任―継貞

惟清―惟道―惟季（泉亭等祖）

目代〔上社祢宜系統〕賀茂県主（大同四年叙爵）―男床＝広友（天長八年叙爵）＝益雄―真当（貞観五年叙爵）―貞基（元慶八年叙爵）―忠実―在樹

益雄―門麿（貞観十六年叙爵）

貞基―忠主

忠実―在実（賀茂県主十六流之祖）―忠成―茂忠―茂永―茂国（竹生祖）

忠成―安頼―安成―成氏

在実―忠頼―成真―成助―成継（松下等祖）

成真―成経

成助―重助

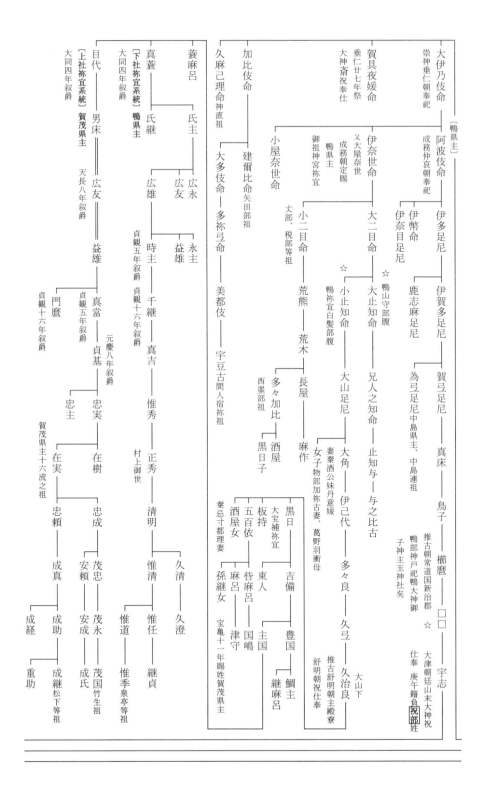

〔祝部系〕

- 赤万呂（又赤麻呂　持統朝祀父宇志麻呂之霊於大比叡宮之東門之外）
  - 西麿（磯成宮）
    - 村嶋
      - 大口（又大久知）
        - 茂正（小崎社卜号）
      - 枚麿（鴨別雷大神ノ祝ニ補　天長元年四月）
  - 弓万呂
  - 継万呂（此時号山王）
    - 秋主
      - 平万呂
        - 広継
          - 財麿
            - 氏成
              - 門雄
              - 峯雄
            - 氏立
              - 慶範
                - 康範
                  - 安国
                    - 右遠
                      - ……文実
                    - 希遠（生源寺家　左方執行）
                      - 頼永
                        - 頼成
                        - 友永
                          - 友房
                            - 友基
                          - 友信
                          - 宗友
                            - 友光
                              - 輔友
                                - 友重
                                  - 友親
                      - 頼基
                        - 実永
                          - 友実
                            - 希実
                              - 祐実
                                - 実経
                                  - 行経
                          - 友家
                            - 為家
                            - 友能
                              - 兼能
                              - 友行
                                - 行国
                                  - 行昌
                                    - 行名
                                      - 行定
                                        - 行忠
                                  - 行言
                                    - 行氏
                                      - 行親
                                        - 行有
                                          - 行宜（行・業一流）
                                    - 友久
                                - 行遠
                    - 成遠（樹下家　右方執行）
                      - 成信
                        - 成房
                          - 成実
                            - 成仲
                              - 成寛
                              - 親成
                                - 資成
                                  - 忠成
                                    - 成時
                                      - 広成
                                        - 資明
                                          - 教成（資一流）
                              - 允仲
                                - 成茂
                                  - 成賢
                                    - 成良
                                      - 成久
                                        - 成国
                                          - 成光（成一流）
                            - 成繁
                          - 成貞
                            - 輔貞
                        - 業家
                      - 惟成
                        - 成長
                          - 成貞
                  - 興国
              - 慶時
            - 女子（凡河内千方母）
        - 春継（嵯峨朝）
      - 咋足
    - 人主（賀茂祝部）
      - 門丸
        - 宮継
          - 直本
            - 福依
          - 人吉
            - 今吉
              - 春里
                - 益延
                  - 春忠
                  - 春好
                    - 元延（長元七年補祝）
                    - 茂延
                    - 元親
          - 貞本
            - 綱本
              - 安能
                - 是助
                - 是秀
                  - 春秀
                    - 真永
                      - 伊信（後朱雀院御宇）
                        - 伊職（鴨脚祖）
                  - 春吉
                    - 真春
                    - 真延
              - 是則
        - 立成
          - 乙虫
      - 門主

☆

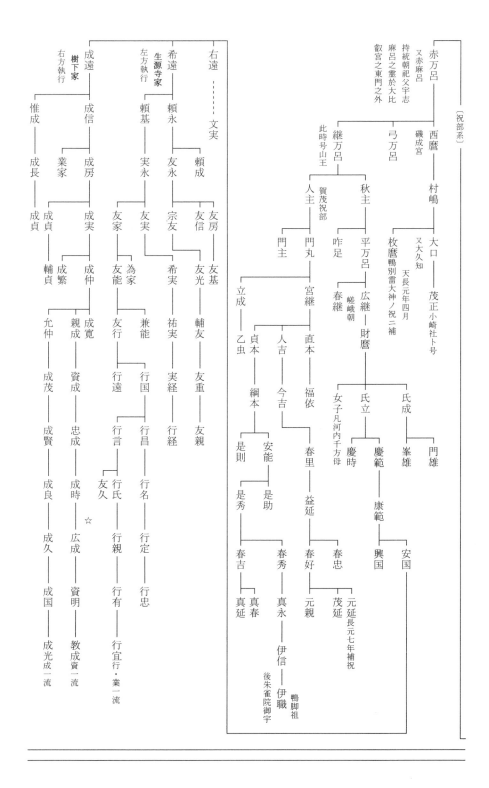

〔忌部首〕

麻豆奴美足尼（神功皇后仲哀朝）―佐岐大人足尼（応神仁徳朝）―多比古足尼（履中朝）―那美古（雄略朝）―達奈互―豊止美（欽明朝 賜忌部首姓）―宇都庭麿（推古朝 大礼冠）―子麻呂（大化元年七月紀 遣於美濃国）

- 多比古足尼 の子：那美古（雄略朝）／古止祢 小山連祖

子麻呂 の子
- 佐賀斯（少華上 氏上 孝徳朝神祇頭）
  - 子首（出雲守 天武朝 改賜連、宿祢姓）
    - 狛麻呂
      - 虫名（神祇大副）
        - 浜成（神祇少副 改斎部姓）
          - 広成（神祇大副）
            - 伴主（神祇大副）
              - 文山
                - 季長（神祇少祐）
                  - 茂貫―安茂―祐雄
                  - 茂藤（神祇少副）
                    - 春光―頼友（神祇大史）
                    - 秋光 神祇少史
                  - 安子（類聚符宣抄 天暦十一年三月 御巫代斎部安子）
                - 明長
              - 武山
            - 木上
            - 弟上
          - 雲梯
          - 益成
        - 島足
        - 海成
      - 鳥麻呂
      - 比良夫
    - 馬麻呂
    - 菟
  - 色弗（神祇大副 又色夫知 改与兄同 賜宿祢姓）
    - 名代―波比止―真渕―古人―善継―常材―高善 改斎部姓
    - 夫岐麻呂〔後出〕（安房郡大領 安房坐神社等祠官祖）
- 石麻呂（子孫在阿波国 麻殖郡）
- 加米古（子孫在阿波国 名方郡）

頼友 の子
- 頼成（神祇少祐）
  - 明成（神祇大祐）
    - 頼親（神祇少祐）
      - 親光（神祇権少副）
        - 親尚（神祇大副 民経記 貞永元年）―親重（神祇権大副）―親行（神祇権少祐）
        - 親澄（神祇権少祐）┆☆┆親真
        - 親信
      - 教光
    - 頼明（神祇権大祐）―明延―明友
  - 明友（神祇権大史）―明茂
  - 明兼
    - 兼則
    - 兼衡
- 重成

〔織田氏〕

親真（津田権大夫 又親実）
- 親基（権大夫）
  - 親行（孫太郎）―行広（太郎兵衛）
    - 末広
    - 広定
  - 基行
    - 基実（織田三郎右衛門尉）
      - 実昌（三郎右衛門尉）
        - 隆昌（太郎）織田祠官の祖
        - 実任（三郎）仕義将
      - 常昌（三郎四郎）
        - 常勝（帯刀左衛門尉）―常任（仕義将 入道常竹か）
        - 教広（次郎左衛門尉）―教信
      - 昌之 三郎五郎（仕斯波高経）
    - 基貞（津田孫三郎）
      - 基季
      - 基弘 丹生蔵人（※信昌同人か 入道常松か）
  - 昌行（神主）―之祐（神主）
    - 之時 神主（将広か）
    - 春之 神主
- 親行（三郎二郎）―親富 安田太郎

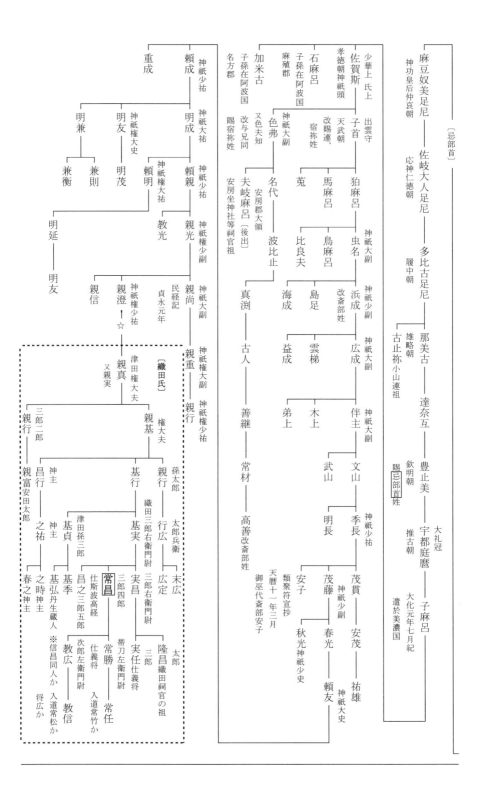

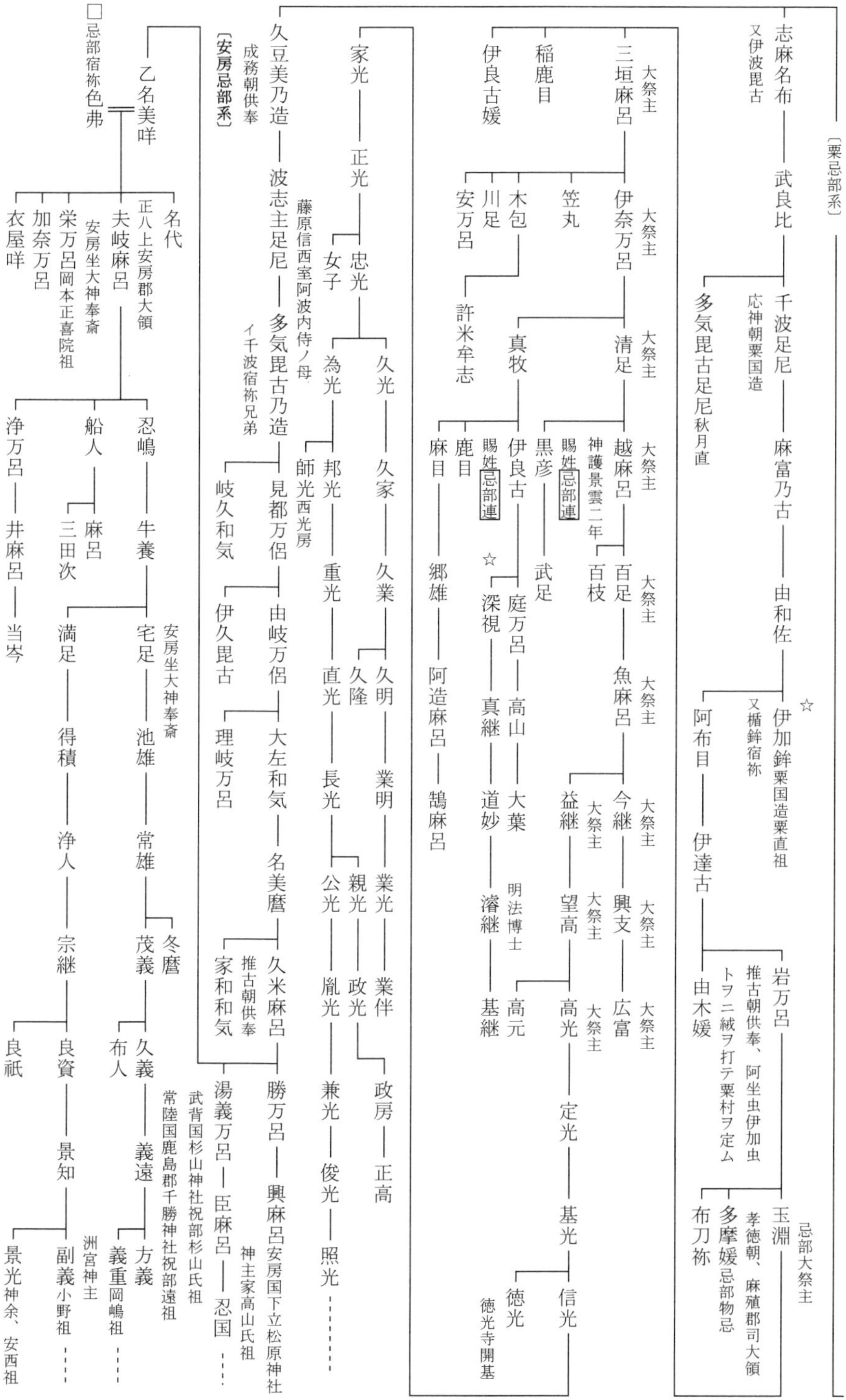
〔粟忌部系〕
志麻名布 又伊波毘古
武良比
千波足尼 応神朝粟国造
多気毘古足尼 秋月直
麻富乃古
由和佐
☆伊加鉾 粟国造粟直祖 又楯鉾宿祢
阿布目
伊達古
岩万呂 推古朝供奉、阿坐虫伊加虫トヲニ紱ヲ打テ粟村ヲ定ム
由木媛
玉淵 忌部大祭主 孝徳朝、麻殖郡司大領
多摩媛 忌部物忌
布刀祢
三垣麻呂 大祭主
稲鹿目
伊良古媛
伊奈万呂 大祭主
笠丸
木包
川足
安万呂
許米牟志
清足 大祭主
真牧
越麻呂 大祭主 神護景雲二年
黒彦 賜姓忌部連
武足
伊良古
鹿目 賜姓忌部連
麻目
百足 大祭主
百枝
魚麻呂 大祭主
今継 大祭主
益継 大祭主
興支 大祭主
望高 大祭主
広富 大祭主
高光 大祭主
高元
定光
基光
信光
徳光 徳光寺開基
庭万呂
高山
大葉
☆深視
真継
道妙
濬継 明法博士
基継
郷雄
阿造麻呂
鵠麻呂
家光
正光
忠光
女子 藤原信西室阿波内侍ノ母
久光
為光
久家
久業
久明
久隆
業明
業光
業伴
邦光
師光 西光房
重光
直光
長光
親光
公光
政光
政房
正高
胤光
兼光
俊光
照光……
久豆美乃造 成務朝供奉
波志主足尼
多気毘古乃造 イ千波宿祢兄弟
見都万侶
岐久和気
由岐万侶
伊久毘古
大左和気
理岐万呂
名美麿
久米麻呂 推古朝供奉
家和和気
勝万呂
興麻呂 安房国下立松原神社神主家高山氏祖
湯義万呂
臣麻呂
忍国……
〔安房忌部系〕
□忌部宿祢色弗
乙名美咩
名代
夫岐麻呂 正八上安房郡大領 安房坐大神奉斎
栄万呂 岡本正喜院祖
加奈万呂
衣屋咩
忍嶋
船人
浄万呂
牛養
麻呂
三田次
井麻呂
当岑
宅足 安房坐大神奉斎
満足
池雄
得積
常雄
浄人
茂義
冬麿
宗継
久義
布人
良資
良祇
義遠
景知
武背国杉山神社祝部杉山氏祖
常陸国鹿島郡千勝神社祝部遠祖
方義
義重 岡嶋祖……
洲宮神主
副義 小野祖……
景光 神余、安西祖

2　少彦名神後裔諸族から出た姓氏と苗字

葛城・鴨氏族の概説

○天押立命（神櫛玉命）の後裔と称したが、同神の実体は、天背男命（天稚彦、天津彦根命、活津彦根命）とみられる。この系統は、出雲を経由して大和へ遷住し、当初は葛城地方を中心に居住した。畿内の先住民としての色彩が強く、三輪の大物主神一族と通婚を重ねた。大物主神一族の祖で「賀茂大神」たる味鉏高彦根命と天押立命とは混同が著しい。

神武天皇の大和平定の際、これに協力し功績が顕著で、殿部・水部等の伴緒として朝廷に奉仕した。『令義解』では、山城の鴨は大和葛城の鴨と区別し、天神に位置づけられる。

○神武朝の人、剣根命の後裔たる葛城国造を中心とする葛城氏族と、その兄弟という生玉兄日子命（神武の大和入りの道案内者八咫烏）の後裔たる鴨県主を中心とする鴨氏族に大別される。殆どが畿内の豪族であり、地方の氏族では、比多国造（豊後国日田郡）、田使首（備前国児島郡・津高郡の郡司）、中島県主（尾張国中島郡）があげられる程度である。

○賀茂・鴨県主の一族は京の近隣、葛野・愛宕郡に居て、上賀茂社・下鴨社のほか、貴船・河合社などの神官を世襲するとともに、古代の職掌に関連の主殿寮・主水司の官人として出仕し、江戸期には上級公家の諸大夫なども含め、中・下級官人を多く出した。

○鴨・葛城氏族の姓氏及び主な苗字としては、次の通り。

(1) **生玉兄日子命後裔の鴨族**……山城北部の葛野地方及び近江の湖南で、ともに神官（京の賀茂・鴨社、近江の日吉神宮）として栄えて長く続き、江戸期には多くの中・下級官人も出した。ここでは、主に山城・近江あたりの姓氏と苗字をあげておく。

賀茂県主（録・山城。上賀茂社〔別雷社〕十六流―松下、鳥居大路、林、森、梅辻、富野、片岡等の祠官。北大路、馬場、蒋池、西池、新庄、関目、増沢、南大路、中大路、渡辺、堀北、大池、芝、梅陰―同社氏人。岡本―十六流のなかにあり、中院家諸大夫や一条・鷹司・久我諸家の侍、下北面。藤木―十六流のなかにあり、上・下北面、典薬寮医師、内舎人など官人に多い。山本―同社氏人で、有栖川宮・花山院家・中院家・二条家・曼殊院門跡の諸大夫などにあり。堀内―伏見宮諸大夫。山口―京官人で史生、称紀姓。座田―同社氏人、京官人の滝口。北小路―二条家諸大夫。東辻―京官人で上・下北面、内舎人。高野―京官人で使部。長谷川―今出川家侍。戸田―滝口。岩左、辻子、安曇川、池、南―同上族。岡部―遠江国敷智郡の賀茂社祠官、賀茂真淵を出す）。

鴨県主（録・山城。泉亭、梨木、広庭、滋岡、里村―下鴨社〔御祖社〕祢宜家。河崎、戸田、市―同社祠官。小林―広庭庶流で鷹司家諸大夫、のち称藤原姓。林―大覚寺宮諸大夫。久永―石見国邑智郡久永荘住人、後三州額田郡に遷。神尾―石見住人、又駿河国駿東郡丸子神社神主。竹尾〔竹生）―三河国加茂郡人、称藤原姓。蛭牟田、長友―日向国諸県郡日光社祠官）、白髪部、眞髪部。

祝部（録・山城。鴨脚―同社祝家、称鴨県主。能村―石清水八幡宮祠官。稲尾―大和人。淡路郡家の大野木はこの姓という）、祝部宿祢（生源寺、樹下―近江国日吉社司、樹下の支族は江戸山王神主家。梅辻、平井、馬場、河原井、今園―同上族）、矢田部（録・山城。矢田部―紀州海部郡矢大明神〔和歌山市関戸の現矢宮神社〕祠官）、丈部（録・山城）、西涅部（録・山城。道風―山城国葛野郡深草の瓦工。中堀、宮田、蓼倉、厨―鴨社厨職。榊本―下鴨社駈人。嵯峨の野々宮神社社家の椹木《サワラギ》も一族か）、税部（録・山城）、税部宿祢。

間人《ハシヒト》宿祢（録・左京）、間人造（録・山城皇別）、間人連、神直（録・和泉）、鴨首、葛野城首、多胡吉師（多呉吉師）。

中嶋県主、中嶋連（中嶋―尾張国中嶋郡人。久田、野々部―尾張国中嶋郡人、尾張大国霊神社神主家。塩川―同社祠官）。中嶋海部直（天背男命後裔と伝）、山城国相楽郡に起る稲蜂間首、稲蜂間連、稲蜂間宿祢（稲八間―山城人）の一族も同族か。大和国宇陀郡の宇陀（猛田）県主一族も鴨県主の同族か（宇陀郡土豪の秋山氏は後裔か。刀工として大和国宇陀郡から越中に遷住の宇多国光一族も後裔とみられ、越中で鴨社を奉祀）。山城国久世郡の栗隈県主一族（栗隈首、栗隈連〔栗前連〕、栗前造、栗前宿祢）は同族か山代国造族か。

久我直（古我直。山城国乙訓郡久我に起り、愛宕郡等に分る。丹波国桑田郡の久我・谷口は族裔か）、今木直は天背男命後裔と伝える。山城国居住の粟田直・粟田忌寸（愛宕郡人）、間人直、錦部直、依當直・依當忌寸（愛宕郡人）、大生部直（同前）も同族か。久我直の末流・族裔には、戦国末期に堂上公家に格上げの称清和源氏の竹内が考えられる。一族に森や、山城国乙訓郡の上久我明神（菱妻社）の神主の藤田・淵田。上久我庄の辻・小寺・五十川も同族か。丹波各地に繁衍の橘朝臣姓の若林・野村も久我直末流か。

(2) **剣根命後裔**……大和の葛城地方や吉備に主として居住。『葛城氏』に詳しく掲載。

葛城直（葛木直。録・河内、摂津未定雑姓）、葛城連（平石―河内国石川郡平石邑に住）、葛城忌寸（葛木忌寸。録・大和。吐田―大和国葛上郡一言主神社大宮司。一族に同郡人の豊田、中村、佐味）、葛城宿祢（葛城―大和国葛上郡人、金剛山別当家）、役直（録・河内）、役連、弘村連（弘村―大和人）、荒田直（録・和泉。荒田―尾張人）、荒田連、荒田宿祢、当麻之倉首、漆嶋直（奥―神官なり）。葛木毘登も同族か。

葛城山田直、田使首（難波・川崎―備前国津高郡人。清水―備中国賀陽郡人。三吉、三次、布野―備後国三次郡人、称藤原姓行成流。粟屋―同高田郡人。大田、二尾、津高、松尾、横尾、笠加、坂嵜―備前人。綱島―備中人。深井―備前吉備津宮の祝部）、田使宿祢。

大辛（録・右京未定雑姓）、高宮神主、纒向神主（巻向神主）。比多国造の一族に、豊後の日下部連、靭連（刄《ユゲヒ》連―豊後国日田郡人）、長谷部（連姓か。津江―豊後国日田郡人）。

(3) **神骨命後裔の三野前国造一族と同族**……美濃国の三野前国造については、その出自・系譜や三野後国造との関係などに、難解な問題がある。三野前国造は美濃西部（本巣・山県・方県・席田・大野などの諸郡か。鴨氏族）におかれ、これに若干遅れて、三野後国造は美濃東部（厚見・各務・可児・土岐などの諸郡。物部氏族）におかれたとみられる。三野前国造の系譜は難解だが、祖の神骨命（神大根命）が彦坐王の子とするのは、年代的に疑問で、本来は別系の神別（鴨県主・長幡部の同族）とするのが妥当である。

①**神骨命後裔**とみられる姓氏は次の通り。

美濃直、御野宿祢、長幡部連、美県、善根連―以上は神骨命の後裔。三野前国造一族に栗栖田君、生部君、委文君、伊波田支君、工君、土江君、刑部君、刀岐直（砺杵直）、滋岳朝臣（刀伎直の賜姓。那倉、毛受、戸松―尾張人）、肩々（肩県郡肩々里住）が推される。長幡部一族の祖・多弖命は神骨命の近親一族とみられるが、天日鷲翔矢命の項に記述する。

美濃直一族の後裔は端的には知られないが、仙石（武家華族。利仁流藤原氏と称）や中世美濃の大族安藤氏は族裔か（陸奥の安倍一族の後というのは系譜仮冒）。安藤同族には国枝（紀姓と称）があり、武家華族で三河の安藤氏は美濃安藤の流れとする系譜をもつが、これは疑問大。不破郡の長屋、長江、岩手、竹中などの諸氏も、居住地域や祭祀からみて、なんらかの形で三野前国造族裔の血をひくか。中世の美濃大族土岐氏は、清和源氏頼光流というが、古族砺杵直の族裔の匂いがある。

三野前国造の一族・関係者は、別の形で系譜を伝えて、美濃・三河などにも繁衍した。美濃各地に多い景行天皇の皇子大碓命（あるいは気入彦命、五十功彦命など）の後裔と称する系譜をもつ諸氏がそうであり、次のとおり。

②**大碓命などの後裔と称した諸氏**……美濃国にかなり繁衍したが、中世にはその後裔の行方は不明となり、藤・源など別の姓氏を称したか。大碓命が子孫を残したとは考え難く、この系統は大碓命が妃とした三野前国造の一族関係者の可能性が高い。『皇胤志』では、景行皇子五十功彦命の子の久々理彦命が大野君（美濃国大野郡住）・伊勢ノ刑部君・三河ノ三保君の祖とされるが、五十功彦

が世代的に見て神骨の子か。
守公（録・左京、河内。森―熱田神宮祠官焼夫）、盛宿祢（守宿祢。森―美濃国可児郡人。武家華族の森氏も清和源氏を称するが、この末流か。可児郡の纐纈〔花房〕も仁明源氏を称するも、同族か。庶流は備前播磨に分れて花房と表記し、清和源氏足利一族と称）、
牟義公（身毛君、牟義都君、牟宜都公、武芸津君。録・左京。志富田―紀伊国伊都郡渋田村人。美濃国郡上郡に起り、山県郡等にも住した称藤原姓の鷲見《スミ》氏は族裔か。一族に林、郡上。郡上郡白山中居神社神主の石徹白《イトシロ》・上村や同郡の粥川も同様か。なお、飛騨の江間党の川上、仁和、鷲見は同紋といい、これら皆同族か。江間〔江馬〕氏は吉城郡の大族で、桓武平氏経盛流と称した）、武芸津宿祢（武芸部宿祢）、牟下津造（武義造）、牟義都首、丹生人、宗我部、大田公、大田宿祢（録・河内。太田―河内国交野郡人）、島田君、池田首（録・和泉。池田―美濃国池田郡池田郷人）、阿礼首（録・河内）、三野之宇泥須別。美濃国の山方・各務・池田郡等の伊福部君（五百木部君）・五百木部宿祢、壬生君も同族か。美濃の大野君、伊勢の刑部君（押加部―伊勢国安濃郡人）、三河の三保君（加茂郡の庵君と同じか同族）。美濃国大野郡上荒郷（阿漏里）に起る阿漏人・阿漏君も、阿礼首・大野君ないし身毛君の同族か。
③**気入彦命の後裔**……気入彦命は、一に五十狭城入彦命ともいい、『皇胤志』に景行天皇の皇子でその兄弟に掲げる五十功彦命と同人で、実際には神骨の子か。気入彦命の子の曽乃木命の後裔が碧海郡などで繁衍し、三河系統の祖とみられる。
参河ノ御使連（三使連）、御使朝臣（録・左京）、御立史（録・右京）、御立宿祢、長谷部直、大伴部直、伴部直（三河国幡豆郡から八名・設楽郡へ繁衍して、多くの苗字を出す。称伴宿祢姓）。物部氏族

とする長谷部造（録・大和神別）も長谷部直の一族。

(4) 鴨氏同族の姓氏及び主な苗字……以下の諸神も少彦名神と同神か近親神とみられる。

天御梶命後裔……「服部氏族」として一括するが、その祖を熯之速日命、武甕槌神として記すものもある。祖の天御梶命は、天日鷲命の子・天白羽鳥命と同神かとみられる。この氏族から出た国造家は伊豆国造と伝えるが、知々夫国造も同族で、妙見信仰が色濃い。

全国各地に服部（羽鳥）を氏・苗字とするものの分布が多く、系統の違いもあったようだが、古代の系譜を殆ど明らかにできない（ここでは、鈴木真年の分類を踏まえた一応の整理）。

服部連（服連。録・大和、摂津、河内。服部―伊賀、武蔵、備前に住。長木、中林、奥、秋野―伊賀の服部一族。結崎、観世〔坂戸〕、宝生―散楽、大和国城下郡に起る、伊賀服部の族で称平姓というは訛伝・系譜仮冒か。長命、鷺―散楽で摂津人、観世一族。藤本―観世支流、幕臣。巳野〔蓑〕―散楽、伊賀出の幕臣にもあり。結崎・長木と同様、矢筈車紋を用いた肥後国山本郡の内空閑《ウチコガ》氏は、伊賀服部の後といい同族か、仮冒の可能性もあるか）、服部宿祢（服宿祢、八鳥宿祢）、神服部連（神服連。服部―伊勢、三河にあり。荒木、高畠、長嶋、羽根、大谷、竹屋、宮田、千賀地、高山、島地、福守―伊賀人）、神服部宿祢（神服宿祢）、敢服部連（服部―伊賀国敢国神社神主）、殿服部造、殿服部連。

大和国城下郡の長谷川に起った中世の長谷川党（法貴寺党）は、在原姓と称したが疑問大で、服部同族か。近隣に同郡式内社の服部神社もある。摂津に能瀬造が存在した場合、服部同族か。河内国高安郡の弁才天社祠官に服部あり。伊賀では服部の各姓氏が狭い地域の各邑で繁衍し、古代から通婚を重ねた事情で、服部一族の苗字を分類することは困難。

伊豆国造一族に、伊豆直、日下部直、伊豆宿祢（東、矢田部、西―伊豆国三嶋神社司。西東、武藤―武蔵国豊島郡の飯倉神明宮司。比田〔肥田〕、住友、大川、長土呂、愛磯―伊豆国人で東神主矢田部の一族）、伊豆嶋直、生部直（壬生直。原―伊豆国賀茂郡の伊古奈比咩命神社〔白浜明神〕神主。なお、伊豆の為憲流藤原氏と称した天野・伊東などの諸氏は、族裔かないし何らかの所縁ありか）、若舎人、倭ノ川原忌寸（録・河内未定雑姓）、川原宿祢。天諸神命の後裔という大倭御手代連も、川原忌寸の一族か。

伊勢に残った天白羽鳥命の子の天物知命の後では、神麻績連（録・左京。麻績―伊勢国人。脇田―伊勢内宮祠官。紀州在田郡生石明神神主の上績《カミヲミ》も族裔か）、神麻績宿祢、広湍神麻績連、麻績連、竹首、竹連（多気連）、竹宿祢（多気宿祢）。なお、信州筑摩郡の青柳・尾見（尾味、麻績）氏は、本姓服部というが、麻績連の族裔か。

(5)　**天表春命後裔**……「阿智氏族」として一括する。天神系では八意思兼命の後裔と称する氏族で、信濃の伊那郡及び武蔵の秩父郡という東国に存続し、知々夫国造を出した。発生段階で中臣氏族、服部氏族と同族関係にある系譜をもち、鈴木真年は中臣氏族に一括したが、発生段階で伊豆と関係が深く、むしろ伊豆国造と同族の流れである。

阿智祝（吾道祝。原―信濃伊那郡の阿智社神家。赤須、小町谷―同郡大御食社司。小出―信濃国伊那郡に起り越後に遷住。長岡、川野、稲部―信濃国伊那郡人。徳武―水内郡戸隠神社祠官）。なお、伊那郡赤穂に起こり橘姓と称した上穂・宮田・赤津・小平〔古平〕の一族も、阿智祝の同族か。

三宅連（三宅―知々夫国造の裔、武蔵国入間郡に住）、大伴部、大伴直。秩父郡の秩父神社宮司の薗田は、知々夫国造嫡裔か。多摩郡の阿豆佐味天神社祠官の宮崎や、同郡府中本宿の小野宮神主沢井、同郡沢井村の青渭神社の祠官宮野なども、同国造の族裔か。

●桓武平氏を称する秩父・畠山・河越や千葉などの一族は、共通して妙見信仰をもち、実際には知々夫国造の族裔の可能性が大きい（その場合、『将門記』に見える平将門の部将・多治経明の後か）。野与党・村山党の諸氏も千葉氏と同流とする系譜をもつ。

①秩父・畠山の一族……経明の子・武蔵権大掾将恒の流れで、武蔵を中心に居住も、鎌倉初期に本宗的な存在の畠山・稲毛・河越が各々衰亡し、武蔵に江戸・豊島くらいが残る。

秩父―武州秩父郡に起り、越後国岩船郡に遷住し発展。越後の一族に小泉、本庄、鮎川、色部など。常葉、高麗―武州高麗・多摩郡に住。白河―信濃国筑摩郡人。赤木は備中に遷。

畠山―同男衾郡人。彦久保、篠塚、名倉―武蔵・上野の畠山一族。伊地知、大久保、宮之原―薩摩・日向人。渋江―陸奥人。浄法寺―陸奥の糠部郡人で、畠山氏の後といい、丹党とも関係か。一族は松岡、大森など。蝦夷地で松前氏重臣の厚谷も一族か。小山田―武州都筑郡人で、甲斐国都留郡に分る。稲毛、小沢―同橘樹郡人。榛谷―同多摩郡人。

河越、葛貫、小野、栗橋、唐戸―武州入間郡人。小宮―同多摩郡人。塩原―信濃人。住（須美）―相模国大住郡人。住谷―甲斐人。岡崎―三河国額田郡人。入江、住友、出水―駿河人。中西―越前丸岡住。隅田―武州人。大塚―下総人。松方―薩摩人。師岡―武州久良岐郡人、常陸国信太郡に分れ藤原姓とも称。針坼―武州都築郡人。沼尻―武州比企郡人。

江戸、浅草、飯倉、渋谷、中野、阿佐谷、隅田（角田）、浅草―武蔵国豊島郡人。柴崎〔芝崎〕―豊島郡人、神田明神神主家。喜多見〔木田見、北見〕、丸子―同多摩郡人。蒲田、六郷、原、鵜の木―同荏原郡人。高坂―同比企郡人。高山―上野国緑野郡人、美濃摂津に分る。上州緑野・多胡郡の高山党には、平井、栗栖、泉、小林、白土など。山科、岩井、津川―高山一族で山城国山科郡や大和に住。これら秩父の同族に、大里郡の恩田。

豊島、板橋、志村、滝野川、宮城、白井―武州豊島郡人。葛西―下総国葛飾郡人、奥州惣奉行として陸奥に遷住し牡鹿郡を本拠に一族繁衍、支流は武蔵に残る。黒沢、平泉、岩渕、富沢、薄衣―奥州磐井郡人。寺崎、深谷、笹町―同桃生郡人。吉田、末永―同登米郡人。本吉、西館―同本吉郡人。河嶋―同江刺郡人。市川―同宮城郡人。米倉、中館、赤萩―陸奥の葛西一族。陸奥津軽に分れて木庭袋、武蔵に残るは石井、千竃、芝俣〔柴俣〕。葛西一族に町田、神津、志賀。武州多摩郡戸倉の三島明神祠官の中浦・宮木、入間郡の戸倉、葛飾郡和名谷村山王社祠官の間宮等は、秩父・豊島一族か。

渋谷―相模国高座郡に起り、薩摩陸奥等に分かれ、薩摩で大いに繁衍。早川、吉岡、落合、大谷など―相模国高座郡の渋谷一族。東郷、祁答院、鶴田、入来院、高城など―薩摩国薩摩郡等住の渋谷一族。松下―駿河人。中目、師山―陸奥志太郡の渋谷一族で河内四頭の一、大崎氏の老臣。福田―陸奥黒川郡住。河崎〔川崎〕、小机―武蔵国橘花郡人。中山、河嶋〔川島〕、平江、家村、高麗―武蔵人。

片山―武州新座郡人、丹波国船井郡・伊勢国員弁郡に分る、平姓で豊島支流。一族に富手、前尾、始沢。出野、粟野―丹波国船井郡和知荘に住。能世―若狭国遠敷郡人。阿下喜《アゲキ》〔上木〕、田切―伊勢国員弁郡人。

②千葉の一族……経明の孫・平忠常の後である。なお、相模の土肥・土屋の一族は、千葉庶流の山辺禅師頼尊の後ではなく、全くの別族とみられる（師長国造関係か）。

上総介―上総人。一族には佐賀〔坂〕、岡濱、衣山、多谷、戸気、周東、周西、印東、長南〔庁南〕、木内、小見など数多い。多く上総に居住。森迫―豊後人。

千葉―下総国千葉郡人、肥前国小城郡や武蔵国豊島郡等に分る。一族繁衍して数が多いので、以下は簡略して記載。馬加―下総国千葉郡人。三谷、平田―同葛飾郡人。白井―印旛郡人、安芸に分る。鏑木〔蕪木、鳴矢木〕―同匝瑳郡人。堺〔上総介〕、埴生―上総人。徳島―肥前国小城郡人。千田、牛尾―下総国香取郡人。多古―同匝瑳郡人。

相馬―下総国相馬郡に起り、陸奥行方郡に分れたのは武家華族。矢木、鷲谷―相馬郡人。岡田、水谷―陸奥国行方郡を中心に分布。下斗米―陸奥国糠部郡の相馬一族。

武石―千葉郡人、陸奥国亘理郡に分れて亘理、長谷など。田部多〔田部田〕―千葉郡人。大須賀、成毛―下総国香取郡大須賀保に住。君島、姥谷、岡本―下野国芳賀郡人。国分―下総国葛飾郡国分に起り、香取郡にも分れ松沢、関戸。東―香取郡人で、美濃国郡上郡に分る。椎名―千葉郡に起り、越中国新川郡に分る。小見〔小海〕―海上郡人。前沢、瀬谷―常陸人。栗原―下総国匝瑳郡に起り、備後国御調郡に分れ今田。犬塚―三河国幡豆郡人。

山辺―上総国山辺郡人。笠間―常陸人。埴生―下総国埴生郡人。海上―下総国海上郡人。海上の族に中村、岩瀬〔岩世〕。粟飯原―下総国香取郡住、同国の千葉妙見宮祠官家等。鴨根―上総国夷隅郡人。千田、岩部、飯篠―下総国香取郡人。原、金原―下総国匝瑳郡人。武射―上総国武射郡人。安西―安房人。小松河、弥富―下総国印旛郡人。臼井―同印旛郡人で、一族に神保、友部―下総国匝瑳郡人。大須賀―同香取郡人。

岩部、金原、仁戸田、円城寺などは下総に起り、肥前にも分る。肥前の岩部の分れに江藤。下総国猿島郡に起って同州葛飾郡や肥前の石井も、同前か。松川―下総に起り陸奥に遷。葛飾郡の茂侶神社祠官や相馬郡の蛟蝄神社祠官の友野も、千葉一族の早い分岐か。

③村山党は、武蔵国の多摩・入間郡に起った武士団で、平忠常の子孫という村山貫主頼任が党祖とされ、同党諸氏は次の通り。なお、野与党をその近い分れとする所伝もある。

金子―武州入間郡金子に起り、伊予・上野・安芸にも分る。そのほか、村山、宮寺、山口、荒波多、久米、大井、難波田、仙波、須黒、安松―同入間郡人。温品―安芸国人。

(6) **天太玉命後裔**……「忌部氏族」として一括する。中臣氏族と並ぶ神祇関係氏族であり、本来の姓氏は忌部で、後に首、連、宿祢姓を賜った。系譜所伝では安房国に支族がいる以外は地方に発展しないようで、殆どが畿内分布である。子孫の天富命（鴨県主の祖・生玉兄比古命と同人。「富＝登美、鵄」）の流れが忌部であり、この氏族の姓氏としては、

忌部首、忌部連、斎部宿祢（録・右京。時岡―京官人で白川家の雑掌。中川―京の吉田社人。印部―美濃信濃に在。出雲路―京の下御霊社祠官、初め板垣を称。上坂―越前国丹生郡の織田明神祠官。織田―織田明神祠官一族で藤原姓とも称。インベは、和珥氏族や他系の伊部姓の可能性もあるか（跡を斎部宿祢姓が承けたか）。後に、尾張に分かれて繁衍し、信長は平姓とも称。安田、丹生―越

前の織田一族。津田、大野、萩原、花井、赤見、藤掛、飯尾、永沼、野辺、武石、島、柘植、中川、木下、萱屋、小瀬、下方、中根、簗田、花井、服部、小野田、香坂、坪井―以上は尾張の織田一族。松長―三河人)。土佐一宮の土佐神社祠官に田所、近重、正堀がおり、天太玉命後裔と伝えるが、阿波忌部の流れか。

忌部宿祢(岡嶋―安房坐大神神主家。小野―安房国洲宮神社神主家。石井、神余〔金鞠、金丸〕、唐沢、安西、東条、山下―安房の忌部一族。金丸―甲斐にも住、江戸山王社祢宜家。匝瑳―下総国老尾社司。中世房総の大族で平姓を称した正木も、実際にはこの流れか)。

穴師神主(録・和泉。都々美―和泉国泉穴師神社祠官)、日置部(録・和泉未定雑姓。日置―河内国丹比郡人、吉村―同郡日置西村大庄屋)、工首(録・和泉未定雑姓)、白堤首(録・大和)、小山連(録・左京、摂津)、伯太首(録・和泉未定雑姓)、伯太造。

また、出雲の日置部首、額田部首、大私部首、鳥取部首、勝部首、神門首、品治部首、建部首、倭文部首、語部首、山長首なども忌部同族ではなかろうか。

(7) **天日鷲命後裔**……「弓削・阿波忌部氏族」として一括する。倭文連・長幡部の具体的な系譜は不明であるが、三野本巣国造一族から出たか。祖神の天日鷲命の子には、阿波忌部の祖・大麻比古命、服部の祖・天白羽鳥命(長白羽神)及び長幡部の祖・天羽槌雄命がいた(天白羽鳥命の後という麻績連一族は、天御桙命後裔の服部氏族にまとめる)。

忌部、忌部連(麻殖―阿波国麻殖郡人。柿原、近藤、村雲、飛雲、巌雲、織目、早雲、笠井―麻殖一族。三木、大浦、木屋平《コヤタイラ》〔小屋平〕、松家―麻殖・美馬郡人。柿原一族には知恵島、原田、牛島、

乗島（これらは称源姓）。麻殖郡大麻比古神社の社家板東・永井氏も族裔か。三好郡雄族の大西は本姓を近藤というから、同族か）、加豆良部、安房ノ忌部（高山—安房国安房郡下立松原社司。三幣、鈴木—同州人。杉山—武蔵国都筑郡杉山社神主家、常陸に分る。北村—同上族で武蔵人。萩原—陸奥に住、常陸国鹿島郡萩原の称紀姓の鹿島神社祠官も同じ一族か。千勝—常陸国稲敷郡の千勝神社祠官、武州江戸に分れ山王社祢宜で称藤原姓。須志—上総国夷隅郡の遠見岬神社祠官）。

粟国造一族は、阿波忌部と同族としてあげると、粟凡直、粟宿祢、粟人、粟直、凡直、秋月直（秋月—阿波国阿波郡人）。蘇我臣一族の田口朝臣姓と称した田口や、阿波一宮神社神主一宮、その同族の有瀬なども粟国造族の出であろう。

三野県主、美努連（三野連。録・河内）、美努宿祢（御野宿祢）、美奴朝臣、弓削連（弓削部連）、弓削宿祢（録・左京の天神・地祇、河内。守矢）、吉備ノ弓削部（美作菅家党は末裔か）、弓削部連、弓削部首（出雲国出雲郡）、多米連（録・左京、河内、摂津）、多米宿祢（録・右京、大和）、多米朝臣（多目—三河・伊豆に住）。

鳥取造、鳥取部連（鳥取連。録・右京、山城。十島—陸奥国伊達郡人）、鳥取（鳥取部。録・河内、和泉。鳥取、山本—河内国大県郡人。県、樋口、草竹、桑畑、肥田、辻、谷—和泉国日根郡人。樋口は土佐に分る。鳥取部の一族は越中・能登でも繁衍し、神職の嵯峨、内山、平尾、近尾、野上、羽根、梶井、高柳、横越、若林などの諸氏が出たとみられる）、鳥取朝臣。和泉の勾筥《ハコツクリ》作造、勾筥作連（箱作—和泉国日根郡人）も鳥取造同族か。

田辺宿祢（録・大和。山城の今木連同族か）、手人造、雄儀連（録・左京）、天語連（録・右京。海語連、語連）、語造、語宿祢、竹原（録・摂津）、城原（録・河内。連姓脱漏か）、屋連（録・右京）。

三島県主、三島宿祢（録・右京。のち紀氏の養子となり、改紀朝臣姓。摂津国島上郡の芥河、真上、安満一族は族裔か）。

●**天羽槌雄命後裔**……建葉槌命とも言い、葛城の猪石岡に天降りしたと伝える神で、葛城郡倭文などに坐した。後裔とされる姓氏には、美濃の三野前国造のほか、次のとおり。

委文部（倭文部。柏―常陸国久慈郡の静神社祠官で大柏職。同社長官の斎藤、祢宜の萩谷、瀧大夫の瀧も同族か）、委文連（倭文連。録・摂津。因幡国高草郡委文郷の長谷村十二社権現社家桐林氏は倭文氏後裔という）、委文宿祢（録・大和、河内）。

長幡部（静宮、佐都、野沢―常陸人、と鈴木真年が記すが、静宮は倭文部姓か。常陸の大族小野崎・那珂一族は秀郷流藤原氏と称も、同族か。一族は長幡部神社・薩都神社の鎮座する久慈郡に主に居住し那珂郡に分る。那珂郡の江戸氏は中世大族で、後に水戸。

一族に、鯉淵〔小屋〕、武熊、枝川、須賀、石川、戸村、平沢、金永、赤尾関、斎藤（以上は主に那珂郡居住）、薩都〔佐都〕、太田、河辺〔川野辺〕、小野、小野瀬、根本、茅根、大窪〔大久保〕、山尾、額田、石神、岩瀬、御代、小貫、介川〔助川〕、滑川、相川〔相河〕、野口、馬淵、足立、照沼、足崎《タラサキ》、鳥子《トリノコ》、富山（以上は主に久慈郡居住）。赤須〔赤津〕―久慈郡の薩都神社祠官家、同社祠官の西野も同族か。同郡の天之志良波神社神主の黒沢も同族か。綿引、大森、武士も同様か）、目色部真時（録・摂津）。

神宮部造、（録・山城）、宮部造（録・左京）、今木連（録・山城。今木、大富、中西―備前国邑久・下道郡人、和田・児島一族と通婚あり）。

(8)　**天明玉命後裔**……天明玉命の子の天湯津彦命の後であり、「玉祖氏族」として一括する（「天明玉命＝忌部首の祖・天太玉命」で、「天湯津彦命＝温泉神の少彦名神」）。玉作部の本宗家は後に玉祖連、さらに宿祢の姓を賜る。中央の氏族では本宗家系統くらい。

地方の氏族では、阿岐国造・佐渡国造のほかに、中国・四国では阿岐国造の支族が娑婆県主（周防国佐波郡）、怒麻国造（伊予国野間郡）に展開し、土佐国安芸郡にも移遷した。別系と伝える伯耆国造・大嶋国造も、実際には阿岐国造（安芸国）の同族か。崇神朝に武蔵国多摩郡に来住した小塩命の後裔一族が、陸奥の阿尺国造（同国安積郡）、信夫国造（信夫郡）、志太国造（志太郡）、伊久国造（伊具郡）、染羽国造（標葉郡）、白河国造（白河郡）で奥羽各地に発展したという。出羽の俘囚に玉作部。

玉祖連、玉祖宿祢（録・右京、河内。津村―河内国高安郡玉祖大明神神主。高安―同社祠官、支流は狂言師として幕府に仕。岩田―同上族）、安芸凡直（桑原、安直、奴田―安芸人。高井―出雲人）、凡宿祢（山県〔山方〕、庄野―安芸国山県郡人、称清和源氏。平田―同国山県・佐伯郡人。安芸人の葉山、町野、三戸氏も同族か）、忌玉作（録・右京）、忌玉作造（岩木―安芸人）、玉作部（玉作―武蔵国足立郡人。有竹〔阿留多伎〕―武蔵国多摩郡阿伎留社祠官。地引〔地曳〕―上総国埴生郡人。高玉―陸奥国行方郡人。伊具―陸奥国伊具郡人、秋保―陸奥国名取郡人）、玉作連（玉祖、土屋、酒向〔佐甲〕、大宮―周防国佐波郡玉祖神社祠官）、生玉部、玉作造、出雲ノ忌部（宮川―秋鹿郡佐太神社上官、同郡大井神社祠官で、もと猿田と称）。怒麻国造の姓氏は不明（怒麻直か）で、安芸国安芸郡の野間氏は族裔か。

安芸の佐伯直・佐伯宿祢は、阿岐国造の一族。族裔は佐伯・安芸両郡に繁衍し田所、三宅（厳島祠官にもあり）、上田、保井田、石井、河窪、大呑、己斐、佐方、平良、大野などの諸氏を出す（この一族は佐伯姓のほか、藤原、平、源などの姓を称した）。佐伯沼田連（安芸国沼田郡に配された佐伯部の後裔とされ、厳島に住み神司となる。沼田荘下司で称藤原姓の沼田〔奴田〕氏は族裔か）。厳島神社祠官の佐伯朝臣が嫡裔で、同社棚守職の野坂氏は厳島神主安芸守佐伯景弘後裔。佐伯郡の大滝神社祠官の所氏も佐伯姓で、厳島神社に関与。厳島祠官の小方《オガタ》、横竹、飯田も一族か。高田郡の長屋、中馬、増原も佐伯姓といい、一部は藤原姓も称。高田郡の藤原姓（また称源姓）の粟屋、堅田、波多野は族裔か。

●山陰の伯岐国造（伯耆国造）は、「国造本紀」に東国の牟邪志国造と同族とするが、その祖先が武蔵から直接分れたとする記述は疑問が大きい。三野前国造の支流か。

伯耆造、伯耆連、伯耆宿祢（伯耆、羽々伊―伯耆人。石川―国庁裏神社神主で、伯耆国造後裔と伝。川村郡羽々伎神社祠官の船越氏は族裔か）。波伯部も同族か。

伯耆国汗入郡に起った称村上源氏の名和長年の一族も、伯耆宿祢（長田の苗字に着目すれば因幡宿祢）関係者の出自か。この一族には、伯耆国の伯耆、長田、村上、加悦《かや》（嘉悦）、鳥屋などや、出雲国意宇郡の阿陀伽井（葦高江）、島根郡の大井、筑見、因幡国八上郡の三谷。名和の本宗家はのち肥後国八代郡に遷住して伯耆、宇土、村上と号し、一族に土屋、長溝。上野国に上宮、増井。

●周防国大嶋（屋代島）の大嶋国造は、その祖が伯岐国造の祖と兄弟とされ、これは概ね信頼してよいか。大嶋の一宮明神（大玉根神社）は玉作部の祖・大多麻流別命を祀る。国造家の姓氏は不明も（大嶋直か）、凡海直や大嶋首、忍海首はその一族とみられる。大嶋住人で安部朝臣姓などと称する安部、原田、小田、櫛辺、屋代、富田、沓屋、河内山などの諸氏は族裔か。大嶋の対岸、玖珂郡居住で源姓と称した岩国、弘中（広中）、日隈、神代、原、相地、羽仁などの諸氏も同様であろう（姓氏は不明も、あるいは神代直か）。

(9) 天三**降命後裔**……神武朝の菟狭津彦命の後裔で、「**宇佐氏族**」とする。豊前の宇佐国造一族が主で、豊前とその周辺近隣に一族・同族が繁衍した。

宇佐公、宇佐宿祢（宮成、到津―両家は宇佐八幡宮大宮司家で華族に列、宮成は明治に宇佐に改。一族多く、豊前に繁衍。今行、出光、坂本、吉松、鏡山、江嶋、横代、山下、津布佐、安心院、麻生、八坂、内尾、山上、岩根、佐々礼、元永、平田、高田、荒木、黒川、住之江、安岐、山香、虫生、糸永、田染、小袋、田中、田口、稲男、高並、吉村、今井、真加江、蜷木、江熊、横山、佐野―豊前の宇佐八幡宮祠官とその一族。永弘―宇佐下宮社司番長職。池永―大貞（薦）社司。屋形―大根川社司。乙咩〔乙女〕―乙咩社司。奈多―奈多社司。益永―政所惣検校職。稲用―猪山社司。湯屋―宇佐貫首、下毛郡湯屋名に起る。小長―土器作手職、以上も宇佐祠官。小城、鯖岡―肥前国小城郡人。大友氏配下の竈門、谷川、賀来、志月などの諸氏も宇佐姓という）、宇佐朝臣、御春君、御春宿祢。深見―豊前国宇佐郡深見荘に住。秋吉、八坂、上野、薬丸―深見同族、伴姓でも見えるが、実際には宇佐支流、大分国造一族の膳伴宿祢姓か。

豊後国日田郡の大蔵朝臣姓日田一族は、実際には宇佐宿祢の支流の出。一族としては日田郡等に、日田、溝口、石松、小串、坂本、財津、羽野、堤、如法寺、宇津宮等。竹田津、伊美、浦部―豊後国国東郡の日田一族。隈上、山北―筑後国生葉郡の日田一族。宇佐一族で中世豊前随一の大族宇都宮（城井）氏の同族化したものもありか（野仲など）。豊前国田川郡採銅所村の長光氏は、鏡作氏の後裔と伝えるが、宇佐同族か。

●豊前・豊後に多く分布する勝（村主）姓で郡司・郷司級の古代豪族は、その殆どが宇佐同族が実態かとみられる。辛島勝は五十猛命の後、豊津彦後裔とする系譜所伝を持ち、宇佐神宮を祭祀した。豊前や大隅・肥前などで宇佐関係の八幡宮を祭祀した酒井勝も、同様であろう。こうした姓氏として、次のとおり（なお、勝は村主と同義の原始的姓か）。

辛島勝（韓島勝）、酒井勝、酒井宿祢（隈元〔隈本〕—大隅正八幡宮修理所検校。酒井、西郷、溝辺、小川、在川〔有川〕、栗野、簗瀬、小田—大隅の隈元一族。肥前国三根郡の千栗八幡宮大宮司家も一族か）、蕨野勝（日向国諸県郡の蕨野氏は族裔か）、上屋勝、下屋勝、塔勝、河辺勝（川辺勝）、狭度勝、高屋勝、丁勝。このほか、豊前の勝姓には、大宝二年豊前国戸籍に見える強勝、田部勝（宇佐祠官の田部宿祢は後裔か）など多くある。

(10)　経**津主神後裔**……経津主神（布都努志乃命）は香取の神で、『書紀』国譲りの段では武甕槌神と共に行動したと見え、東国・陸奥の開発に際して奉じられた。神名は神剣の人格化で、『姓氏録』関係では、主に少彦名神（斎主命）にほぼ相当しそうである。後裔氏族は、伊豆国造や玉作部・忌部などと同流とみられ、河内国若江郡のほか、常総・伊豆・甲斐など東国に多く分布した。この氏族は発生段階時では、伊豆に関係が深い。

矢作部、矢作造、矢作連（録・河内未定雑姓。矢作—河内国若江郡矢作神社祠官。称矢作忌寸姓）、矢作宿祢、矢作部連（甲斐國都留郡領家。同国巨摩・八代郡の大族で橘・源・藤原の姓とも称した

市河〔市川〕も後裔の可能性ありか、のち支族が信濃国高井郡に遷住。信州の一族に物部、志賀、大滝、西条―信州埴科郡人）、香取連（香取―下総国香取大宮司・大祢宜家、前者はのち大中臣朝臣と系が混るが、この関係で両系の祖神が混同されたか）、靫編首（録・未定雑姓河内）。

(11) 石**凝姥命後裔**……石凝姥命（伊斯許理度売）は天孫降臨五伴緒の一とされ、その後裔と称し大和国磯城郡鏡作邑や河内国狭山郷等に居住して鏡作を業とした。神代紀に「鏡作部遠祖天糠戸」と見えるが、石凝姥神の実体は天糠戸命こと天目一箇命の妻神か。物部連・額田部連と同族も分岐過程は不明で、金山彦神とか天香山命、火明命の後ともされる。

鏡作造、鏡作連（真清田―能登国鳳至郡人。天命―河内国丹南郡狭山郷日置庄から下野・武蔵へ移遷。下野国阿蘇郡や武蔵国荏原郡の天明も同族。河内の光田も一族か）、鏡作首、財田直（中川―美作国英田郡天石門別神社祠官）、財田忌寸（財田―播磨人）。

美作の地に財田直と同族がおり、同国一宮の中山神社を奉斎した神主家の中島・直《ジク》・美土路〔見土路〕などの諸家は族裔か。財田直の遠祖は吉備津彦の吉備侵攻に従った「猿」（楽楽森彦命）関係か。美作菅家党の出で有元同族ともいう同国勝田郡の皆木〔皆吉〕、梶並、豊田、菅納、英田郡の粟井、久米郡の羽賀（垪和）も、一宮中山神主家と同族か。

大化前代の初期分岐諸氏が不明で、伊与部連・次田連や六人部連・伊福部連、更には美濃の大族、各務勝（火明命や石凝姥を祭祀）なども支族の流れかともみられる。鏡作連の本拠地近くに城下郡室原郷があり、室原首、室原造、室原馬養造も同族か。

(12) 天諸神命後裔など……天諸神命の祖系が天御中主命に遡るところから、服部氏族と関係を有する可能性が大きい。『大和志料』（斎藤美澄編）では、「天諸神命　一名天三降命　宇佐宿祢御手代首等祖」との記事があり、宇佐氏との関係もありか。大和国山辺郡の豊田邑が服部郷域かと考えられる事情があり、天諸神命は天御桙命と同人か近親か。

御手代首（録・大和）、御手代連、御手代宿祢（豊田―大和国山辺郡豊田邑より起る）、神人（録・河内。可比良命後裔）。尾張に見える御手代直も同族か。

このほか、「**天辞代主命**（天事代主命）」も少彦名神と同神の可能性があり、『姓氏録』は右京神別に伊与部（そうすると、次田連や子部宿祢も同族か）、大和神別に飛鳥直をあげる。

【著者】

宝賀　寿男（ほうが・としお）

昭和21年（1946）生まれ。東大法卒。大蔵省を経て、弁護士。古代史、古代氏族の研究に取り組み、日本家系図学会会長、家系研究協議会会長などを務める。

著書に『古代氏族系譜集成』（古代氏族研究会）、『巨大古墳と古代王統譜』（青垣出版）、『「神武東征」の原像』（青垣出版）、『神功皇后と天日矛の伝承』（法令出版）、『越と出雲の夜明け』（法令出版）、『豊臣秀吉の系図学』（桃山堂）など。

「古代氏族の研究」シリーズは、①『和珥氏―中国江南から来た海神族の流れ』、②『葛城氏―武内宿祢後裔の宗族』、③『阿倍氏―四道将軍の後裔たち』、④『大伴氏―列島原住民の流れを汲む名流武門』、⑤『中臣氏―卜占を担った古代占部の後裔』、⑥『息長氏―大王を輩出した鍛冶氏族』、⑦『三輪氏―大物主神の祭祀者』、⑧『物部氏―剣神奉斎の軍事大族』、⑨『吉備氏―桃太郎伝承をもつ地方大族』、⑩『紀氏・平群氏―韓地・征夷で活躍の大族』、⑪『秦氏・漢氏―渡来系の二大雄族』、⑫『尾張氏―后妃輩出の伝承をもつ東海の雄族』、⑬『天皇氏族―天孫族の来た道』、⑭『蘇我氏―権勢を誇った謎多き古代大族』、⑮『百済氏・高麗氏―韓地から渡来の名族』、⑯『出雲氏・土師氏―原出雲王国の盛衰』、⑰『毛野氏―東国の雄族諸武家の源流』に次いで18作目。10年ぶりに完結、古代氏族研究の集大成となった。

古代氏族の研究⑱

鴨氏・服部氏―少彦名神の後裔諸族

2021年　11月　8日　初版印刷
2021年　11月26日　初版発行

著　者　宝　賀　寿　男
発行者　靍　井　忠　義

発行所　有限会社　青　垣　出　版
〒636-0246 奈良県磯城郡田原本町千代３８７の６
電話 0744-34-3838　Fax 0744-47-4625
e-mail　wanokuni@nifty.com

発売元　株式会社　星　雲　社
（共同出版社・流通責任出版社）
〒112-0005 東京都文京区水道１－３－３０
電話 03-3868-3275 Fax 03-3868-6588

印刷所　モリモト印刷株式会社

printed in Japan　ISBN 978-4-434-29652-9